A DESINTEGRAÇÃO
DO MONOLITO

FUNDAÇÃO PARA O DESENVOLVIMENTO DA UNESP

Presidente do Conselho Curador
Arthur Roquete de Macedo

Presidente e Diretor de Projetos Especiais
Amilton Ferreira

Diretor de Fomento à Pesquisa
Mario Rubens Guimarães Montenegro

Diretor de Publicações
Carlos Erivany Fantinati

EDITORA UNESP

Diretor
Carlos Erivany Fantinati

Editor Executivo
José Castilho Marques Neto

Editor Assistente
José Aluysio Reis de Andrade

BORIS KAGARLITSKY

A DESINTEGRAÇÃO DO MONOLITO

Tradução de
Flávia Villas-Boas

Fundação para o
Desenvolvimento
da UNESP

Copyright © 1992 by Verso

Título original em inglês: *The Desintegration of the Monolith*

Copyright © 1993 da tradução brasileira:

Editora UNESP, da Fundação para o Desenvolvimento
da Universidade Estadual Paulista (FUNDUNESP)
Av. Rio Branco, 1210
01206-904 - São Paulo - SP
Fone/Fax: (011) 223-9560

Dados Internacionais de Catalogação na Publicação (CIP)
(Câmara Brasileira do Livro, SP, Brasil)

Kagarlitsky, Boris
    A desintegração do monolito / Boris Kagarlitsky; Tradução de Flávia
Villas-Boas. - São Paulo: Editora da Universidade Estadual Paulista, 1993. -
(Biblioteca básica)

ISBN: 85-7139-034-7

1. Política mundial   2. União Soviética - Condições econômicas - 1991 -
3. União Soviética - Condições sociais - 1991 -   4. União Soviética - História
- 1991 -   5. União Soviética - Política e governo - 1991 -   I. Título. II. Série.

93-0399   CDD-947.0854

Índice para catálogo sistemático:
1. União Soviética, 1991 - : História 947.0854

SUMÁRIO

7   Prefácio

13   Introdução

25   Os herdeiros do totalitarismo

53   Intelectuais *versus* intelligentzia: uma crise da cultura?

73   Mosaico político: esquerda e direita

95   Um novo modelo de democracia? O populismo

117   Pluralismo ao estilo russo: uma multiplicidade de partidos bons?

139   Existe uma alternativa? O mercado, mas que tipo de mercado?

153   Totalitarismo: a volta dos reprimidos

165   O tempo para o arrependimento

195   O golpe que funcionou

203   O inverno do descontentamento

227   A Rússia à beira de novas batalhas

PREFÁCIO

Durante os anos do domínio de Gorbachev, a sociedade soviética encontrava-se em um estado crônico de crise e colapso. Os círculos dominantes não só aprenderam a viver bem felizes em condições de crise como até começaram a extrair benefícios disso, aproveitando-se da ruína do país, sucateando a propriedade nacional em vendas a estrangeiros, saqueando e "privatizando" todas as coisas viáveis e de valor que ainda restavam.

Enquanto isso, a crise entrou em uma nova fase. A União das Repúblicas Socialistas Soviéticas, formada pelos bolcheviques em 1922, para consolidar as conquistas de sua revolução, desintegrou-se em dezembro de 1991, alguns dias antes de seu septuagésimo aniversário. Por entre o clamor sobre o triunfo da liberdade e a erradicação do comunismo, o país simplesmente se despedaçou. A dissolução da União Soviética não solucionou nenhum dos conflitos nacionais nem alterou a essência imperial do Estado. Todas as antigas Repúblicas Soviéticas que proclamam a fundação da Comunidade dos Estados Independentes são, estruturalmente, mini-impérios. Elas contêm as mesmas contradições inerentes à grande União. No comando, destacam-se líderes locais que, em geral, chegaram ao poder através de eleições semilivres e da manipulação da opinião pública. Nenhuma das antigas Repúblicas

Soviéticas tem instituições democráticas funcionando normalmente. A lei é freqüentemente desconsiderada e os governantes tratam o Estado como se ele fosse propriedade sua.

As fronteiras das Repúblicas, arbitrariamente delimitadas pelos burocratas de Stalin, não podem ser estáveis, a independência econômica é um mito e até o Mercado Comum dos Estados Independentes continua sendo apenas uma boa idéia. Todos os que são capazes estão se armando e procurando defender-se contra cada um dos outros. Todos os grandes senhores locais se esforçam para criar seus próprios exércitos, se possível com armas nucleares, sua própria moeda e seus próprios embaixadores em parlamentos estrangeiros. Em nível local, líderes menores procuram conquistar os mesmos direitos para si próprios. Na Geórgia, o presidente eleito, ainda que autocrático, foi derrubado pelas forças armadas, e Shevardnadze, o antigo chefe da Geórgia soviética, foi instalado em seu lugar. A República Chechênia está lutando para se libertar da Rússia e, na Criméia, já se levantou o apelo para tornar a região independente da Ucrânia.

Hobbes certa vez caracterizou a sociedade bárbaro-feudal que existia no Leste antes do triunfo do Estado Nacional absolutista como "a guerra de todos contra todos". A definição hoje é perfeitamente adequada à sociedade em que a ex-União Soviética se tornou. Em essência, o império se despedaçou, não em Estados Nacionais, mas em domínios feudais e principados. Quando se fortaleceram, os senhores locais correram a livrar-se do governante supremo. O imperador em si preocupava-os mais do que a preservação formal do Império. O envolvimento pessoal de Gorbachev na vida política das repúblicas ainda constituía um sério problema político, apesar de, após o golpe de agosto de 1991, Yeltsin ter, efetivamente, eliminado todas as instituições governamentais da União na Rússia e feito Gorbachev seu refém, a pretexto de lutar contra os camaradas do presidente da URSS, que tinham tentado declarar um estado de emergência.

A decisão tomada pelos príncipes, reunidos numa dacha do governo na floresta de Belovezhsky, em princípio, afetava somente

A DESINTEGRAÇÃO DO MONOLITO

Gorbachev. A presidência foi abolida. Sem presidente, nada de país. Sem Gorbachev, nada de URSS. O presidente renunciou, e a bandeira vermelha foi retirada do Kremlin. Em outras palavras, eles removeram do castelo o estandarte pessoal do imperador e hastearam o pavilhão do príncipe.

No Ocidente, a queda de Gorbachev foi chamada de fim da perestroika. De fato, a perestroika, como uma tentativa de reforma objetiva, terminara em 1990, quando os poderes da União e das Repúblicas, verificando que não podiam deter a descambada para a crise, começaram a se adaptar à situação e a explorá-la em seus próprios interesses.

Agora chegou o momento para uma "reforma econômica". No decurso de vários anos, reformas vêm sendo preparadas, anunciadas e discutidas. Mas ninguém podia se resolver a assumir a responsabilidade pela sua implementação prática, já que os detentores do poder compreendiam não se tratar, com isso, apenas de baixar os padrões de vida do povo, e sim de uma genuína catástrofe econômica e social, de transformar um país medianamente desenvolvido, independente e industrial em outro, parcamente desenvolvido, numa semi-colônia, na periferia econômica do Leste.

Entretanto, muitas personalidades políticas e empresariais já estão descobrindo que a destruição de seu país é um negócio altamente lucrativo. Aqueles que, durante muito tempo, apoiaram Gorbachev e depois, tendo-o jogado fora como a uma rodada de cartas ruins no baralho, trouxeram Yeltsin ao poder, podem agora desfrutar dos resultados de seu sucesso. Tudo o que puder ser dividido, separado ou pilhado será privatizado e distribuído entre os que estão na cúpula do Estado. Qualquer coisa que não chegar à cúpula irá para os seus parasitas. Os restos serão apanhados pela máfia, que, de acordo com o já divulgado pela imprensa oficial, "não existe em nosso país".

Quando capturaram Roma, os bárbaros começaram a levantar suas próprias construções toscas e abrutalhadas, surrupiando pedras do Coliseu e das grandiosas edificações do Império. Algumas vezes, eles tentavam começar a construção pelo topo; em outras, derrubavam uma coluna e o teto desabava sobre a cabeça de alguém. A economia da antiga URSS está sendo reconstruída mais ou menos da mesma maneira.

Nosso império, como qualquer outro, merecia desmoronar, mas seus herdeiros são agora uma nova raça de bárbaros. Ao anunciar o retorno ao seio da civilização mundial, eles estão minando as fundações elementares da própria vida civilizada, sem nenhuma consideração pelas conseqüências, derrubando o sistema educacional, destruindo o esquema de creches (casualmente, e apesar de todas as suas falhas, em geral reconhecido como o melhor do mundo) e, enquanto incapazes de nutrir o empreendedor privado, eliminando o setor estatal da economia, o único meio, no momento, de assegurar a produção em massa das mercadorias baratas de que a sociedade precisa.

Foi-nos prometido o capitalismo, e nós o tivemos. As pessoas comuns e as hordas de líderes, todos tinham visões de ricas vitrinas das melhores lojas de Paris, esquecendo-se dos desempregados famintos de cidades como Lima e São Paulo. O avião decolou e parte do público ainda acredita que ele vá aterrissar em Paris ou Estocolmo. Só que, na verdade, a rota foi programada para o Brasil, ou mesmo para a Nigéria, porque aquela empresa aérea e aquele tipo de avião não voam para a Europa Ocidental de maneira alguma. É verdade que alguns atingirão sua meta, e viverão em Moscou como se estivessem Paris – mas à custa dos que estarão vivendo como na América do Sul ou na África.

O Ocidente supostamente decidiu conceder generosa ajuda a Yeltsin em seu esforço heróico para sepultar o Pacto Soviético e construir um glorioso futuro capitalista. Mas, de algum modo, até mesmo a modesta quantia acertada, não mais de US$ 24 bilhões, deve ser paga durante alguns anos. Ela será usada para sustentar a moeda e manter o pagamento do serviço da dívida a instituições ocidentais. E, ainda assim, estas somas só estarão disponíveis enquanto Moscou debilmente permitir que suas políticas sejam ditadas do exterior e deixar que os recursos da Rússia sejam adquiridos a preços de liquidação por companhias ocidentais. Não é de admirar que Yeltsin tenha sido bem recebido em Washington, como foi Gorbachev antes dele. Mas os comentaristas ocidentais ainda deveriam meditar sobre o destino do seu antigo favorito.

É fácil adivinhar como tudo isso pode acabar. O barbarismo dos que estão na cúpula provoca o protesto das bases, mas que Deus proíba esta revolta de se provar tão bárbara quanto as políticas que a engendraram. Os políticos da nova retomada já estão esperando o seu momento. Se alguém pensou que, acabando com o Partido Comunista da União Soviética (PCUS), eliminaria a ideologia comunista, estava profundamente enganado. Novos partidos estão tomando o lugar do corrupto e burocratizado PCUS. Seus líderes são, em geral, sinceros. Eles não especulam com diamantes, como o Politburo de Gorbachev. Acreditam no que dizem e não mudam suas opiniões a cada mês.

Entre os novos, o mais ativo é o Partido dos Trabalhadores da Rússia Comunista. Junto a ele destaca-se o Partido dos Bolcheviques, encabeçado por Nina Andreeva. Além deles, estão grupos menores e mais moderados que incluem membros do velho aparato ainda não apanhados pelo Governo russo. Eles se abrigam sob a bandeira do Partido Socialista Russo, que, no entanto, por ter reunido os "gorbachevistas sem Gorbachev", está tão ansioso por parecer respeitável que já conquistou a reputação de um "partido excepcionalmente chato".

A força dos movimentos comunistas sempre repousou no fato de terem dito sempre a verdade sobre a exploração e a falta de direitos dos trabalhadores. Mas a cura que eles propunham provou-se em todos os tempos pior do que a doença. Não precisamos de mais exemplos para nos convencer disso.

Uma organização moderna de esquerda que tenha rompido com as tradições do comunismo de caserna pode se tornar uma alternativa para o barbarismo triunfante sob os *slogans* de privatização e "liberalização". Hoje, em Moscou, São Petersburgo, Irkutsk e nos Urais, o Partido do Trabalho reuniu a maioria dos grupos de esquerda que passaram a existir durante os anos da perestroika, e está expandindo sua atividade. Isso traz alguma esperança de que, mais cedo ou mais tarde, uma outra política tornar-se-á possível em nosso país. Não a política dos líderes e príncipes, mas a política das massas, a política dos interesses sociais. Talvez então nossa escolha não esteja limitada a diferentes versões de barbárie.

Maio de 1992.

INTRODUÇÃO

Poucos podem duvidar das extraordinárias mudanças que tiveram lugar na antiga União Soviética. As autoridades, velhas ou novas, cooperaram com a encenação de alguns episódios altamente teatrais para deixar-nos marcados por elas. Vimos tanques nas ruas de Moscou, golpes foram anunciados por um grupo para, em seguida, serem assumidos por outro, o Congresso dos Deputados do Povo se dissolveu e novas Repúblicas foram proclamadas. A cadeia McDonald's abriu uma loja, a estátua de Dzerzhinsky em frente aos quartéis da KGB foi desmantelada, a bandeira soviética foi retirada do mastro e a da República Russa flutua em seu lugar sobre o Kremlin. A Rua Arbat, de Moscou, apresenta agora um incessante mercado popular. Como antigo governante, o Partido Comunista e suas propriedades foram seqüestrados. As confusas populações da antiga URSS foram informadas de que agora pertenciam à União dos Estados Soberanos, rapidamente substituída pela Comunidade (ou a Nação) dos Estados Independentes (CEI). Elas também foram submetidas a extensas palestras sobre reforma econômica, que, como lhes contaram, deveria significar severos aumentos de preços e privatização em escala atacadista. Mas enquanto as pessoas dificilmente podiam se queixar de falta de acontecimentos, talvez estivessem ocorrendo menos mudanças do que parecia ser o caso, e é provável que as verdadeiras reformas não tivessem origem no golpe liberal de agosto de 1991, derivando, isto sim, do inteiro período da perestroika e, na verdade, da época que a precedeu. Nos mercados de rua que vêm brotando desde o final dos anos 80, as barracas promoveram uma ágil alteração na *matrushka*, a tradicional boneca russa, pintada para se parecer com Gorbachev, dentro da qual se encontrava Brezhnev, depois Stalin, e então Lenin. Logo depois do golpe de agosto de 1991, as barracas de rua foram rapidamente abastecidas com bonecas de Yeltsin, mostrando o presidente da Rússia embrulhado na bandeira nacional, e dentro da qual estavam Gorbachev e seus antecessores. A conclusão de que tudo está mudando apenas para ficar no mesmo conta-nos somente parte da história. Aconteceram mudanças, mas elas não são o que se proclama. Assim, em muitas antigas Repúblicas Soviéticas, as novas autoridades anticomunistas carregam uma impressionante semelhança com a antiga ordem comunista, mas a mudança na retórica oficial não é vazia apenas. Enquanto não temos o capitalismo consumista que nos foi prometido, o surgimento de um novo tipo de capitalismo já é bastante visível.

Em Moscou, no final do outono ou no inverno de 1988, encontrei-me com uma delegação parlamentar britânica, cuja maioria dos membros era, naturalmente, conservadora. A conversa girou em torno da perestroika e de reuniões que tinham sido organizadas para os visitantes estrangeiros com autoridades soviéticas oficiais. "Sou um partidário convicto da senhora Thatcher", disse um dos visitantes, "e sempre defendi o mercado com veemência. Mas o que os seus economistas estão dizendo é o mais completo absurdo! Eles acham que a economia pode funcionar sem qualquer tipo de regulamentação, que vocês podem simplesmente abolir os subsídios para a agricultura. Eles absolutamente não conseguem entender quão devastadores poderiam ser os resultados de uma tal política. Nenhum conservador britânico jamais concordaria com isso."

O absurdo da situação não reside tanto na maneira como este visitante, que em seu próprio país oferecia sólida retaguarda ao

A DESINTEGRAÇÃO DO MONOLITO

livre-mercado, deveria ter-se colocado para nós, em Moscou – como um defensor da regulamentação estatal –, mas no fato de as autoridades com quem ele havia se encontrado na União Soviética, como era então, não serem nem de longe nossos liberais mais extremados. Ele estava se referindo a autoridades que trabalhavam para o Partido Comunista, pessoas que os líderes de nossa intelligentzia liberal estavam constantemente acusando de inconsistentes, hesitantes e inábeis para sustentar com firmeza as posições de mercado.

O colapso final do comunismo na União Soviética foi precedido pela rápida disseminação da ideologia liberal dentro da velha casta dominante, pela enumeração das vantagens do capitalismo em publicações oficiais comunistas, pela aguda guinada para a direita de personalidades conhecidas na oposição democrática, que há não muito tempo tinham estado proclamando sua devoção aos valores do socialismo ou que haviam até abraçado posições marxistas. Naturalmente, o desenrolar destes fatos, culminando com a retirada da bandeira vermelha e a fragmentação da velha União, não podia deixar de provocar entusiasmo entre os direitistas ocidentais.

Um sinal dos tempos foi dado com a declaração do filósofo americano Francis Fukuyama. No outono de 1989, ele informou ao mundo, num artigo muito divulgado na mídia ocidental, que "a história havia chegado a um fim". O evento final na história era o triunfo universal do capitalismo e da liberal-democracia no modelo ocidental. O marxismo-leninismo tinha-se constituído na última tentativa de apresentar uma ideologia e construir um sistema que representasse uma alternativa ao liberalismo. Este sistema havia sofrido um fracasso definitivo, e a afirmação universal do liberalismo representava agora o único futuro possível para a humanidade. Fukuyama até lamentou que, daqui em diante, a vida seria entediante. Do alto de sua sublime sapiência como proprietário da verdade científica última e indiscutível, ele anunciou sua conclusão de que Hegel, que havia previsto o fim da história, estava certo, e de que todos os filósofos subseqüentes tinham se desviado da trilha certa.

É desnecessário dizer que tal raciocínio jamais seria levado a sério numa discussão científica. Mas a bobagem ideológica difere das outras mais comuns precisamente porque ela revela uma determinada tendência do pensamento. E, de fato, os argumentos de Fukuyama tiveram uma notável ressonância, não só entre os da direita como no meio dos esquerdistas. O *Marxism Today*, jornal do Partido Comunista Britânico, lançou uma intensa discussão sobre as idéias de Fukuyama, e o jornal de tendência trabalhista *New Socialist* também aderiu a ela. Mais intrigante do que tudo, ficou claro que, nas principais questões em debate, as posições de muitos "esquerdistas", adversários do liberalismo, não eram significativamente diferentes das de Fukuyama. Isto não é uma realidade apenas na Grã-Bretanha. A desmoralização e a "desideologização" da esquerda, que foram agudamente exarcebadas pelos eventos do final dos anos 80 no bloco "oriental", são agora uma tendência característica em grande parte dos países ocidentais. Uma olhada nos jornais italianos e franceses que tradicionalmente têm expressado as posições de intelectuais da esquerda mostra que, por volta de 1988-89, a discussão sobre como superar o capitalismo mudou para opiniões sobre como melhor se adaptar a ele.

Não obstante, este "triunfo do capitalismo", como muitos outros triunfos ideológicos, resultou prematuro. Em vez de se integrarem a uma "Europa livre e próspera", os antigos países comunistas enfrentaram dificuldades crescentes e, poucos meses depois da conquista das liberdades democráticas, começaram a se ouvir por toda parte rumores sobre o perigo de novas ditaduras. Os subsídios públicos para itens essenciais de consumo popular foram extintos; mas, para demonstrar equanimidade, também acabaram os subsídios para corporações culturais e educacionais, como grupos de teatro, orquestras, editoras e institutos de pesquisa. Centenas de milhares de pessoas foram atiradas ao desemprego, milhões de prestadores de serviço a curto prazo temiam segui-los. O comparecimento às eleições começou a cair abaixo dos 50%. Para muitas pessoas no Leste Europeu, este encontro com as

A DESINTEGRAÇÃO DO MONOLITO

verdades do mercado capitalista foi uma surpresa desagradável. O jornal americano *The Nation* perguntou:

> O que acontecerá se o mundo passar por outro severo revés econômico, como o de meados dos anos 70, ou por uma crise ainda mais grave, na escala da Grande Depressão? Que decepção estaria reservada para milhões de pessoas na Europa do Leste se a sua fé no Deus-Mercado sofresse o mesmo desastre que sua fé no Deus-Partido Comunista?[1]

Ao mesmo tempo, as economias ocidentais dos anos 90 não mais podiam garantir o crescimento seguro visto ao longo da maior parte das décadas precedentes. Os anos fartos estavam ficando magros.

Muitas pessoas no bloco oriental têm acreditado, com devoção, no mito da sociedade capitalista opulenta e democrática, sem saber, ou querer saber, a verdade sobre o empobrecimento do Terceiro Mundo, sobre a fome e as privações da maioria das pessoas que vive sob o verdadeiro capitalismo. Isto tem um paralelo exato com o modo como os comunistas desconheciam, ou queriam desconhecer, a verdade sobre os campos de prisão stalinistas, sobre a repressão e os desmandos econômicos na então URSS. Os que detinham ilusões naquela época agora estão sendo levados a pagar por elas. Os comunistas ocidentais e outros esquerdistas pagam com a moeda da crise de confiança, da desmoralização e da perda de valores. É como se os comunistas devessem em breve ser inscritos no "Livro Vermelho" (não, é claro, o pequeno livro vermelho do Comandante Mao que, apesar dos milhões de cópias impressas, já se tornou há muito tempo uma raridade a ser buscada em livrarias de antigüidades, mas o verdadeiro "Livro Vermelho", que elenca as espécies extintas – o lobo marsupial, o tigre Ussuri e outras criaturas exóticas).

No Leste Europeu, os acontecimentos se desdobraram com especial rapidez. Durante o outono de 1989, os partidos comunistas não apenas foram afastados do poder como, na maioria dos

---

1. *The Nation*, v. 251, p. 127, 1990.

países, eles simplesmente desapareceram. Os partidos se dissolveram, mudaram seus nomes, junto com suas lideranças, formas organizacionais e programas, ou simplesmente se despedaçaram. O quadro no Ocidente não era muito melhor. O Partido Comunista da Itália, o mais popular e influente entre todos os partidos comunistas ocidentais, uma organização com longa tradição democrática, o pai do "eurocomunismo", foi o primeiro a levantar a questão da dissolução. Em seu lugar formou-se um partido de esquerda democrática, com programa e estruturas organizacionais inteiramente novos. Esperava-se que a composição do partido fosse mudar, atraindo os esquerdistas que tradicionalmente tinham se oposto ao movimento comunista. Mas na verdade este passo conduziu a um racha danoso, no qual o recém-formado Partido da Esquerda Democrática achou-se em uma situação ainda mais enfraquecida do que antes.

Mesmo assim, os comunistas italianos ofereceram um exemplo aos demais. O Partido Comunista da Finlândia debandou. Estabeleceu-se uma União das Forças de Esquerda, organização inteiramente nova que se formou a partir das bases. O Partido da Esquerda Comunista sueco também abandonou o rótulo comunista, tornando-se simplesmente o "Partido da Esquerda" e renunciando ao seu antigo programa. O Partido Comunista da Holanda deixou de existir como uma agremiação em separado, unindo-se aos socialistas e aos ecologistas num partido das "Esquerdas Verdes".

O processo não se confinou à Europa. Já há vários anos não existe um partido comunista no México. No verão de 1990, os comunistas canadenses decidiram mudar de nome, purgando seu programa de todas as referências ao marxismo-leninismo e apagando as inscrições sobre centralismo democrático de seus estatutos. E o canadense não era um partido da linha "eurocomunista" que há muito tempo viesse seguindo este caminho, mas sim uma organização stalinista-brezhnevista absolutamente ortodoxa. Parece, entretanto, que a mudança veio tarde demais. Os membros da base do partido e seus colaboradores se dispersaram em todas as

A DESINTEGRAÇÃO DO MONOLITO

direções. As reuniões partidárias e as manifestações públicas passaram a atrair apenas um terço ou a metade de pessoas que compareciam até dois anos antes. "Eu não quero ser identificado com Nicolau Ceausescu", lamenta George Hewson, líder do partido, "e não acho que qualquer um em nosso partido deseje isso".[2]

O Partido Comunista dos EUA, tradicionalmente um aliado leal do PCUS, caiu em tempos difíceis. Defensores da renovação atacam a antiga liderança, e Gus Hall, partidário de Brezhnev, ameaça recorrer a medidas administrativas contra os hereges:

> Como deveria o partido lidar com um membro do Comitê Nacional que, num programa de rádio, responde à pergunta se o PCEUA tirou alguma lição dos acontecimentos no Leste Europeu dizendo "Precisamos purgar o partido do stalinismo e dos líderes stalinistas"? Se era de mim que eles estavam falando, então trata-se de uma infâmia irresponsável![3]

O que precisa ser feito? Os próprios membros das bases do Partido Comunista estão se convencendo agora de que, como resultado dos acontecimentos na URSS e no Leste Europeu, "a maioria das pessoas vai achar a palavra 'comunismo' repelente ainda por muitos anos".[4]

Não se trata simplesmente de uma questão de palavras. Afinal, pode-se trocar o letreiro e não a loja. As causas genuínas da crise situam-se em lugar muito mais profundo. Os partidos comunistas, fundados no início do século com base em rígida disciplina organizacional e ideológica, implementando sua linha política através de um aparato centralizado, identificando o socialismo com um Estado todo-poderoso e considerando-se a solitária vanguarda da classe trabalhadora e da humanidade em geral, eram inadequados às condições de um novo mundo, complexo e dinâmico. Com seus métodos anacrônicos, estavam incapacitados para defender os

---

2. *Toronto Star*, 12 de abril de 1990.
3. *Workers Vanguard*, 1 de junho de 1990.
4. *Canadian Tribune*, 7 de maio de 1990.

interesses dos trabalhadores até em países como a Itália e a Finlândia, onde tradicionalmente gozavam de prestígio como forças populares sérias e democráticas.

As transformações que foram obrigados a promover para acompanhar as circunstâncias em mudança foram grandes demais; tão grandes, na verdade, que levam à colocação da pergunta: o que, se é que alguma coisa, vai restar?

No mundo contemporâneo, onde o computador convive com a pá, e onde os países do Leste Europeu, no espaço de dois meses, são transformados em colônias de Moscou na periferia do Leste, até os pequenos partidos que se baseiam nos princípios comunistas tradicionais revelam-se canhestros e retrógrados. Isto também se deu com os partidos trotskyistas, que em lugar nenhum conseguiram se aproveitar da crise no comunismo, apesar de seus nomes em geral mais atraentes ("Liga dos Trabalhadores", "Democracia Proletária", "Perspectiva Socialista" etc.). Mesmo os social-democratas, que sempre condenaram o comunismo mas se organizam praticamente sob os mesmos princípios, estão passando por uma crise e vêm perdendo uma posição depois da outra nos países industrialmente desenvolvidos.

Os defensores do capitalismo enxergam nisto a nítida evidência de um declínio mundial das forças de esquerda, o que deveria provar a falência não só do comunismo como também das idéias socialistas. Não obstante, os mais variados países estão testemunhando agora o rápido crescimento de partidos da nova esquerda socialista, que rejeitam as formas organizacionais centralistas e a ideologia dogmática. O Partido da Esquerda Socialista na Noruega e o Partido do Povo Socialista, na Dinamarca, aumentaram intensamente suas representações parlamentares, estabelecendo uma pressão vigorosa sobre os social-democratas. O apoio popular ao Partido da Esquerda sueco dobrou desde que ele se livrou do espectro do comunismo, com a mudança de seu programa e a revisão de sua estrutura organizacional. O mesmo está acontecendo com o Partido dos Trabalhadores brasileiro, a Esquerda Verde holandesa, as Esquerdas Unidas espanholas e assim por diante.

A DESINTEGRAÇÃO DO MONOLITO

Os novos socialistas lutam para combinar as idéias da descentralização econômica e das prioridades ambientais às tradicionais reivindicações da esquerda por justiça social. Eles criticam o capitalismo de mercado, defendendo formas de propriedade coletiva democraticamente organizadas e socialmente controladas, enquanto rejeitam a idéia da total estatização. Estão se mostrando como uma alternativa atraente para os eleitores.

Mas tudo isto está acontecendo "do lado de lá".

O PCUS fez tudo o que podia para conservar a glória de ser o último partido comunista da Europa. Já que ele ainda tinha milhões de membros, enquanto seus burocratas ainda recebiam salários e desde que o partido continuava dono de edifícios, jornais e contas bancárias, era possível para seus membros consolarem-se com a ilusão de que, apesar de "certas dificuldades" e da "complexidade da conjuntura política", de modo geral tudo estava sob controle.

Infelizmente, a experiência já havia demonstrado que poder material não era o bastante. Ser um grande partido, e um partido rico, não significava, necessariamente, ser um partido forte, tanto mais porque as atitudes anticomunistas estavam aumentando na sociedade. As multidões que se reuniam nas manifestações de rua não eram as únicas a gritar máximas anticomunistas. Mesmo antes que os acontecimentos de agosto de 1991 trouxessem o colapso e a dissolução do Partido Comunista, o presidente do Soviete de Leningrado, Anatoly Sobchak, havia apelado, em uma entrevista ao jornal *Ogonyok*, para que o Partido Comunista fosse proscrito. Na Constituição soviética, que estes mesmos comunistas haviam aprovado, já existia a base jurídica para tal interdição. Nossa Constituição era a única no mundo que proibia não só a propaganda do inimigo nacional como a disseminação das idéias do inimigo social. Não é difícil adivinhar contra quem esta cláusula da Constituição se dirigia.

Bastava assistir televisão ou folhear os jornais da juventude local, sem falar no *Ogonyok* ou no *Kommersant*, para perceber que o anticomunismo estava pouco a pouco se tornando parte da ideologia dominante. Não havia nada de bom nisso; o anticomunismo era a imagem espelhada da intolerância totalitária, e seu sucessor imediato. Uma outra coisa também ficou clara: através de sua política, passada e presente, o PCUS tinha preparado o terreno para o anticomunismo, alimentando os anticomunistas e promovendo um contexto ideológico no qual os apelos por uma nova ditadura, desta vez dirigida à erradicação da ameaça vermelha, começavam a parecer naturais.

Os funcionários do PCUS esperavam encontrar uma saída para seu impasse ideológico tomando emprestadas idéias alienígenas. Enquanto documentos do partido ecoavam reivindicações dos liberais em favor da privatização e do livre mercado, nunca deixavam de lembrar o leitor sobre os perigos ambientais e repetiam prescrições ofertadas pelos defensores do autogerenciamento. Podiam-se encontrar expressões sobre alienação emprestadas de trabalhos dos marxistas ocidentais da escola "revisionista", e promessas de preservar as garantias sociais durante a transição para a economia de mercado, ao mesmo tempo em que estas garantias estavam sendo minadas com a política conduzida pelo governo comunista.

Este ragu cozinhado com as sobras da fraseologia alienígena não era substituto para uma nítida identidade política. Só que o PCUS não tinha mais uma fisionomia própria. O partido tentou distanciar-se do passado, de maneira tardia e inconsistente. Mas em que fonte ele poderia buscar a renovação? E como, nestas circunstâncias, o partido poderia permanecer comunista; como ele conseguiria preservar a continuidade com aquele antigo partido, o partido de Stalin, Khrushchev e Brezhnev, que tinha mandado um imenso número de seus próprios fundadores aos pelotões de fuzilamento? Poderia o partido voltar a Lenin? A Trotsky? A Bukharin? Retornar a 1917 ou 1922? E deveria ele voltar no passado, até à era da glória revolucionária?

Apenas os absolutamente ingênuos poderiam esperar que a deserção em massa de membros das bases e de altos funcionários do PCUS fosse promover uma volta da saúde partidária, com o

A DESINTEGRAÇÃO DO MONOLITO

abandono dos não-comprometidos e a permanência dos verdadeiros comunistas. Enquanto o quadro de membros encolhia, o partido continuou tão heterogêneo quanto antes. E, de qualquer modo, o que significa ser um "verdadeiro comunista" no final do século XX?

O movimento comunista chegou a seu fim lógico. Mas isso não é o fim do socialismo, pela simples razão de que, a cada dia que passa, o capitalismo se mostra menos capaz de solucionar os problemas da nossa época. Ao triunfar na luta ideológica contra o comunismo, o capitalismo passou a competir consigo mesmo, suas próprias contradições e dificuldades. Neste sentido, o Leste Europeu, tendo mostrado ao mundo a inviabilidade do projeto comunista, parece estar agora condenado a passar ainda pelo colapso de uma outra experiência, desta vez liberal. Se o triunfo do capitalismo resultou prematuro, então os rumores sobre a morte do socialismo são, como se costuma dizer, muito exagerados.

O renomado cientista político B. P. Kurashvili escreveu:

> Nas palavras de uma amarga piada, a história não deixou mais nada para nos infligir, quando vinte e cinco anos de terror foram seguidos por dez anos de alvoroço, e vinte anos de estagnação desaguaram em cinco anos de falência. Mas não – a história soviética é mais rica, seus pesados dramas nos purificam e instruem...[5]

Tudo isso está nos obrigando a buscar um novo caminho, a discutir uma nova alternativa democrática e socialista. E esta nova luta está apenas começando.

---

5. B. P. Kurashvili, *Strana na rasput'e*, (*O País na Encruzilhada*), Moscou 1990.

OS HERDEIROS DO TOTALITARISMO

O stalinismo

As mudanças que começaram na União Soviética e no Leste Europeu ao final dos anos 80 surpreenderam os observadores estrangeiros (e freqüentemente os próprios participantes) com a sua rapidez. O sistema de poder totalitário, que havia provado sua capacidade de recuperação durante décadas e que tinha resistido a numerosos choques durante os anos 50 e 60, inesperadamente esfarelou-se em poeira. Em seu lugar surgiu uma nova sociedade, desconhecida até para os que viviam nela.

De fato, a natureza precipitada das mudanças foi a conseqüência de um processo natural de evolução que vinha ocorrendo há vários anos nas profundezas do próprio sistema. Durante os anos 70, mudanças de rumo parciais na estrutura da sociedade acumularam-se gradualmente, preparando o caminho para a crise que viria a seguir. Ao final dos anos 80, estas mudanças explodiram em cena. Quantidade havia se tornado qualidade.

O regime totalitário "clássico" instalou-se na União Soviética no início dos anos 30, quando o setor privado foi finalmente eliminado nas cidades, a propriedade camponesa independente foi expropriada, os grupos de oposição interna do partido foram definitivamente esmagados, e um sistema de planejamento central foi substituído por uma economia que combinava regulamentação estatal com a operação do mercado. Estas novas relações, no entanto, não surgiram do nada.

A Revolução de 1917, como todas as revoluções, proclamou os princípios de liberação social enquanto, ao mesmo tempo, o novo regime se confrontrava com a tarefa de modernizar o país. A inabilidade do regime czarista e da burguesia russa para promover uma rápida modernização levaram a derrotas catastróficas na guerra contra o Japão, em 1904, e na Primeira Guerra Mundial. A industrialização capitalista tinha não apenas estabelecido grandes empresas industriais na Rússia, como havia trazido à luz todas as contradições características da primeira sociedade industrial na virada entre os séculos XIX e XX. Ao mesmo tempo, a industrialização não tinha assegurado um processo dinâmico de desenvolvimento que capacitasse a Rússia para situar-se no mesmo patamar do Ocidente. Surgiu um movimento proletário e social democrático, mas as classes dominantes, ao contrário das ocidentais, não tinham os recursos nem a experiência para evitar uma explosão social através do uso de compromissos, melhorias no padrão de vida e satisfação parcial das reivindicações que emergiam da base.

A tarefa de modernização, que não tinha sido levada adiante pelo antigo regime, foi transferida para o novo. O futuro das novas autoridades dependia agora de sua habilidade para promover essa transformação.

O deslocamento de poder dos soviéticos para o partido bolchevique, a instalação, durante a Guerra Civil, de uma ditadura unipartidária, a subordinação dos sindicatos ao Estado e a consolidação gradual de um regime autoritário dentro do próprio partido significavam que a Revolução tinha perdido completamente seu caráter não só democrático como também socialista. A classe trabalhadora, que ainda era citada como o poder dominante, e que até certo ponto formava a base social do regime, tornou-se subor-

A DESINTEGRAÇÃO DO MONOLITO 27

dinada a uma nova burocracia partidário-estatal que se havia aglutinado dentro do movimento revolucionário.

Teóricos marxistas e socialistas reagiram com estupefação ao novo Estado, que havia nascido da Revolução mas era tragicamente diferente do que eles esperavam. Leon Trotsky escreveu:

A pobreza e o atraso cultural das massas foram mais uma vez incorporados na figura sinistra do supervisor com um grande bastão nas mãos. De serviçal da sociedade, a burocracia, que era objeto de tantas pragas e lamentações, havia-se tornado novamente sua senhora. Durante este processo, a burocracia sofreu um tamanho grau de alheamento social e moral em relação às massas que ela não mais podia lhes permitir qualquer leve controle sobre suas ações ou seus rendimentos.[1]

Ao inferir uma comparação com a Revolução Francesa, Trotsky chamou este período de "Termidor soviético". E existe de fato uma semelhança, já que a sociedade pós-revolucionária passou pelas mesmas fases, tanto na União Soviética quanto na França, embora as formas e os enquadramentos de tempo fossem diferentes. O regime "Termidor" dos herdeiros burocráticos da Revolução assumiu, gradativamente, um caráter imperialista, aderiu ao expansionismo pela força militar, escravizou países vizinhos e neles instalou regimes organizados à imagem e semelhança do Grande Irmão. Por sua vez, a decadência no sistema imperial, tanto no nosso caso quanto no da França, envolveu uma recuperação parcial das antigas relações pré-revolucionárias, mas numa base de respeito aos direitos e propriedades da nova elite dominante, que surgiu como resultado da Revolução. Neste sentido, a perestroika se revelou, na história russa, como uma espécie de analogia da restauração dos Bourbons na França.

Além disso, é bastante claro que os grupos dominantes não podiam, tanto naquele tempo quanto hoje, promover reformas sem finalmente renunciar aos resíduos de sua ideologia revolucionária. O Termidor stalinista, como o da França, era essencialmente

---

1. Trotsky, *Chto takoe SSSR i kuda on idyot?*, (*A Revolução Traída*), Paris, p. 127, 1988.

uma contra-revolução gerada pela própria Revolução e, num grau expressivo, formador da continuação e do auge da Revolução. Assim, as tentativas de separar o bolchevismo do stalinismo e de tratar o bolchevismo como pai do stalinismo são igualmente absurdas. Acontece que quando o regime, que havia feito hábil uso da herança revolucionária a fim de fornecer uma justificativa ideológica para o seu governo, procurava eventualmente renegar esta herança, não podia fazer isso. As promessas de prosseguir numa trilha "não-capitalista" ainda eram essenciais para manter a estabilidade política do sistema, mesmo que tudo, na prática do regime, contrariasse esse preceito.

Embora as perspectivas socialistas do regime soviético estivessem exauridas, e apesar de a natureza de classe do seu poder estar gradualmente mudando, isto de modo algum significava uma rejeição à política de modernização do país. Na verdade, a modernização e a industrialização da Rússia tornaram-se, daí em diante, as tarefas centrais do regime. A partir desse ponto a "construção do socialismo" apresentava-se principalmente como a construção de um grande conjunto de modernos empreendimentos industriais. A própria expressão "construção de uma nova sociedade", nascida originalmente da falta de confiança dos bolcheviques nos processos naturais de desenvolvimento social, adquiriu um sentido absolutamente concreto, material e tecnológico.

Se a modernização burguesa da Rússia terminara em fracasso, o projeto burocrático, que envolvia a concentração de imensos recursos e de todo o capital social disponível nas mãos do Estado, tornou possível acelerar multiplicadamente as taxas de desenvolvimento. Isto foi feito sem que se computassem os custos que a sociedade era obrigada a pagar por tal política.

As novas estruturas do governo foram apontadas para a maximização da velocidade e da eficácia com as quais estas tarefas deveriam ser cumpridas; pela primeira vez na história da humanidade, a estrutura da sociedade se tornou uma extensão direta da estrutura de administração. A classe dominante fundiu-se com o Estado a tal ponto que ela não podia mais ser chamada de "classe" em sentido pleno. A sociedade civil não mais existia; qualquer atividade humana que escapasse à esfera de administração do Estado era simplesmente esmagada. A abordagem que havia triunfado era absolutamente simples: qualquer coisa que não pudesse ser controlada não deveria existir.[2]

É claro que, para a burocracia, os métodos mais naturais eram os administrativos. A experiência da Nova Política Econômica mostrara que a confiança no mercado produzia somente resultados de curto prazo, ajudando a aumentar a quantidade de mercadorias nas lojas e a fortalecer a fé popular no regime, mas sem cumprir os objetivos de modernização. O investimento de capital continuava fraco, a indústria ainda estava tecnicamente atrasada e as taxas de crescimento eram insuficientes e instáveis. Os métodos administrativos, por outro lado, permitiam aos novos líderes concentrar recursos rapidamente em torno das principais linhas de ataque – nas palavras de Stalin, encontrando o "elo decisivo". Os governantes do país pouco se importavam com o preço destas conquistas.

---

2. Nisto, além do mais, existe uma diferença substancial entre o totalitarismo do século XX e o tradicional despotismo asiático. Comparações entre o regime soviético do período de Stalin e o "modo de produção asiático" foram traçadas repetidamente tanto por eruditos marxistas quanto não-marxistas. Neste e em outros exemplos, a propriedade fica concentrada nas mãos de um Estado despótico, existe uma conexão entre poder e ideologia (na variável da antiga Ásia, o papel especial da religião estatal e da casta dos sacerdotes), e em ambos os casos é feito um esforço para exercer controle central sobre os processos econômicos. Mas na variável asiática o que está envolvido é o trabalho constante do Estado para garantir a simples reprodução de bens (manutenção dos sistemas de irrigação, estabelecimento de normas anuais para a entrega de grãos nas comunas das aldeias e assim por diante), enquanto no nosso caso a tarefa colocada era a do crescimento econômico forçado e da substituição de velhas tecnologias industriais por outras novas. O caráter do Estado é, portanto, completamente diferente. Dentro da moldura do sistema "asiático", o Estado exercia poder ilimitado, mas não tinha pretensões de controle total sobre a sociedade. Além disso, os processos essenciais que ocorriam na base eram auto-regulamentados. As comunidades eram governadas pela lei comum e, em termos políticos, desfrutavam de considerável autonomia. Em contraste, o totalitarismo do século XX foi construído de acordo com o princípio do controle total e abolutamente cerceador. Sobre "despotismo asiático" e totalitarismo, ver B. Kagarlitsky, "Dialetika nadezhdy" (*As Dialéticas da Esperança*), Paris, 1989.

Muito se tem escrito hoje em dia sobre a ineficácia dos métodos stalinistas, sobre as grandes perdas e os sacrifícios humanos, já que, mesmo se forem ignoradas as implicações morais, a morte de milhões de pessoas provavelmente fortaleceu muito pouco o potencial econômico do país. A principal lição que o regime aprendeu com a derrota da Rússia czarista foi a de que nem mesmo o bem-sucedido desenvolvimento industrial permitiria ao país colocar-se em pé de igualdade com o Ocidente se a taxa necessária de industrialização não fosse garantida, e a menos que o volume crítico exigido fosse acumulado, favorecendo a competição em bases iguais. Desse ponto de vista, o regime era eficiente. Ele não garantia a produção de mercadorias de qualidade ou melhorias no padrão de vida, nem alta lucratividade nos empreendimentos. Mas o regime efetivamente assegurava estonteantes taxas de crescimento.

Em essência, escreveram os renomados sovietólogos L. Gordon e E. V. Klopov, esta época deu à luz uma impressionante "mistura de progresso, superação do atraso, extravasamento de entusiamo e energia populares, com uma fenomenologia de decadência, estagnação, terror das massas e colapso das bases normais da vida social". Surgiu uma sociedade na qual o "trabalho era subordinado à disciplina única mantida pelo Estado" e na qual o Estado, por sua vez, garantia aos cidadãos

um certo grau de segurança social – a ausência de desemprego, a possibilidade de trabalhar e a obrigação de fazê-lo, recebendo mais ou menos um mínimo igualitário de benefícios socioculturais necessários, e obtendo outros bens de acordo com os resultados de seu trabalho, com os serviços que prestavam à sociedade e com sua posição social.[3]

O sistema não tinha nada em comum com o "reino da liberdade" sobre o qual os fundadores do socialismo haviam escrito. Mas milhões de pessoas, exauridas pelas guerras, e disci-

---

3. L. A. Gordon e E. B. Koplov, *Chto eto bylo?* (*O Que Era Aquilo?*), Moscou, p. 149, 1989.

A DESINTEGRAÇÃO DO MONOLITO

plinadas por uma luta diária pela sobrevivência física, aceitavam-no como a mais alta expressão da justiça social.

A sociedade inteira passou a se dividir entre controladores e controlados. A partir daquele momento, naturalmente, o cidadão comum existia somente como um objeto de controle. Como é possível falar sobre direitos humanos em tais circunstâncias?

O aparato[4] de controle centralizado confrontou-se com a massa de trabalhadores que havia sido despojada de seus direitos. Mas o sistema não se apoiava somente no terror e na repressão. Depois de eliminados os laços pessoais e as formas tradicionais de auto-organização, as massas da população, agora essencialmente despidas de qualquer identidade de classe, passaram a precisar do Estado centralizado, sem o qual elas não podiam mais valer-se por si mesmas. Não havia mais intermediário entre o indivíduo e o Estado; todas as organizações que preenchiam este papel – sindicatos, associações de voluntários etc. – tornaram-se elas próprias parte do Estado. O regime organizava a produção, assegurava a instrução das crianças nas escolas, garantia o serviço de saúde gratuito, providenciava o trabalho e programava o lazer.

Se esse Estado, com todas as suas prisões, departamentos de planejamento, aparato repressor e escolas que ensinavam não só a alfabetização como o amor pelos líderes, tivesse subitamente desaparecido, a sociedade estaria condenada a perecer. As pessoas não possuíam mais o hábito da auto-organização. Elas não sabiam nada umas sobre as outras. A viabilidade da sociedade, a estabilidade da produção e do consumo eram garantidas (embora no nível mais escasso) pela própria estabilidade do sistema de Estado.

A ampla destruição da identidade de classe das massas começou com as reformas de Stolypin, que não conseguiram criar uma classe camponesa russa, mas que minaram a tradicional comunidade de aldeia. A destruição dos laços sociais continuou durante a Primeira Guerra Mundial, a Revolução e a Guerra Civil. Milhões

---

4. Em inglês *apparatus*.

de pessoas foram desalojadas de seus ninhos confortáveis, afastadas de seus familiares e das vizinhanças habituais. Trabalhadores migraram em massa para o campo, enquanto os camponeses inundavam as cidades. Nos anos da Nova Política Econômica, quando era permitido aos camponeses trabalhar sua própria terra, e um lento crescimento da indústria tinha início nas cidades, uns poucos sinais de estabilidade social começaram a aparecer. Mas a violenta coletivização do campo acompanhada pela industrialização forçada e pelo terror, mais uma vez, destruíram o frágil tecido social. Novamente, milhões de pessoas mudaram-se do campo para as cidades, transformando-se, em questão de dias, de dominadores da terra em inabilitados trabalhadores urbanos. A estreita camada de proletários hereditários foi varrida pela onda de industrialização stalinista.[5] A Segunda Guerra Mundial e as novas ondas de repressão completaram o feito. A sociedade, no antigo sentido da palavra, tinha simplesmente deixado de existir. Havia somente o "sistema sociopolítico". Fora das estruturas do Estado, o ser social e o desenvolvimento econômico tinham-se tornado impossíveis.

A sociedade, desarticulada em termos de classe, roubada de seus laços sociais estáveis, de tradição e de cultura, considerava o controle externo indispensável. Daí em diante, a toda-poderosa burocracia não só garantia a modernização como assegurava a sobrevivência e a reprodução da população. Foi por isso que o sistema manteve sua estabilidade mesmo depois do fim do terror de massa, nos anos 50.

A própria burocracia mudou dramaticamente. Ela não se tornou uma classe dominante, no sentido tradicional da expressão no Ocidente; só existem classes onde há estruturas sociais distintas da estrutura do Estado. Mas esta não era mais a antiga burocracia de Estado que tinha existido na Rússia durante séculos.

---

5. Para uma dissertação mais detalhada, ver L. A. Gordon e A. K. Nazimova, *Rabochii klass SSSR: tendentsii i perspektivy sotsial'no-ekonomicheskogo razviitya* (*A Classe Trabalhadora na União Soviética: Tendências e Perspectivas de Desenvolvimento Socioe-conômico*), Moscou, 1985.

Nas sociedades européias, a burocracia costuma executar a vontade das classes dominantes. Naturalmente, os burocratas que administram o Estado também têm seus próprios interesses pessoais. Com muita freqüência, os resultados do controle burocrático revelam-se impressionantemente diversos do que se esperava. Mas, ao mesmo tempo, o aparato não antecipa suas próprias metas e prioridades. Ele meramente interpreta a vontade dos governantes à sua própria maneira, enquanto implementa as decisões deles.

Sob o sistema totalitário soviético, ao contrário, o aparato tanto tomava as decisões quanto as interpretava. Sem deixar de estar acima de todo o aparato executivo do regime, a burocracia não mais implementava a vontade de uma classe dominante, mas assumia o lugar dela em sua ausência. No sentido estrito, ela não era mais uma burocracia no modelo antigo, e sim uma "estatocracia", um estado de classe ou um aparato de classe sem domínio nem estabilidade. Mikhail Volensky certa vez descreveu ironicamente a burocracia soviética como uma "classe desclassificada". Como já foi explicado, na sociedade stalinista todas as classes, em sentido estrito, foram desmobilizadas e, no que diz respeito a isso, a elite dominante não era muito diferente de outras camadas sociais. Mas ela detinha várias vantagens importantes: era organizada e se confundia com o poder do Estado.

As classes dominantes da sociedade capitalista "normal" nunca se entrelaçaram com o Estado a tal ponto. Isso lhes permitiu contornar crises políticas com relativa facilidade, mudando governos e até, em alguns casos, o sistema de governo. Mas, para a estatocracia, qualquer crise política trazia a ameaça de uma catástrofe social. O conservadorismo dos círculos dominantes era, portanto, perfeitamente natural.

A posição contraditória da elite dominante propiciava constantemente situações grotescas e, com freqüência, irresponsabilidades assustadoras que, em última análise, feriam os interesses da própria burocracia. Essas fraquezas, no entanto, só apareceram em sua dimensão plena mais tarde, quando o sistema estava se desintegrando. Nos períodos iniciais, a eficiência do trabalho dentro do aparato se garantia com o auxílio do terror, que atingia a elite quase com a mesma intensidade com que afetava os que estavam bem abaixo dela, e através de uma espécie de "seleção natural" na qual os perdedores eram fisicamente eliminados.

Externamente, o sistema de controle lembrava uma pirâmide monolítica, sob cujas fundações estava a massa de trabalhadores, sem classes e despojada de seus direitos. Mas uma observação mais aproximada revelava que o "monolito" nunca foi inteiramente homogêneo. Dentro da "grande" pirâmide de poder estavam milhares de pequenas e insignificantes pirâmides de controle, cada uma delas como uma réplica da estrutura do sistema de poder como um todo.

No pico mais alto se colocava o "grande líder e mestre", Camarada Stalin, cujo poder era absoluto. Mas todo dirigente do partido dominante em sua província, todo ministro em seu departamento e todo diretor de fábrica, dentro dos limites de suas instalações, era um pequeno Stalin, detendo poder sobre a vida e a morte de seus súditos. Sabe-se muito bem que o código trabalhista de Stalin, sob o qual um trabalhador podia ser preso por chegar ao emprego vinte minutos atrasado, dava aos diretores de fábrica controle total sobre o destino de seus subordinados. Os diretores podiam entregar pessoas à NKVD pela mais leve infração, ou podiam encobrir graves violações de disciplina. O mesmo princípio aplicava-se às questões de produção. O poder despótico dos chefes no trabalho gararantia-lhes considerável independência. O centro estabelecia as tarefas e escolhia as pessoas, cujas vidas passavam a depender do sucesso do empreendimento. Ninguém sonhava, entretanto, em planejar cada detalhe a partir do centro. No sistema que existia então, isto simplesmente não era necessário. O essencial era concentrar recursos nas principais linhas de avanço, assegurar a construção do máximo número possível de empresas da indústria pesada no tempo mais curto possível, e colocar o controle destas fábricas nas mãos de "leais filhos do partido". Não havia tempo para pensar em mais nada. O sistema era primitivo, mas eficiente. Seu primitivismo e simplicidade eram a razão de seu sucesso. A sociedade industrial estava basicamente estabelecida; a guerra fora vencida; a Rússia, sob o nome da União Soviética, transformara-se em uma superpotência. O crescimento econômico prosseguia, a despeito de dificuldades que aumentavam.

Mas tudo isso não podia continuar indefinidamente.

A primeira perestroika: os anos 50

O sucesso da industrialização significava que a sociedade estava qualitativamente alterada. Conseqüentemente, exigiam-se novos métodos de controle. Já nos anos 50, quando as indústrias pesadas, que eram modernas para aquela época, tinham sido implantadas, e quando a economia estava basicamente recuperada da destruição forjada pela Segunda Guerra Mundial, novos problemas começaram a surgir. A Guerra Fria e a rivalidade com os Estados Unidos, o desenvolvimento de novas tecnologias militares, e a falta de integração com as economias do Leste Europeu que haviam caído na esfera de influência soviética, tudo serviu para confrontar o regime com a necessidade de uma séria reestruturação. A intensificada complexidade destas tarefas mostrava que já era impossível resolvê-las com os primitivos métodos originais. O trabalho não remunerado dos prisioneiros nos campos e o trabalho forçado nas cidades tinham deixado de ser eficazes. Era preciso um novo tipo de trabalhador, capaz de dominar tecnologia complexa.

Muitos cientistas desenvolveram trabalhos de destaque dentro das *sharashki*, prisões-laboratório onde as descobertas científicas eram realizadas sob a supervisão de guardas que observavam através de grades. Mas era impossível organizar a produção em massa utilizando tais métodos. Mesmo na prisão, os gênios continuavam labutando por amor a seu trabalho. Mas engenheiros ou operários qualificados comuns precisavam de condições de trabalho normais, que lhes permitissem renovar sua capacidade, ter acesso à informação necessária de maneira usual e submeter-se a reciclagens. Em resumo, eram as mais insignificantes exigências para livres trabalhadores assalariados, a quem deviam ser oferecidos um padrão de vida e um nível de consumo, se não iguais aos do Ocidente, pelo menos comparáveis a eles. No mínimo, era preciso, até certo ponto, garantir aos trabalhadores sua independência e seus direitos, e para isso devia-se, essencialmente, restringir o poder arbitrário dos chefes nos locais de trabalho, estabelecendo normas gerais de conduta definidas para todo o país.

A política do degelo, introduzida por Nikita Khrushchev depois da morte de Stalin, constituiu-se em uma tentativa de levar esta tarefa adiante. Os campos foram desativados. Poderosos institutos de pesquisa científica estabeleceram-se nos moldes das *sharashki*, freqüentemente comandados por antigos internos. Deu-se uma arrancada com a modernização das forças armadas e a renovação da tecnologia industrial. Desde então, até o final dos anos 80, era o equipamento instalado durante a década de 1960 que formava a base de produção na maior parte das empresas.

O terror foi substituído por meios de controle mais suaves, com o "auto-interesse material" do trabalhador vindo a desempenhar aí um importante papel. O mercado consumidor passou a se desenvolver rapidamente. Apesar do imenso atraso em relação ao Ocidente no que dizia respeito a padrões de vida, a União Soviética, nos anos 60, começou a se transformar em uma sociedade de consumo. Isto envolveu não só mudanças substantivas na cultura e na psicologia dos trabalhadores como também a formação de uma nova estrutura econômica, capaz de produzir não apenas tanques e tratores, como também mercadorias destinadas ao povo. Daí em diante, a população e a própria liderança formaram suas opiniões sobre o novo regime, não só com base na sua capacidade de assegurar a independência nacional do país, o poder defensivo e o *status* de "grande potência", ou em sua habilidade para proporcionar a igualdade social prometida pela Revolução, como também com base em seu sucesso ao garantir sucessivos incrementos do consumo.

Os primeiros conflitos já tinham eclodido no início dos anos 60, quando havia sido prometido um "crescimento do bem-estar

A DESINTEGRAÇÃO DO MONOLITO 37

social" e o terror acabara, mas o sistema econômico stalinista ainda era incapaz de oferecer ao povo reais melhorias de vida. Uma crise aguda surgiu entre o fim dos anos 50 e o início dos 60. Uma onda de greves e levantes varreu os centros industriais nas províncias. O maior baque aconteceu no ano de 1962, em Novocherkassk, quando forças militares dispararam contra milhares de trabalhadores que promoviam manifestações com bandeiras vermelhas.

Durante os anos que se seguiram, a situação começou a se estabilizar enquanto, na economia, a "perestroika" avançava. O crescimento nos padrões de vida soviéticos foi acompanhado pelo domínio de novas tecnologias e até pela conquista de posições de liderança em algumas áreas da ciência mundial. A economia soviética crescia significativamente mais depressa do que as economias dos países líderes no Ocidente. Tudo parecia estar andando às mil maravilhas.

O empenho pela "firme melhoria dos padrões de vida" tornou-se o elemento mais importante da ideologia oficial. O programa que o PCUS adotou com Khrushchev não só declarava que o comunismo estaria construído em 1980 como apresentava uma imagem do comunismo como uma sociedade de abundância consumista. Como então descreviam os ideólogos soviéticos oficiais, a sociedade ideal era a de consumo máximo. Não é de espantar que, uma geração mais tarde, muita gente em nosso país, completamente educada no espírito da propaganda comunista, não apenas enxergasse no Ocidente a sociedade ideal como concluísse, com toda seriedade, que o "verdadeiro socialismo" já tivesse sido construído nos Estados Unidos ou no Canadá.

Se no tempo de Stalin o sistema se orientou em direção ao crescimento econômico a qualquer preço, a partir dos anos 60 prometeu-se ao povo que o crescimento econômico seria acompanhado pela elevação dos padrões de.vida. Exatamente como no Ocidente, o aumento do consumo deu um importante estímulo ao crescimento econômico. Enquanto o sistema manteve seu dinamismo inicial, este modelo ideológico "funcionou". O modelo "consumidor" revelou-se ainda mais estável do que o stalinista, já que a paz social e a subserviência das massas podiam agora ser garantidas sem o terror em larga escala. Mas quando a economia centralizada perdeu sua capacidade original de efetivamente concentrar recursos nas "linhas básicas de avanço", a situação se deteriorou. A melhoria nos padrões de vida em princípio diminuiu de ritmo, depois parou completamente.

Quanto pior ficava a situação na economia, mais a ideologia consumista se voltava contra o sistema, incapaz de cumprir suas próprias promessas.

Isto, entretanto, veio a acontecer bem mais tarde. Nos anos 50 a economia estava "normalizada". Junto com o despotismo pessoal de Stalin na vida política, a tirania dos diretores de fábrica foi entregue ao passado. O processo de "normalização" do sistema de governo havia começado, essencialmente, mesmo antes de Stalin morrer. A rede de ministérios e departamentos foi dinamizada e expandida, e novas regras foram adotadas para limitar os poderes arbitrários (mas também as liberdades) dos chefes nos locais de trabalho. O sistema único de poder gradualmente se ramificou em inúmeros sistemas burocráticos. Cada departamento criou sua própria "nomenclatura de posições oficiais". As transferências de um departamento para outro, que tinham sido típicas dos "indicados para promoção" de Stalin, tornaram-se uma raridade; a burocracia industrial foi separada do aparato partidário; a oficialidade agrícola da estatal; e assim por diante.

A própria burocracia passou por mudanças. As brigas dentro da pirâmide do poder eram constantes, mas no tempo de Stalin ocorreu uma espécie de "seleção natural" no meio burocrático. As lutas entre grupos e departamentos culminaram com a aniquilação física dos perdedores. Aqueles que sobreviveram neste sistema podem ter sido assassinos e criminosos, mas não eram nulidades passivas.

As reformas de Khrushchev significaram o fim da "seleção natural" nas fileiras da burocracia, o que levou a um súbito declínio na eficiência das ações burocráticas. Khrushchev procurou preservar o dinamismo do aparato por meio de constantes reorganizações, mas isso contradizia a lógica natural do processo de estabilização burocrática que ele próprio havia iniciado. O período do "degelo" foi substituído pela era da "estabilidade". Para o lugar de Khrushchev veio Brezhnev.

À medida que o aparato de gerenciamento econômico desenvolvia seu próprio sistema interno de autoridade, os diretores de empresa viam-se sob duplo controle. Para que os ministérios e departamentos centrais gerissem eficientemente os escalões inferiores, eles precisavam obter informações sobre suas atividades e lhes designar planos de trabalho através de um sistema de "índices"[6] que tornava possível coletar e avaliar a informação. Quanto mais complexa e desenvolvida se tornava a produção, mais os índices eram necessários. Quanto mais índices havia, mais fácil ficava a sua manipulação para os diretores de empresa e para os próprios ministérios. As autoridades do partido em nível local estavam muito menos interessadas em indicadores formais, e muito mais preocupadas em solucionar problemas sociais e em se certificarem de que suas decisões achavam-se de acordo com a linha ideológica do partido numa determinada etapa.

Do ponto de vista dos administradores e de sua burocracia, a interferência do partido era um impedimento, já que ele falhava em provê-los com os escassos suprimentos de matérias-primas, equipamentos e materiais de construção. Por outro lado, a intromissão do aparato partidário permitia a muitos diretores industriais manobrarem entre duas forças: as autoridades locais do partido e os ministérios centrais. O aparato do partido também oferecia um meio de estabelecer ligações horizontais, contatos informais diretos entre empresas de ramos diferentes. De modo paradoxal, era exatamente a interferência de órgãos do partido que, em grau expressivo, compensava a ausência de uma estrutura de mercado.

A tentativa, no período de 1965 a 1969, de dinamizar este sistema, através da descentralização e da ampliação dos direitos da burocracia dirigente ao nível empresarial, acabou em fracasso

---

6. Fichas de arquivo. (N. T.)

porque os departamentos centrais e os chefões do partido não estavam dispostos a abrir mão de sua autoridade. Não obstante, alguma coisa tinha de ser modificada. Entre as dificuldades econômicas sempre crescentes, encontrou-se uma alternativa sob a forma da descentralização burocrática. O centro estava se engasgando com informações que não conseguia processar de maneira adequada, mas, ao mesmo tempo, continuava sem disposição de entregar seus poderes a pessoas "bem mais abaixo", especialmente depois que tentativas de reforma perturbaram o equilíbrio do sistema que, apesar das constantes dificuldades em desenvolvimento, ainda funcionava a partir de um modelo. A única alternativa era estabelecer centros paralelos.[7]

Ministérios começaram a se proliferar numa escala inacreditável. Se isto aumentava o grau de controle dentro das ramificações, já que cada departamento central estava agora relacionado a um menor número de empresas, o trabalho de planejar o desenvolvimento e de conciliar interesses conflitantes tornou-se ainda mais difícil, porque havia surgido uma pluralidade de interesses burocráticos. E se a estrutura de poder nos anos 30 trazia à mente uma pirâmide, com o líder em seu cume, nos anos 70 isto havia se transformado numa estrutura complexa, com vários cumes, embaraçados numa teia de órgãos do partido.

O colapso

O sistema tornou-se gradualmente mais benevolente. O regime totalitário, pouco a pouco, transformou-se em autoritário e, assim, não mais interferia na vida privada dos cidadãos nem recorria ao terror em larga escala – a maior parte das estruturas indispensáveis ao exercício do terror já tinham sido desarticuladas durante os anos

---

7. Para uma análise detalhada da descentralização burocrática sob Brezhnev, ver B. Kagarlitsky, *The Dialetic of Change (A Dialética da Mudança)*, Londres, 1989.

50. Estava ficando cada vez mais complicado tomar qualquer tipo de decisão, mas os métodos de governo tinham, à sua maneira, tornado-se mais democráticos, já que nem o Secretário Geral nem os chefes bem abaixo dele podiam mais ignorar a opinião de seus colegas. Ainda assim, o poder do partido e a dependência dos trabalhadores em relação ao Estado permaneciam. Nos anos 70, ainda era muito cedo para falar de uma verdadeira superação do totalitarismo.

De modo geral, a massa trabalhadora continuava pulverizada. A migração de milhões de pessoas para as cidades, que persistiu durante os anos 60, tornou difícil a formação de uma hereditariedade da classe trabalhadora, embora, em comparação com a época do terror stalinista e da Guerra, os laços sociais tenham ficado mais fortes, e as pessoas agora dependessem muito menos do Estado.

Entre tudo, foi a formação de novos níveis médios na sociedade que se processou com maior rapidez. Como a economia se tornava mais complexa, ela fez nascer um inteiro patamar privilegiado de trabalhadores e dirigentes científicos. As novas exigências culturais da população deram vida a uma completa indústria de cultura que incluiu o surgimento da televisão e de uma imprensa mais sofisticada. Uma nova elite cultural se formou. A contínua escassez de bens e serviços, numa época em que os padrões de vida, o poder de compra e a demanda estavam em alta, gerou as condições para a emergência de uma desenvolvida e exuberante máfia comercial, que penetrou gradativamente nas mais diversas áreas da vida social.

Com toda a sua heterogeneidade, os níveis médios estavam unidos por um estilo de vida semelhante, com mais ou menos os mesmos padrões educacionais e, finalmente, um modelo uniforme de consumo. Nas condições em que estavam se formando a cultura e a ideologia de uma nova sociedade de consumo, isto era muito importante.

Ao mesmo tempo, os níveis médios estavam juntos em suas contraditórias relações com as autoridades. Dentro do sistema, quase todos estes grupos desfrutavam de privilégios e direitos que os elevaram subitamente acima da massa dos simples mortais. Em alguns casos, esses direitos eram concedidos de maneira extravagante, como para a elite intelectual, que gozava de todos os tipos de privilégio, começando pelos espaços adicionais de moradia em meio a uma escassez habitacional e terminando pelas viagens ao exterior. Alternativamente, o sistema de privilégios se formava de maneira "natural", como ocorreu com os dirigentes, ou os privilégios eram tomados de modo ilegal pela própria iniciativa individual, como aconteceu com a máfia comercial. De qualquer modo, o sistema abriu para os níveis médios possibilidades muito maiores do que para os cidadãos "comuns". Ao mesmo tempo, os níveis médios encontravam-se completamente afastados do verdadeiro poder. A inevitável interferência do aparato do partido em seus negócios provocava conflitos intermináveis. Finalmente, a camada média detinha um nível de educação e capacitação muito mais alto do que o dos funcionários do partido que a governavam; o que ela menos precisava era de tutelagem do aparato partidário. Os níveis médios estavam, mais do que ninguém, próximos do poder... e sofriam mais fortemente a sua pressão.

Sentiam que o regime precisava deles, mas lhes negava acesso às suas fileiras.

É perfeitamente natural que, embora os níveis médios não fossem os elementos mais oprimidos da sociedade, tenha sido aí que as aspirações por mudanças radicais começaram a se levantar com maior rapidez. Foi aí que uma oposição começou se organizar, e foi precisamente neste meio que uma nova ordem social começou a tomar forma. Tanto os dissidentes quanto os reformadores emergiram dos níveis médios.

Quando as massas, levadas ao desespero pela pobreza, pela impotência e pelas promessas não cumpridas, sublevaram-se em Novocherkassk, elas voltaram às tradições revolucionárias de 1917. A questão de uma reversão ao capitalismo ainda nem fora levantada, assim como um modelo socialista alternativo também não havia se apresentado. O povo estava simplesmente reclamando que o sistema cumprisse suas próprias promessas de uma vida em concordância com os lemas oficiais ("tudo pelo benefício do

A DESINTEGRAÇÃO DO MONOLITO 43

trabalhador", "uma única classe privilegiada – as crianças!" e assim por diante). O mesmo quadro aparece nos levantes de trabalhadores em Berlim Oriental no ano de 1953, e na Polônia em 1956 e 1970. Mas quando os níveis médios entravam na briga, as reivindicações eram sempre para mudar as regras do jogo, modificar as estruturas do governo e repartir o poder. Neste sentido, a oposição que partiu dos níveis médios, com todas as suas limitações, era incomparavelmente "construtiva"; era perfeitamente natural que as idéias reformistas fossem muito mais influentes do que as dissidentes, embora as dissidentes atraíssem mais atenção.

Porque os níveis médios eram o único setor da sociedade que tinha voz própria, e desde que representavam seu único agrupamento organizado, eles começaram a falar em nome de toda a sociedade. Nesta situação, a ilusão de que seus próprios interesses coincidiam, de maneira plena, com os do país como um todo veio a parecer absolutamente natural e justa, tanto para os reformistas como para os adesistas do movimento dissidente.

Enquanto isso, a burocratização da economia chegou a ultrapassar quaisquer limites razoáveis, e a eficiência da produção declinou seriamente. Os índices de crescimento caíram persistentemente de 1959 em diante. Se isso não despertara atenção nos primeiros anos, por volta do final dos anos 70 a situação tinha mudado. Mas desta vez tinha-se tornado impossível não só travar uma luta contra os Estados Unidos pela hegemonia mundial como também cumprir as promessas feitas ao povo da própria União Soviética. A estabilidade social, que havia sido adquirida à custa da transição para uma economia de consumo, estava minada. Até os círculos dominantes começaram a reconhecer que as reformas eram indispensáveis.

Se o trabalho do totalitarismo consistira em maximizar o grau de controle sobre todo o processo social, com base num sistema único de governo integrado, então era natural que o relaxamento dos controles dentro do sistema e a perda de seu caráter integral conduzissem a uma séria crise política e econômica. Como o sistema de controle total tornou-se cada vez menos eficiente e começou a entrar em colapso, a sociedade soviética e do Leste Europeu deveria passar por uma série inteira de crises como essa.

As dificuldades aumentaram durante os anos 60 e 70. No início da década de 1980, o Estado soviético, segundo a comparação perspicaz de Bulat Okudzhava, fazia lembrar "o Império Romano na era de seu colapso". A crise de controle desmoralizou os círculos dominantes e minou sua fé na viabilidade do sistema ainda mais do que a redução no crescimento da economia e a crescente insatisfação do povo. Tomar qualquer decisão estava se tornando sempre mais difícil, os labirintos da burocracia ficavam cada vez mais intricados, a ponto de até funcionários profissionais experientes se verem perdidos.

Se o aparato se lamentava pela "diminuição da eficiência na administração", a população trabalhadora e os níveis mais baixos de dirigentes estavam sendo forçados a pagar o preço da falência do sistema. No fim dos anos 70, a crise da administração deu origem a uma "crise de abastecimento". A escassez tornou-se um problema cotidiano não só para o consumidor comum mas também para os diretores de fábrica. O sistema centralizado de distribuição de recursos sofreu paralisações cada vez piores, entregas programadas não eram feitas, e tornava-se impossível descobrir onde as mercadorias tinham ido parar. A paradoxal reação do aparato administrativo ao colapso do sistema de abastecimento foi a de criar uma espécie de "mercado cinzento" – ligações diretas estabeleceram-se entre empresas que mais trocavam mercadorias escassas do que compravam produtos umas das outras. Todo mundo que conseguia ganhar acesso às mercadorias em déficit, fosse uma dona de casa ou o diretor de uma empresa automobilística, começava a preparar seus estoques. O apartamento comum soviético tornou-se cada vez mais parecido com um armazém. O criador de sátiras Zhvanetsky observou que vivia em sua casa "como num submarino". Ele poderia ficar escondido sozinho por um mês.

O desenvolvimento de permutas e ligações diretas, junto à acumulação de "reservas ocultas", tornou o trabalho do sistema central de abastecimento ainda mais difícil e levou mais longe a redução da eficiência na administração. Simultaneamente, o país foi atingido por uma crise de investimento. Com os órgãos centrais carentes de informações precisas sobre o que estava acontecendo, e os recursos sendo distribuídos espontaneamente através dos mercados "cinzento" e "negro", era impossível completar a tempo projetos de investimento estatal. Enquanto isso, para os departamentos, a construção de novas empresas tornou-se o meio mais confiável para obter recursos adicionais dos fundos centralizados. Projetos de construção foram iniciados, mas não concluídos. Os investimentos de capital não traziam retornos.

Isto, por sua vez, transformou-se em uma das mais importantes fontes de inflação. O volume sempre crescente de obras incompletas se tornou a brecha através da qual milhões de rublos não respaldados em bens reais inundaram a economia. O dinheiro investido na construção de novas empresas não só deixou de produzir lucros como também acarretou nova escassez, exigindo novos gastos, e destinou-se à compra de uma força de trabalho que não criou nenhum produto final passível de ser vendido no mercado. A crise financeira conduziu à acumulação, por parte das empresas e da população, de economias no valor de muitos bilhões, dos quais apenas uma parte estava depositada em contas de poupança e nos bancos. O resto permanecia nas mãos da população, engordava várias "contas-fantasma" ou circulava no mercado negro.

Como resultado da falência dos mecanismos oficiais de controle, uma espécie de sistema de administração nas sombras começou a se formar espontaneamente e a se mesclar diretamente com o submundo do crime.

Em regra geral, a corrupção é a extensão natural de uma burocracia ineficiente. Em qualquer sociedade, o nível de corrupção existe na proporção inversa à eficiência da administração. Mas na sociedade soviética a máfia não só enriqueceu com os fracassos do sistema, como de fato começou a se transformar numa sombra do regime, muito mais estável e eficiente do que o proclamado oficialmente.

No início dos anos 80 já era óbvia a desintegração do sistema. Usando a última de suas forças, a liderança de Brezhnev tentou dar a impressão de que nada estava acontecendo no país, mas a própria burocracia, defrontando-se todo dia com a crise da administração, exigia mudanças. O problema era que, desta vez, o regime não tinha reservas guardadas. O sistema não podia mais ser reconstruído; sua desintegração tinha ido longe demais. O colapso do Estado comunista na Polônia e o fracasso das reformas na Hungria mostraram que a falência da estrutura tinha adquirido um caráter universal, e que isto não era especificamente um fenômeno soviético. Em essência, o inteiro bloco do Leste Europeu estava em crise nos anos 80.

Os herdeiros do totalitarismo

As tentativas de reformar os mecanismos de poder não só deixaram de dar os resultados esperados como, ao contrário, exarcebaram a crise. A atormentada máquina administrativa não conseguia garantir a efetiva implementação das reformas nem mesmo onde elas poderiam, em tese, ter registrado sucessos. Enquanto isso, os esforços dos círculos dominantes para, gradualmente, introduzir novos mecanismos econômicos, fortalecendo o papel das relações de mercado e estabelecendo novas estruturas que seriam mais representativas e democráticas, serviram mais para destruir os restos do antigo mecanismo do que para construir um novo. (Lembra a velha piada sobre como, numa experiência, decidiu-se desviar metade do sistema de transportes para a direção pelo lado esquerdo das ruas.)

No final dos anos 80, ficou claro para todos que o sistema tinha chegado a um impasse. Se Gorbachev e aqueles que o cercavam nos primeiros anos após sua ascensão ao poder podiam se consolar com ilusões de uma "reconstrução" ("perestroika") da sociedade, por volta de 1988-89 a situação tinha definitivamente fugido ao controle. O aparato burocrático havia perdido completa-

A DESINTEGRAÇÃO DO MONOLITO

mente sua coesão e desmoronava em guerras entre grupos rivais. Um ministério assumia a ofensiva contra outros ministérios, e todos se juntavam para atacar o governo central e o aparato do partido, que tentavam trazer alguma ordem a este caos.

Em 1990, o único país do Leste Europeu onde o regime "comunista" tradicional permanecia intacto era a Albânia. Nos demais países, o monopólio dos partidos comunistas no poder fora abolido e a administração centralizada da economia, eliminada. Eleições livres foram conduzidas até na Mongólia e políticas de privatização do setor estatal começaram a ser implementadas em toda parte. À primeira vista, poderia parecer que a Rússia e a Europa do Leste estavam passando por uma transição entre o "totalitarismo comunista" e a democracia capitalista ao estilo ocidental. Mas na realidade o que estava ocorrendo era algo bem diferente.

Uma condição importante para a transição rumo ao capitalismo estava ausente: em nenhum destes países existia uma burguesia desenvolvida. E para o estabelecimento de uma democracia ao estilo ocidental faltava um pequeno requisito: estruturas desenvolvidas de sociedade civil.

Se no Leste Europeu, durante os primeiros estágios, as pessoas podiam se reconfortar com a ilusão de que seus países, como "partes históricas da Europa", iriam, por algum milagre, estabelecer em poucos meses todas as condições sociais e históricas indispensáveis ao capitalismo democrático, na Rússia a situação era qualitativamente pior. A incongruência entre o modelo de sociedade oriental e ocidental era óbvia. Ficava simplesmente impossível compreender os processos que se desdobravam no Leste por meio de analogias com o Ocidente. A sociedade continuava, em um grau expressivo, sem classes; as pessoas não tinham consciência de seus interesses e os laços sociais normais estavam fazendo falta. Não existiam classes. O movimento de massas foi inevitavelmente transformado em atos de uma turba. As pessoas estavam acostumadas a contar com a ajuda do Estado e a protestar contra as suas injustiças, mas elas não tinham experiência de vida em uma sociedade onde o Estado era impotente e os cidadãos precisavam resolver seus problemas com independência. Essencialmente, as únicas forças do Leste que continuavam com um certo grau de organização social eram a burocracia e os níveis médios.

A velha *nomenklatura*, que com seu governo tinha levado os países à crise, continuava a ser o único grupo social capaz de controlar a situação. A *nomenklatura* não podia mais governar à maneira antiga, mas ninguém era capaz de assumir seu lugar no comando da administração do Estado. *Slogans* políticos podiam ser mudados, e novos rótulos ideológicos atribuídos ao Estado, mas permanecia o fato: avultando-se no futuro estava a crise, sem nenhuma alternativa. Não existia classe capaz de tomar o poder da velha oligarquia nem de dar forma a um novo modelo de sociedade. Somente a própria oligarquia, ou alguma parte dela, poderia fazer isso.

Nenhum dos observadores políticos, ao que parece, prestou qualquer atenção a um fato particularmente impressionante. Durante 1989 e 1990, um poderoso movimento de oposição surgiu repentinamente na URSS. Ele conquistou representação no Soviete Supremo, levou multidões de milhares de pessoas às ruas e ganhou o controle de Moscou e Leningrado. Mas, à exceção de Andrei Sakharov, que desempenhou um papel especialmente simbólico, quase nenhum dos antigos dissidentes assumiu postos importantes nesta nova oposição. Muitos deles emigraram, enquanto outros não estavam dispostos a jogar de acordo com as regras postas à mesa por Gorbachev. Todos os papéis-chave da oposição destes dias foram ocupados por pessoas do antigo aparato. Boris Yeltsin, Yuri Afanasyev, Nikolai Travkin, Ivan Silayev, que se tornou Primeiro Ministro da Rússia após a vitória da oposição nas eleições republicanas, e o prefeito de Moscou, Gavriil Popov, todos ocupavam postos importantes no antigo sistema. E o que é mais notável: foram precisamente suas posições no sistema que lhes permitiram tornarem-se líderes políticos.

Dificilmente alguém teria se interessado por Yeltsin se ele, no começo deste processo, não fosse um candidato membro do

A DESINTEGRAÇÃO DO MONOLITO

Politburo do PCUS. Se Yuri Afanasyev não tivesse sido reitor de um instituto de arquivo histórico e, até, antes disso, um dos líderes da Liga da Juventude Comunista, seu nome provavelmente seria desconhecido, mesmo entre historiadores. Se estas pessoas não tivessem sido participantes do exercício do poder, é ainda mais improvável que elas fossem capazes de publicar suas opiniões na imprensa oficial, cujo controle ainda era monopólio do Estado até meados de 1990.

A *nomenklatura* não podia mais governar no modelo antigo, mas ela rapidamente aprendeu a governar de acordo com o novo. Para manter e fortalecer suas posições nas novas circunstâncias, os círculos dominantes foram levados a criar um novo modelo de poder e uma nova estrutura de propriedade.

Quando uma onda de "revoluções brancas" (sem derramamento de sangue) espalhou-se pelo Leste Europeu, e quando, em 1990, as autoridades supremas na URSS permitiram a realização de eleições que davam maioria às oposições nos sovietes republicanos, quase ninguém fez a pergunta: por que os círculos dominantes entregaram o poder político tão facilmente? Não se pode explicar essa capitulação rápida e geral simplesmente com o fato de que os líderes do Leste Europeu estavam "desmoralizados" e tinham perdido o apoio de Moscou. No passado, os regimes "comunistas" haviam prontamente chacinado milhares de pessoas, esmagando o mais leve movimento de protesto. Nós vimos como se comportava um governo stalinista, quando estava contra a parede, no caso da Romênia, onde a ditadura de Nicolau Ceausescu só caiu depois de duas semanas de carnificina. Mas até na Romênia a superação do regime assumiu a forma de um golpe palaciano, no qual uma parcela significativa do antigo aparato não só deixou de se opor à Revolução como participou dela ativamente, garantindo que as forças armadas e a polícia aderissem ao lado do povo nas primeiras horas da rebelião. O que se encontrava sob ameaça estava acima de todo o poder pessoal do ditador e de sua *entourage*. Para os setores da *nomenklatura* que não eram ligados pessoalmente à família Ceausescu, as mudanças até vieram a ser vantajosas.

É fácil compreender que, em novas circunstâncias, os círculos dominantes não possam sustentar o poder usando os métodos antigos. O colapso do aparato monolítico único do governo gera novas alianças. Os antigos governantes voltam-se para a colaboração com os níveis médios, naturalmente partilhando o poder com eles, enquanto os traficantes da "economia das sombras" recebem a chance de se "legalizarem" e incharem as fileiras de uma legítima classe dominante "oficial". No fim de 1990, o Partido Comunista da União Soviética já era o maior empresário do país, participando da especulação com propriedades, fundando bancos comerciais, hotéis reservados à moeda forte e assim por diante. As páginas dos jornais soviéticos estavam cheias de notícias sobre a atividade empresarial do aparato do partido. A maior parte destes novos negócios do partido se concentrava na esfera de serviços, especulação em propriedades e transações financeiras.[8] Os bens dos órgãos do partido estavam pouco a pouco se transformando em propriedade dos "aparatistas"[9] do partido.

Também se considerou oportuno abrir as portas ao capital estrangeiro, e ainda nisso as "novas" relações burguesas entrelaçavam-se com o antigo sistema burocrático. A imprensa soviética lamentou:

> Antigos dirigentes econômicos, autoridades do partido, ativistas na Liga da Juventude Comunista e funcionários de sindicatos, sentindo a debilidade de suas posições na *nomenklatura* e as vantagens da colaboração internacional, começaram a explorar seus contatos e foram os primeiros a chegar a um acordo com empresários ocidentais para o estabelecimento de *joint ventures*.[10]

Mesmo que os capitalistas estrangeiros quisessem encontrar outros parceiros na Rússia e no Leste Europeu, não poderiam ter feito isso. No antigo bloco do Leste só existe propriedade onde há

---

8. Informações detalhadas sobre as atividades de negócios do PCUS podem ser encontradas em jornais como *Gorizont*, *Argumenty i Fakty* e *Kommersant*.

9. Em inglês, *apparatchiks*.

10. *Stolitsa*, n. I, p. 37, 1990.

poder. Em condições de crise, a elite dominante está pronta a partilhar tanto o poder quanto a propriedade, mas não a entregá-los. E o mais importante: não há ninguém a quem oferecê-los.

Em análise final, apesar de todas as mudanças que ocorreram na sociedade, uma nova elite está se formando nada menos que nas bases da velha burocracia.

Manter um monopólio das propriedades do Estado tinha vantagens para a burocracia enquanto ela permanecesse unida e fosse capaz de exercer pleno controle sobre todas as estruturas do Estado. Mas nas condições em que o aparato unificado havia se despedaçado, os burocratas consideraram mais vantajoso simplesmente repartir as propriedades entre eles mesmos.

Deste modo, o pluralismo burocrático que havia passado a existir nos anos 70 preparou o caminho para o surgimento da propriedade privada capitalista. Mas isto de modo algum significava a ascensão de uma burguesia empresarial. Bem ao contrário. Como antes, propriedade e poder permanecem indissoluvelmente unidos. Porém, enquanto no passado o domínio do poder significava que era possível controlar a propriedade apenas através de meios ilegítimos, hoje o poder tem como ser "legalmente" transformado em posse da propriedade.

INTELECTUAIS *VERSUS* INTELLIGENTZIA: UMA CRISE DA CULTURA?

Como se sabe, a primeira manifestação da perestroika foi a glasnost. Enquanto as transformações políticas ainda estavam sendo discutidas na cozinha, e Gorbachev pregava a democracia unipartidária, provando que o conceito de "stalinismo" tinha sido inventado por inimigos da Rússia com o objetivo de corroer nossa sociedade, matérias que, pouco tempo antes, tinham sido proibidas, começavam a aparecer nos jornais e em revistas literárias. A publicação de livros escritos vinte anos antes provocou discussões tempestuosas, e um congresso de cineastas transformou-se em importante evento político. Entretanto, isto não continuou por muito tempo.

A partir de um certo momento, os jornalistas pararam de falar sobre as novas "fronteiras da glasnost". Em função da inércia, o processo literário ainda prosseguia de sensação em sensação, só que cada vez mais as sensações vinham do passado, e o interesse por elas gradualmente se esvaneceu.

O interesse mais intenso e as controvérsias mais acirradas foram provocadas pelo romance de Anatoly Rybakov, *Os Filhos da Rua Arbat*, que, com todas as suas virtudes, evidentemente não era nenhuma grande obra-prima literária. *Life and Fate*, de Vasily Grossman, era politicamente muito mais penetrante e, em termos artísticos, inquestionavelmente mais expressivo, mas o seu impacto sobre a sociedade foi muito menor. Em 1989, a Novy Mir publicou o *Arquipélago Gulag*, de Solzhenitsyn. Logo depois da distribuição, o livro desapareceu. Lembro-me que alguém escreveu em um dos jornais *samizdat*[1] que, se o *Arquipélago* fosse publicado com uma tiragem de milhões de exemplares, tudo sofreria uma reviravolta. O livro foi devidamente publicado. Mas alguma coisa se subverteu, mesmo na literatura?

É claro, até em 1989 as obras de alguns escritores ainda estavam proscritas – como por exemplo, os trabalhos que Trotsky escreveu no exílio, inclusive sua notável autobiografia. Aparentemente, estes livros eram considerados ainda mais ameaçadores do que o *Arquipélago Gulag*. Mas no final de 1990, a primeira coleção das obras de Trotsky do período pós-Outubro apareceu nas livrarias, e os editores, pressentindo que ali havia lucros a realizar, começaram a discutir a publicação de escritos do exílio do "último bolchevique". Claro que, na nova situação, a edição deste livro também não vai disparar qualquer onda de impacto.

Então, o que está acontecendo? Nos primeiros um ou dois anos depois da proclamação da glasnost, todos os críticos queriam saber: onde estão os novos nomes, onde estão as novas obras? O interesse em massa pela literatura, segundo o que transpirava, estava sendo provocado quase exclusivamente pela volta ao prelo de livros liberados pela censura e pela edição de memórias capturadas em gavetas de escrivaninha. Mas depois de expressarem suas lamentações, os críticos virtualmente deixaram de discutir este assunto. Eles tinham, ao que parece, se acostumado à situação.

Evidentemente, novos livros também apareceram. Mesmo assim, muitos deles ainda se referiam ao passado. O livro de Anatoly Pristavkin, *A Golden Cloud Stayed Overnight*, já é um

---

1. *Samizdat* são edições próprias. Dada a dificuldade de se imprimir ou mesmo de tirar cópias, são publicações distribuídas em tiragens menores, mimeografadas ou até manuscritas, clandestinamente ou não. (N. T.)

A DESINTEGRAÇÃO DO MONOLITO

clássico da literatura dos anos 80. Mas onde estão os livros sobre os anos 80? Seria possível citar o *Apofegey*, de Yuri Polyakov, e alguns poucos contos semelhantes, mas isto dificilmente seria o bastante para contentar alguém interessado em prosa séria.

Então, existe uma crise na literatura? E isto é tudo? Ouça o pessoal de teatro ou cinema e você vai encontrar um quadro parecido. O congresso de cineastas que marcou o início da glasnost rapidamente se tornou legendário, mas os heróis dos primeiros anos da perestroika foram submetidos às críticas dos colegas, que os acusavam de usurpação do poder e egoísmo político.

No meu ponto de vista, por trás destas crises visíveis externamente, desenrola-se uma outra crise, muito mais séria e profunda – uma crise da intelligentzia. Não foram apenas as condições para o exercício da atividade criativa que mudaram; estereótipos de comportamento, princípios e valores essenciais também se modificaram. Se não, por que, dez anos atrás, pessoas foram levadas para a prisão pelo fato de distribuírem o *Arquipélago Gulag*, ainda que elas não concordassem com as idéias do autor, enquanto outras as perseguiam cruelmente por esta (como veio a se revelar) não muito ameaçadora atividade? Tanto os perseguidores quanto suas vítimas acreditavam no poder da palavra, no fato de que ela era, por si mesma, perigosa. Este conceito tradicional na Rússia e no Leste Europeu, infelizmente, está se desvanecendo diante dos nossos olhos. O lugar do culto à palavra vem sendo ocupado pelo princípio liberal que é tradição na cultura ocidental, a tolerância repressiva: você pode dizer aquilo que quiser, mas isso vai modificar muito pouco, ou nada. O escritor não é mais capaz de transformar o mundo. Ele, ou ela, meramente fornece mercadorias para o comércio de livros.

A verdade é que vai passar um longo tempo antes que nós possamos oferecer produtos de alta qualidade até para este mercado. Os estereótipos da cultura ocidental "trabalham" dentro da moldura de uma sociedade liberal-democrática. Mas onde está a nossa democracia liberal?

Os prósperos radicais

O conceito russo tradicional de intelligentzia difere substancialmente da noção de "intelectuais" no Ocidente. A intelligentzia russa era constituída principalmente de ocidentalizadores, alimentados com influências ocidentais – primeiro com Hegel e Schelling (por acaso, quem se recorda agora da enorme influência que Schelling exercia sobre os eslavófilos?), depois com Mill e Marx. A intelligentzia apoderou-se do que havia de mais avançado e radical na cultura do Ocidente. Mas seus membros ainda eram nitidamente diferentes dos colegas ocidentais. Intelectuais, segundo a definição de Jean-Paul Sartre, são os "técnicos do conhecimento prático". Operários do trabalho mental, eles possuem as habilitações e a informação indispensáveis, e as utilizam para ganhar o pão de cada dia. O papel dos intelectuais não pressupõe, automaticamente, quaisquer normas morais ou princípios de comportamento, assim como não é vinculado a qualquer orientação política em particular. O conceito russo de intelligentzia, entretanto, é bem diferente.

O papel tradicional da intelligentzia é o de falar em nome do povo contra o Estado antidemocrático: a intelligentzia defende não apenas seus próprios interesses mas também os dos oprimidos, vendo sua atividade como intimamente ligada à luta pela democracia. Eram precisamente estes princípios morais que costumavam aglutinar a intelligentzia num único bloco. Essa unidade se incorporava nos *thick journals* [jornais volumosos], uma forma literária inconcebível no Ocidente, que surgiu entre nós no século XIX e nos quais se podiam ler, a cada número, prosa, poesia, artigos sobre economia e ciências naturais. Tanto autores quanto leitores compreendiam que tudo aquilo era dirigido a um só objetivo.

Uma conseqüência natural dessa ideologia foi que a intelligentzia voltou-se para o socialismo como a mais consistente forma de movimento democrático. Mesmo entre os defensores dos democratas constitucionais, as idéias socialistas desfrutavam de grande popularidade. Quando, em seguida à Revolução de 1905, um grupo dos mais proeminentes pensadores da época – N. Berdyayev, S. Bulgakóv, P. Struve e outros – deu uma guinada abrupta para a direita, publicando a coleção *Vekhi* (*Ponto de Referência*), fez uma afiada crítica não só à Revolução e ao socialismo como também à intelligentzia.

A nova intelligentzia, consciente ou inconscientemente, via a si mesma como uma continuação da intelectualidade pré-revolucionária, e com uma certa justificativa. Uma situação parecida havia surgido e, junto com ela, idéias e valores básicos semelhantes, inclusive uma crença no ideário socialista e um tipo de aspiração pela defesa dos interesses das massas. Representantes da geração dos anos 60 permanecem fiéis a essas idéias. Mas, de modo geral, a situação mudou radicalmente.

Aconteceu uma espécie de mutação. Isso ocorreu bem cedo, nos anos 70, embora a ausência da glasnost significasse que ninguém prestava atenção ao fato. A dissolução do Conselho Editorial da Novy Mir e as exigências políticas da época não afetaram a vida cotidiana da intelligentzia. O regime de Brezhnev reprimia apenas os que protestavam abertamente, e somente os que ultrapassavam certos limites. Ao contrário, as pessoas continuavam a publicar livros, a falar em simpósios e a viajar ao estrangeiro. O regime não exigia nem mesmo lealdade; bastava, segundo a memorável expressão de L. M. Batkin, promover uma "autoviolação ritual", comparecendo a reuniões desagradáveis, sabendo quando conservar a boca fechada, votando no candidato único e assim por diante. A situação material e o *status* social da elite intelectual melhorou substancialmente nesse período. Em vez de repartir habitações comunitárias, ela dispunha de apartamentos particulares em cooperativas. Surgiram carros Mercedes e Volga, enquanto gravadores e até computadores se tornaram um padrão de consumo.

Não tenho nenhuma intenção de parecer contrário ao bem-estar material. Reduzir o debate a esse ponto seria cínico e vulgar. Mas deve-se reconhecer que, no nível psicológico, a combinação, durante uma década, de pressão política com prosperidade material teve conseqüências destrutivas inesperadas sobre o mundo espiritual de nossa intelligentzia. Tem sido cômico observar alguns moralistas entre nossos escritores protestando contra o "consumismo" em nosso país, quando até a compra de um pedaço de sabão está se tornando difícil. Mas o fato é que estes moralistas têm resolvido seus próprios problemas éticos.

O preço da prosperidade foi o conformismo, e a defesa psicológica contra o conformismo era o cinismo. Isso estava contra um pano de fundo de crescente desespero entre a intelligentzia quanto a um futuro democrático para o país e a um futuro político para o seu próprio estrato social. A geração dos anos 60 procurou agarrar-se firmemente aos seus princípios, mas os indivíduos dos anos 70 formaram uma geração perdida. Por dez anos novas personalidades literárias virtualmente deixaram de surgir. Pode-se mencionar Gelman, Petrushevskaya, Makanin e poucos outros, mas não há comparação possível com a "explosão" literária dos anos 60.

Em meados dos anos 80, por volta dos quais uma parcela importante da intelligentzia já havia perdido toda a esperança, a situação mudou abruptamente e de maneira decisiva. A perestroika foi proclamada e a intelligentzia, repentinamente, recobrou a sua voz. Mas o som desta voz era agora completamente diferente.

De Lenin a Reagan

No nível ideológico, os primeiros dois anos da perestroika assistiram a uma revanche da gente dos anos 60. Representantes desta geração inesperadamente atiraram-se para a vanguarda, com muitos deles conquistando verdadeiro poder. Parecia que o "comunismo liberal", que havia inspirado a intelligentzia da era Khrushchev e tinha falido depois da invasão das forças soviéticas à Tchecoslováquia, ganhava uma segunda rodada. As pessoas mais uma vez acreditavam na possibilidade de reformas graduais vindas de cima.

Elas acreditavam que uma reforma de livre-mercado, vista como a segunda edição da Nova Política Econômica de Lenin, poderia continuar sob a direção dos líderes do partido, que reconheciam suas responsabilidades históricas, e seria capaz de nos trazer à democracia, gradual e suavemente. Enquanto isso, a intelligentzia progressista auxiliaria este processo, oferecendo conselhos e críticas construtivas.

Os argumentos dos defensores da mudança eram, com freqüência, extremamente superficiais, mas uma sociedade em luta para se libertar do atoleiro da "estabilidade" brezhnevista os recebia com entusiasmo. Essencialmente, criou-se uma nova mitologia que, em seu período inicial, estava intimamente ligada à antiga ideologia. Se Stalin, Khrushchev e Brezhnev tinham alegado representar a "herança" de Lenin, então agora a perestroika deveria expressar, por sua vez, a verdadeira essência do leninismo.

A face autêntica do leninismo seria agora associada à Nova Política Econômica dos anos 20. Coerentemente, a NEP era descrita como um período de rápido crescimento econômico, florescimento cultural e liberalismo político. Naturalmente, os autores de inúmeros artigos sobre a NEP fecharam os olhos a fatos como o de que foi exatamente durante aquele período que o sistema unipartidário afinal se consolidou, teve início a repressão contra partidos de oposição socialista – que até então eram semilegais –, algumas facções foram proscritas dentro do próprio partido bolchevique e um número crescente de membros da intelligentzia começou a emigrar. Os autores desses artigos também negligenciavam a observação de que o crescimento econômico foi alcançado principalmente através da simples recuperação dos níveis de produção de antes da Guerra, de que o investimento tinha sido visivelmente fraco e de que as taxas de crescimento declinaram violentamente a partir de meados dos anos 20. Os autores relutavam em discutir o fato de que foi precisamente durante estas novas condições de mercado que o governo sofreu uma veloz burocratização, a qual, segundo admitiam os próprios bolcheviques, superou tudo o que tinha ocorrido durante a Guerra Civil. Em resumo, eles teimosamente se recusavam a ver o significado da NEP como um período intermediário que permitiu à burocracia se estabilizar e preparar o caminho da transição definitiva para o totalitarismo stalinista.

Como parte da lógica desta revanche política e cultural, o "julgamento da história" do passado stalinista moveu-se para o centro da cena. Nomes proibidos foram reabilitados e livros proscritos voltaram às livrarias. Durante algum tempo, nossa imprensa diária transformou-se num gigantesco arquivo literário. Mas não havia maneira de podermos caminhar adiante com nossas faces voltadas para o passado. Ficou rapidamente evidente que, por trás da aspiração geral por mudanças, estavam interesses contraditórios, e que a reforma econômica, envolvendo uma estranha – mas, nas circunstâncias vigentes, inteiramente lógica – combinação de medidas tradicionalmente burocráticas, de mercado e capitalistas, trazia ganhos reais apenas para os setores mais modernos do aparato, para os tecnocratas, para a burguesia mercantil provinciana (cujos membros, por alguma razão, eram conhecidos como "colaboradores") e, às vezes, para corporações internacionais que estavam rapidamente se enxertando na tradicional *nomenklatura* burocrática através de um sistema de *joint ventures*. Durante as batalhas que cercaram as reformas, muitas das camadas sociais agilmente vieram a reconhecer onde se situavam os seus interesses. As massas descobriram que as mudanças não lhes davam nada além da oportunidade de manifestar sua insatisfação abertamente, e responderam a isso entrando em greve.

Nesse meio tempo, em lugar da antiga preocupação da intelligentzia com os interesses das massas, emergia algo novo: um culto à competência e um desejo de defender os próprios interesses "departamentais". Não existe nisso nada de inerentemente mau. Quando vejo a determinação com que os representantes das artes de criação defendiam o direito de seu sindicato a privilégios fiscais, só posso me rejubilar com o fato de que essas organizações tenham finalmente encontrado uma liderança capaz de se levantar em defesa dos interesses de seus membros. Mas que desvio isso representa do papel tradicional da intelligentzia, sempre pronta a

A DESINTEGRAÇÃO DO MONÓLITO

sacrificar seus interesses pelo bem do povo... Não foi por acidente que, num estágio crítico do início de sua carreira literária, Dostoievsky viu-se numa prisão, onde também Chernyshevsky encerrou sua carreira. Nem foi acidental que, na Rússia do princípio deste século, intelligentzia e simpatias revolucionárias fossem vistas como quase sinônimos. A rejeição deste histórico e desta tradição equivale a renegar o principal elemento na identidade da intelligentzia russa.

Os liberais ao estilo dos anos 60 se acharam na defensiva. Assumindo seu lugar estavam os mais consistentes campeões da ideologia neoliberal, defensores da senhora Thatcher e de Ronald Reagan. Podemos gostar ou não de suas posições, mas, em todo caso, elas eram muito mais lógicas do que as opiniões dos liberais comunistas. E, de fato, se os lemas do momento são o "livre-mercado" e o direito das "minorias avançadas" a implementar reformas em seu próprio benefício, sacrificando os interesses da "maioria atrasada" (recordam os motes dos anos 30?); se nas páginas da *Novy Mir*, outrora famosa por sua defesa dos direitos individuais, somos lembrados da necessidade de nos resignar à existência de dez milhões de desempregados; em resumo, se somos convocados a agir da mesma maneira como os da direita ocidental se comportam e propagandeiam, então que sentido faz falar sobre socialismo? Por que voltar ao verdadeiro leninismo, ou à experiência dos anos 20? Os neoliberais viram em todas estas referências ideológicas nada mais do que um tributo à tradição e às circunstâncias políticas, uma camuflagem temporária que agora, em condições de glasnost, não é mais necessária.

Rejeitar os dogmas do passado tornou-se uma atitude sagrada. Porém, não é óbvio que, assim como rejeitamos os últimos vestígios da ideologia socialista, estamos dizendo adeus também ao humanismo, à tradicional missão democrática da intelligentzia, que sempre costumou entender os valores democráticos não só em termos das instituições liberais do Ocidente (como, por exemplo, as da África do Sul), mas no sentido dos interesses da maioria? A história de *Vekhi* está se repetindo.

A decomposição dos estereótipos tradicionalmente utilizados para compreender a conscientização da intelligentzia foi acompanhada pela formação de uma visão de mundo tecnocrata. Os novos intelectuais russos também são atraídos pelo Ocidente, no entanto, para eles, o Ocidente não mais representa três mil anos de civilização, Voltaire, Modigliani ou Marx, e sim tecnologia e consumo. O anseio por este paraíso terreno dita políticas orientadas para copiar os métodos ocidentais, sem consideração sobre sua adequação às nossas condições sociais, culturais ou econômicas. O interesse pela cultura está relegado ao segundo lugar, se é que ele ainda desempenha algum papel. A literatura, o teatro e o cinema, todos devem, de acordo com as concepções de um capitalismo arcaico e selvagem, transformar-se, simplesmente, em mercadorias. O que mais se pode esperar em nossas circunstâncias atuais? O que estamos vendo não é a formação de uma nova cultura, e sim a mera destruição da antiga.

Neoconformismo

A glasnost revelou a impressionante pobreza de espírito de uma parcela significativa da sociedade que, sob as novas circunstâncias, não conseguia pensar em nada melhor do que reverter as tonalidades em preto-e-branco dos antigos instantâneos ideológicos ou pedir emprestados clichês de propaganda do passado. Quando se explicou que tudo era permitido, os estereótipos conformistas de comportamento não desmoronaram, e sim meramente adquiriram novo conteúdo. Em vez do esperado pluralismo, os diários de peso e os jornais semanais, em muitos casos, vieram a demonstrar uma uniformidade impressionante – pelo menos se comparada com o pensamento social no Ocidente. A compulsão de pular sobre o carro da banda vitoriosa e, se possível, de estar "na vanguarda do progresso" forçou os ideólogos a competirem pelo enunciado grandiloqüente das posições gerais do liberalismo. Os resultados têm sido, com freqüência, bastante cômicos. A *Literatumaya*

Gazeta publicou uma nova apreciação de Berdyayev, que era sempre acusado de não conseguir assimilar ou entender alguma coisa. Desta vez, ele recebeu a carga por ter deixado de compreender "a verdade do capitalismo" e por haver falhado ao não superar completamente as influências marxistas em seu trabalho. Os leitores, que naquela época ainda eram incapazes de ler com atenção os trabalhos de Berdyayev por si mesmos (os escritos dele só foram publicados na URSS no final de 1990), ficaram absolutamente confusos e conseguiram apenas levantar as mãos em sinal de perplexidade.

As bancas de jornais agora estão abarrotadas de publicações que nos contam sobre os feitos maléficos dos bolcheviques, que mataram o último czar russo, e as críticas a Trotsky e ao trotskyismo vêm alcançando uma escala nunca vista desde os tempos de Stalin. Jornais e periódicos escrevem, edição após edição, sobre os horrores do Terror Vermelho de 1918 a 1921; ele agora está atraindo mais atenção do que o terror dos anos 30. Isso se inspirou não só na evolução dos ideólogos, a quem foram entregues as páginas de nossas publicações mais importantes, como também na lógica do novo mercado; eles já escreveram sobre Stalin e o stalinismo, e são necessárias novas mercadorias.

A condenação do Terror Vermelho é o resultado natural do debate aberto sobre o passado. É impossível escrever fielmente sobre a Revolução sem contar a verdade sobre suas ações; não se pode permanecer calado sobre os rios de sangue inocente que foram derramados. Mas o sangue não correu exclusivamente de um lado, e esta é a diferença fundamental entre os acontecimentos de 1918-21 e os dos anos 30. V. G. Korolenko, L. Martov e outros ideólogos russos que ousaram falar contra o Terror Vermelho durante os anos da Guerra Civil descreveram, simultaneamente, os crimes das Guardas Brancas. Eles condenaram o Terror Vermelho não porque ele fosse "Vermelho" mas porque se opunham ao terror em geral, assim como eram contrários a toda a violência política e social que flagelava a Rússia durante aqueles anos. Não ouvimos nada desse gênero dos nossos escritores liberais dos dias de hoje. Eles não têm problemas com o Terror Branco. Nenhum deles condenou o Terror Vermelho a partir de um ponto de vista humanístico geral. Sua crítica do bolchevismo é conduzida unicamente pelas posições do movimento Branco.[2]

Pode ser verdade que a intelligentzia de Moscou, muitos de cujos membros são netos e bisnetos de ativistas bolcheviques que passaram vários anos no Partido Comunista e executaram meticulosamente os rituais do regime de Brezhnev, tenha subitamente se tornado (ou secretamente sempre tenha sido) monarquista convicta e admiradora dos generais Brancos? Dificilmente. É mais provável que este seja meramente um indicador dos novos modismos. Na bem- educada sociedade dos nossos dias simplesmente não se fala sobre os crimes dos Brancos. Por outro lado, é perfeitamente aceitável falar e escrever sobre as atrocidades dos Vermelhos. Trata-se de uma mercadoria vendável. A literatura e a história sérias, no entanto, exigem uma rejeição da "abordagem comercial" embasada em princípios. A habilidade para resistir aos modismos, às tendências ideológicas predominantes e às pressões do mercado não é menos importante do que o preparo para enfrentar o Estado. Era precisamente esta habilidade que distinguia a intelligentzia "tradicional". Enquanto isso, no exato momento em que as opressões do Estado transformaram-se em tolerância repressiva, muitos de nossos escritores demonstraram uma impressionante incapacidade para fazer escolhas culturais e ideológicas independentes. Nós estamos nadando a favor da corrente e, enquanto desfrutamos das delícias da glasnost, obviamente vamos perdendo nossa liberdade interior.

---

2. Quando, em 1990, a *joint venture* de Moscou PUICO republicou o livro do socialista de direita S. P. Melgunov *The Red Terror in Russia, 1918-1923* (*O Terror Vermelho na Rússia, 1918-1923*), os autores do posfácio, A. Daniel e N. Okhotin, arriscaram mencionar a necessidade de se realizar uma "séria pesquisa acadêmica" não só sobre o Terror Vermelho como também sobre o Branco (p. 204. Infelizmente, até agora ninguém se encarregou desta pesquisa. Os círculos dominantes de hoje, como os de vinte anos atrás, simplesmente não precisam dela, enquanto a intelligentzia acadêmica prefere apenas dar entrevistas e escrever artigos de propaganda.

A DESINTEGRAÇÃO DO MONOLITO

O que significa isto para a arte? A meu ver, as conseqüências tendem a ser catastróficas.

Pode alguém escrever poemas de propaganda louvando as "práticas comerciais"? Ou mesmo "a liberdade de negociar" e "o livre-mercado"? Pode, mas somente péssimos poemas. O elogio do autoritarismo e da industrialização nas poesias de Maiakovski insulta os críticos de hoje em dia, que vêem nisso a degeneração do talento do poeta. Muitos escritos atuais, que glorificam os direitos dos fortes e ficam enlevados diante da arte do comércio, pregando um "senso comum" provinciano como a virtude suprema, não soam menos monstruosos. Só que entre as pessoas que os escrevem não há nenhum Maiakovski.

A mentalidade subjacente às novas idéias populares é absolutamente tradicional. Uma minoria reivindica o direito de usar a violência contra a maioria, em nome do bem-estar desta mesma maioria. O desenvolvimento da economia e a construção de empresas modernas são encarados como os únicos critérios de progresso. Se os bolcheviques viam a economia como uma grande fábrica, então, de acordo com a nova sociedade dos liberais, a economia deveria ser gerida como um supermercado gigantesco. Em suas simétricas ilusões e sua abordagem simplista da realidade, os pregadores atuais de soluções simples são como os primeiros stalinistas dos anos 20. Em ambos os casos, concepções distorcidas de radicalismo e progresso repousam na base de tudo. Nos dois casos, a aceitação de uma tal lógica, mesmo por uma parte da intelligentzia, testemunha em favor de uma crise profunda.

No Ocidente, há muito se reconheceu que um escritor pode ter posições de direita ou de esquerda, mas que as idéias políticas de um escritor de esquerda em geral encontram um reflexo direto em seu trabalho criativo, enquanto entre os direitistas isso não acontece. Um exemplo recente e impressionante é o de Mario Vargas Llosa, cujo conteúdo político diminuiu em seu trabalho, na medida em que ele foi atraído pela política como um ativista de direita. A questão é que o "intelectual esquerdista" ocidental está mais ou menos próximo da intelligentzia russa tradicional. Ao destruir nossas tradições, nós também cortamos um dos fios mais importantes que nos ligam ao Ocidente.

Os intelectuais têm pouco em comum uns com os outros; não existe nada que aproxime os expertos em economia dos especialistas em literatura. A partir do momento em que a lógica dos ataques econômicos nos jornais de peso começa a contrariar, de maneira intensificada, os princípios humanistas que ainda encontram expressão em prosa, há uma necessidade cada vez menor de os dois se acharem reunidos numa mesma edição. Os únicos motivos reais para isso, hoje em dia, são a economia de papel e a praticidade na expedição postal. Mas o número de assinaturas ainda continua diminuindo.

Desse ponto de vista, a posição expressa por I. Klyamkin e A. Migranyan em sua entrevista conjunta à *Literaturnaya Gazeta* é completamente lógica e natural. Paradoxalmente, esta entrevista se tornou o principal evento cultural de 1990, já que ela sinalizou a falência dos últimos mitos que a intelligentzia procurava fomentar sobre si mesma.

Klyamkin e Migranyan falaram da necessidade de uma ditadura, argumentando que, sem ela, a economia de mercado não iria funcionar em nosso país. Eu concordaria totalmente, com uma ressalva: a economia de mercado também não daria certo, mesmo sob uma ditadura. Uma solução real para a crise exige uma enorme mobilização de recursos e de força de trabalho em torno das prioridades básicas de desenvolvimento, e isso, como a experiência dos anos 30 mostrou, só poderia ser atingido pelo planejamento totalitário, ou por alguma forma de regulamentação democrática que ainda precisa ser estabelecida. Mas este não é o tema da atual discussão. A maioria dos críticos atacou Klyamkin e Migranyan com base na posição de valores gerais e do bem comum, quando o artigo em questão absolutamente não tratava disso, e sim de interesses particulares. Essencialmente, eles estavam apenas nos explicando, de modo acessível, que certas camadas sociais, inclusive a elite intelectual, achariam mais agradável viver sob um regime de mercado liberal-autoritário do que em condições democráticas ou na situação que está se desenvolvendo hoje.

A DESINTEGRAÇÃO DO MONÓLITO

Nem todo mundo considerava necessário se distanciar de Klyamkin e Migranyan, mesmo verbalmente. Quanto mais perto chegasse o país de implementar o projeto liberal, maior o número de seus defensores que começaria a falar sobre a "mão firme". No outono de 1990, o historiador A. Kiva declarou no *Izvestiya* que "a democracia, que é o poder do povo, pode se transformar no poder do populacho" e que, numa época de crise "a garantia de sucesso em todo país do mundo tem sido o poder autoritário".[3] Pode-se apenas ficar maravilhado com a erudição histórica de um autor que consegue ter acesso à experiência de qualquer país do mundo. Mas quando o tema é ditadura, disputas teóricas tornam-se sem sentido. O argumento central e mais substantivo dos defensores do poder coercitivo sempre resulta em ser o poder em si mesmo – o controle de uma quantidade suficiente de tanques e metralhadoras e, acima de tudo, das pessoas dentro dos tanques, que não hesitarão em atirar contra uma multidão desarmada.

Não é difícil ver a semelhança com os acontecimentos que cercaram o jornal *Vekhi*. É claro que não estou aqui para situar Klyamkin e Migranyan no mesmo patamar de pensadores como Berdyayev ou Bulgakov, mas a similitude de suas conclusões parece óbvia. O mais impressionante, no entanto, é o fato de, apesar das declarações críticas de muitos escritores que saíram publicadas na *Literaturnaya Gazeta*, o artigo de Klyamkin e Migranyan não ter conseguido causar nem a metade do escândalo e do choque provocados pelo *Vekhi*.[4] Os que escreveram réplicas eram principalmente jornalistas e cientistas políticos, como se a questão não afetasse a intelligentzia criativa. Isto não sugere que um número muito grande de membros da nossa intelligentzia já se transformaram definitivamente em intelectuais? Na atual situação, infelizmen-

---

3. *Izvestiya*, 28 de setembro de 1990.
4. Deve-se observar que o escândalo estourou em torno de uma questão completamente diferente. Quando publiquei no jornal *Gorizont* (*Horizonte*, 1990, n. 5) um artigo intitulado "Os Intelectuais *versus* a Intelligentzia", que forma a base deste capítulo, inesperadamente descobri que, nos círculos intelectuais, eu havia adquirido o *status* de um quase "inimigo da sociedade".

te, esta nem mesmo é a pior interpretação possível para os acontecimentos.

A rejeição dos ideais democráticos e do conceito de "o bem do povo", que fora determinante para a antiga intelligentzia, independente de sua filiação partidária, e que ainda era comum nos anos 60, significa, na prática, a rejeição pela intelligentzia de seu papel especial na sociedade, como portadora coletiva dos valores morais e políticos, e a inevitável destituição de seus membros em favor do intelectual do Ocidente, embora sem os níveis ocidentais de educação e habilitação. Ao deixar de ser uma intelligentzia, no sentido russo da palavra, e sem termos nos transformado realmente em intelectuais do tipo ocidental, corremos o risco de perder a nós mesmos sem ganhar em troca uma identidade.

Felizmente, a situação não é completamente irremediável. As reclamações dos liberais e dos "aparatistas" oficiais estão longe de serem infundadas. A nova geração da intelligentzia, como suas predecessoras de há cem ou trinta anos, começa a descobrir que, neste sistema em formação, não há lugar para ela. Por enquanto, a revolta da nova geração se expressa melhor em *rock music* do que em literatura (ainda que, paradoxalmente, a qualidade literária das letras de *rock* tenha se tornado surpreendentemente alta).

Quem serão as novas personalidades literárias importantes ainda permanece uma incógnita. Mas os novos preceitos políticos já são óbvios. Foi exatamente a jovem intelligentzia que criou a estrutura para reunir rapidamente as forças do movimento democrático, e que agora deve se armar com os tradicionais princípios socialistas da solidariedade coletiva, do autogerenciamento e da justiça social.

A renovação da intelligentzia pode dar, indubitavelmente, um poderoso impulso ao desenvolvimento da literatura, embora, mesmo em caso de desaparecimento definitivo da intelligentzia, a literatura não fosse sumir. Mas esta seria uma literatura diferente. É mais provável que a força da tradição cultural se mostre vigorosa o bastante para garantir que esta tradição venha a renascer sob novas condições, ainda que seja muito difícil prever exatamente em quais formas. Até agora, os contornos das novas tendências políticas vêm emergindo muito mais claramente do que os traços de novas inclinações criativas.

Em todo caso, será preciso passar o tempo de uma geração inteira antes que a crise atual seja superada. A escolha definitiva entre os intelectuais e a intelligentzia ainda não foi feita, e é perfeitamente possível que hoje estejamos vendo não a morte da intelligentzia mas, ao contrário, o começo de um novo estágio em sua história. No entanto, este renascimento só será possível se nós reconhecermos nitidamente nosso papel sociocultural e mais uma vez demonstrarmos a capacidade que sempre distinguiu a intelligentzia: a capacidade de nadar contra a corrente.

Adeus ao "ocidentalismo"

A ideologia prevalente da imprensa oficial, saturada tanto de declarações do governo quanto de monólogos dos ativistas de oposição, é "ocidentalismo". A pressa em se orientar na direção de uma cultura diferente e em copiar modelos prontos, combinada a um insolente e, às vezes, terrivelmente agressivo relacionamento com a própria história e o próprio povo, é não somente um dos sinais de provincianismo ideológico como também uma característica manifestação do mesmo "barbarismo asiático" que estas pessoas supostamente estão prestes a erradicar.

A questão é que a "idéia ocidentalizante" tem contido, desde o primeiro momento, contradições insolúveis. Está longe de ser acidental o fato de, durante o século XVIII – o período de abertura de "uma janela para a Europa" –, a servidão na Rússia ter florescido em sua mais plena dimensão. A "tradição ocidentalizante", incorporada a decisões políticas concretas, foi transformada numa justificativa ideológica para os atos antipopulares das autoridades. Em realidade, o ocidentalismo político tem sido sempre dirigido para garantir que uma minoria "avançada", privilegiada e "iluminada" disponha das condições para uma vida "civilizada" e um consumo "civilizado" no modelo europeu. Ao mesmo tempo, o ocidentalismo também pressupôs o estabelecimento de uma estrutura econômica correspondente, tão próxima quanto possível, dos padrões ocidentais na época (Pedro, o Grande, construiu fábricas e organizou a Marinha, Stalin estabeleceu uma indústria mecanizada, enquanto os ocidentalizadores dos dias de hoje sonham com os computadores). A única dificuldade é que, nas condições de um país atrasado, soluções rápidas para estes problemas só têm sido possíveis pela intensificação da opressão sobre a maioria "atrasada".

A sociedade ocidental tomou forma sem necessidade de qualquer conceito do tipo "ocidentalização". Porque qualquer progresso da sociedade ocidental envolvia uma afirmação da cultura nacional, e não a sua rejeição. As estruturas de Estado historicamente desenvolvidas da Europa e dos Estados Unidos, com todas as suas forças e fraquezas, não foram impostas à sociedade, nem de cima para baixo, nem de fora para dentro; elas foram produto do desenvolvimento natural da própria sociedade.

A ocidentalização exige uma rejeição de sua própria identidade e a condenação de sua própria história – não apenas de algum estágio em particular mas, essencialmente, de toda a tradição, de tudo aquilo que não se enquadre no modelo de desenvolvimento "normal" (ou seja, ocidental), como os defensores desse tipo de "progresso" o apresentam. Na prática, isto nega o elemento central na tradição ocidental: seu caráter popular. A democracia significa o poder da maioria; isto é, a última palavra sempre pertence ao povo, às massas, não à elite. É exatamente este princípio que se mostra inaceitável para os ocidentalizadores que, afinal de contas, sempre confiaram no velho princípio bizantino de acordo com o qual o poder, na sociedade, deve-se concentrar nas mãos dos possuidores do "conhecimento" ou, como foi colocado em tempos mais recentes, das "classes iluminadas".

A contradição entre as idéias democráticas que nos chegaram da Europa Ocidental, por um lado, e a lógica do ocidentalismo russo, por outro, já era evidente para a intelligentzia russa do século XIX. Fundamentalmente, o interesse geral que a intelligentzia tinha nas idéias de socialismo era uma resposta à decadência espiritual do ocidentalismo. No entanto, os ocidentalizadores de hoje citam "a falência das idéias socialistas", o triunfo histórico do capitalismo em todo o mundo, e assim por diante. Ser um socialista na sociedade soviética, onde um regime totalitário se encobriu por trás da fraseologia socialista, sempre foi difícil, mas tornou-se especialmente difícil quando a velha máquina da propaganda, mantida na reserva durante décadas, tentou se aproveitar do colapso da ideologia que ela um dia havia propalado, e pregou os valores do "livre-mercado", citando seu próprio exemplo como prova de que o socialismo não valia à pena.

A ideologia ocidentalizante, em sua forma pura, jamais gozou de tamanha influência na Rússia. E ela nunca foi tão antidemocrática nem tão perigosa quanto agora, nos anos 90.

O caráter social do ocidentalismo na Rússia, assim como nos países do Terceiro Mundo, é absolutamente óbvio. Os motivos para ilusões ocidentalistas residem não somente no provincianismo, no atraso, na incompetência e no caráter "não-ocidental" de uma parcela expressiva da "elite iluminada" como também em sua natureza marginal, seu isolamento da sociedade e sua falta de qualquer papel social nítido e reconhecido.

Entretanto, o problema assumiu várias formas em diferentes épocas. A orientação ocidentalista do regime hoje é um claro testemunho de sua crise e de sua marginalização. As autoridades do Estado foram marginalizadas da mesma maneira no período da Rússia pós-Petrine, nos tempos de Anna Ioannovna, Anna Leopoldovna, Yelisaveta Petrovna e até de Catarina, a Grande. Estes foram regimes isolados da sociedade, profundamente hostis à maioria da população e à história e às tradições do povo.

Infelizmente, deve-se dizer que o regime de Stalin não foi marginalizado; naquele tempo, a própria sociedade estava desarticulada de um sistema de classes, marginalizada e pulverizada. O regime era a única força organizada de unificação no país. Nisto, e não no terror, reside a surpreendente estabilidade do sistema stalinista, a despeito de seus desastres catastróficos. O terror pretendia não apenas intimidar a população mas, acima de tudo, desorganizar a sociedade, para transformá-la em uma massa marginalizada. Rumo ao final do vigésimo século, a sociedade russa, estando mais ou menos recuperada do choque do terror stalinista, defronta-se com um regime que é cada vez menos capaz de provar seu direito de existir, sua *raison d'être*. Naturalmente, um regime tão enfraquecido não consegue mais inspirar verdadeiro temor, mas também não pode se tornar legítimo e democrático. Como no passado, ele permanece antipopular. Mas agora este caráter antipopular se expressa de modo diferente. Ele se manifesta como irresponsabilidade social.

Esta marginalidade também é característica daquela parte da elite intelectual que está mais intimamente ligada à cúpula do governo. Neste caso, a irresponsabilidade na condução dos assuntos sociopolíticos transforma-se em irresponsabilidade cultural. Se os que estão no poder conduzem reformas irresponsáveis, tentando, de um modo ou de outro, restaurar ou fortalecer suas posições, este novo tipo de intelectuais apela à população para que confie nos benefícios do caminho escolhido, para que rompa com sua própria história e cultura, tradições e experiências. Quaisquer que sejam os mecanismos a que os defensores do novo liberalismo autoritário possam recorrer, a verdadeira essência de sua posição torna-se cada vez mais óbvia. Não se trata de preocupação pelo bem-estar ou progresso econômico do povo, mas simplesmente de egoísmo social irresponsável por parte de uma parcela do estrato médio, disposta a formar um bloco político com um setor da antiga *nomenklatura*, a fim de repartir a propriedade estatal. É um acordo entre ladrões, daqueles do tipo mais banal.

Gradualmente, a sociedade está encarando a realidade. Números cada vez maiores de pessoas, inclusive membros da camada média, começam a sentir que a nova ideologia é uma fraude vulgar. Mas "o que se deve fazer"? Essa é a eterna questão para os russos. E respondê-la hoje é muito mais difícil do que no passado.

MOSAICO POLÍTICO: ESQUERDA E DIREITA

"Apóiem as forças da direita!", incita um locutor na reunião da Frente Popular em Luzhniki. "A imprensa deu uma guinada incompreensível para a esquerda", lamenta um escritor da escola "da aldeia" num jornal. "Primeiro a direita tenta nos pressionar, depois a esquerda, mas vamos nos agarrar com firmeza a nosso próprio rumo", promete um funcionário do Estado à sua platéia.

Em condições de intensa luta política, os conceitos de "direita" e "esquerda" tornaram-se parte integrante de nossa vida cotidiana. Eles são usados em todos os lugares, apropriadamente ou não. Algumas vezes, fazem-se tentativas de dar uma definição precisa para estes termos nos jornais *samizdat*. Por exemplo, Dmitry Shubin declara categoricamente que os esquerdistas ocidentais "são inteiramente diferentes dos nossos", e argumenta que, neste caso, as analogias são inadequadas.[1] O ativista social polonês Adam

---

1. Em *Nevskie Zapiski*, 1989, n. 5, um conhecido especialista em direito internacional de Moscou chegou a declarar que aquilo que o mundo ocidental considerava "esquerdista" era "direitista" na URSS, e vice-versa. Pode-se, evidentemente, usar as palavras com uma ampla variedade de sentidos: seu significado é relativo. Mas se em história ou em ciência certos significados foram estabelecidos por determinados termos, qualquer tentativa de rearrumar estes significados ou de substituí-los uns pelos outros é catastrófica. Se o que se chama oxigênio na América for chamado de

Michnik, até há pouco tempo um "dissidente" mas agora membro do Sejm, insiste em que as expressões "esquerda" e "direita" não deveriam absolutamente ser utilizadas, já que elas contradizem a realidade do Leste Europeu. Só que isto é mais fácil de dizer do que de fazer, já que uma língua tem suas próprias regras. O que é que nos obriga a usar continuamente estes termos, que chegaram a nós vindos de uma civilização política "alienígena" e de uma outra época?

"A confusão na terminologia é completa", escreveu o eminente jurista e cientista político B. P. Kurashvili, em 1990. Maiakovski descreve acuradamente a situação: "A rua se contorce sem uma língua, ela não tem nada com que gritar ou falar". Mas na verdade a rua tinha duas palavras à sua disposição: "Bastardos!" e "Porcaria!". Pode-se inferir que a rua as utilizava em seu sentido apropriado. Mas os comentaristas soviéticos, que têm a seu dispor um estoque expressivamente maior de termos aprendidos, usam muitos deles sem o significado correto. Isso ocorre parcialmente por ignorância, e é, em parte, intencional. O cúmulo dos despropósitos tem partido do uso das palavras "esquerda" e "direita" em seus sentidos inversos. A palavra "esquerda" é utilizada para qualquer referência positiva a si próprio. Entre os que se chamam de "esquerdistas" se incluem campeões da recapitalização da União Soviética, ou seja, o tipo de "progressistas" e "revolucionários" que está promovendo a abolição do socialismo e a volta do capitalismo, ainda que uma nova variedade do capitalismo (essas pessoas são, de fato, genuínos radicais, só que radicais da direita).[2]

Este emaranhado de conceitos está sendo alçado da categoria de texto de propaganda à de artigos pretensamente eruditos. Os sociólogos L. Byzov e G. Gurevich tentam, com toda seriedade, classificar as correntes políticas soviéticas sob cabeçalhos como

---

hidrogênio na Rússia, a pesquisa científica torna-se simplesmente impossível; a linguagem da teoria é destruída, e todo mundo adquire a possibilidade de subverter conceitos quando achar adequado. Isso é o que está acontecendo hoje em nossas discussões políticas russas.

2. B. P. Kurashvili, *Strana na rasput'e* (*O País na Encruzilhada*), Moscou, p. 21, 1990.

"ocidentalizadores", "estatistas", "social-democratas", "populistas de esquerda", "populistas de direita", "verdes", e assim por diante,[3] misturando conceitos políticos e culturais bem diferentes num único amontoado. De sua descrição transparece que, na visão deles, populistas de direita incluem defensores de justiça social e de coletivismo – isto é, de tudo o que a ciência política internacional já chamou de populismo de esquerda. Sua descrição das posições dos "populistas de esquerda" poderiam facilmente conduzir alguém a acreditar que eles estavam se referindo a social-democratas (defensores de uma economia mista, de atenuar as contradições do mercado com o auxílio da regulamentação estatal, e por aí vai). Os que eles descrevem como social-democratas são pessoas que, enquanto discursam a favor do livre-mercado, reconhecem, assim mesmo, que impostos e corporações estatais têm um certo papel a desempenhar na economia; ou seja, defensores de Thatcher e Reagan, liberais de direita e conservadores. Os "ocidentalizadores" são partidários da mais selvagem variedade de capitalismo que não se reconhecem como tal e que, conseqüentemente, rejeitam os princípios sobre cujas bases se construiu o "civilizado" capitalismo contemporâneo no Ocidente. E assim por diante, no mesmo filão.

Todos estes tipos realmente existem, junto a dúzias e centenas de outros. A confusão de conceitos, a ausência da mais elementar compreensão do mundo exterior e dos critérios nele aceitos, a atrapalhação geral – tudo isso é absolutamente normal numa sociedade depois de décadas de isolacionismo cultural e de domínio da propaganda totalitária. Mas uma sociologia que procure construir um sistema lógico com base neste emaranhado consegue simplesmente se tornar mais um entre os inumeráveis sintomas de caos político. Para compreender o caos circunstante é preciso, antes de tudo, criar alguma espécie de ordem elementar dentro da própria cabeça.

As dificuldades no manejo de conceitos políticos não afligem somente a nós, nem estão restritas a nosso próprio período.

---

3. *Argumenty i Fakty*, n. 7, p. 6, 1990.

Em *A New Anatomy of Britain* (*Uma Nova Anatomia da Grã-Bretanha*), do jornalista Anthony Sampson, deparei-me com o seguinte trecho:

> Do ponto de vista inglês, sempre foi difícil dizer quem é de esquerda. Essencialmente, este termo deriva do conceito continental que tem suas origens na Convenção Nacional Francesa de 1789... O conceito de "esquerda" começou a se espalhar na Grã-Bretanha somente no início deste século, e nunca foi possível aplicá-lo plenamente ao Partido do Trabalho (*Labour Party*). Fizeram-se várias tentativas para explicar mais precisamente a diferença entre direita e esquerda. Aqui estão algumas das peculiaridades que, de tempos em tempos, têm sido usadas para caracterizá-las:

Esquerdistas	*Direitistas*
Nacionalização	Empresa privada
Mudanças	Tradições
Igualdade	Elitismo
Solidariedade	Severidade
Tolerância	Disciplina
"Pombas"	"Gaviões"
Democracia	Aristocracia
Regulamentação estatal	Liberdade para a iniciativa privada[4]

Sob o meu ponto de vista, faltam três componentes nesta classificação. Primeiro, no século XX os esquerdistas tradicionalmente têm proclamado sua ideologia como socialismo (embora as interpretações dadas ao conceito de socialismo possam ser profundamente diferentes). Segundo, uma característica distintiva do movimento de esquerda tem sido sempre a luta dos trabalhadores por uma participação democrática na condução da economia. Esquerdistas, em outras palavras, combatem os direitos à propriedade, e não importa nada se a propriedade em questão é de uma empresa privada ou do Estado. Em ambos os casos, são indispensáveis as limitações aos direitos de propriedade para que a democracia vá adiante.

---

4. A. Sampson, *A New Anatomy of Britain*, Nova York, 1972.

Evidentemente, não são apenas os partidos de esquerda que têm utilizado o lema do socialismo. Nos anos 30 e 40, em determinados círculos ocidentais, era elegante dizer "agora nós somos todos socialistas". Entre os que flertavam com a terminologia socialista, estavam liberais, fascistas e figuras nacionalistas na América Latina de cujo caráter burguês seria difícil duvidar. Como qualquer outra palavra da moda, o termo "socialista" sofreu abusos. Mas a ideologia da esquerda sempre incorporou uma compreensão do socialismo que infalivelmente incluía a predominância da sociedade sobre o Estado, sólidas garantias sociais para os trabalhadores – garantias, não presentes apaziguadores, concedidos pela boa vontade de autoridades generosas – e controle democrático sobre a produção.

Deste ponto de vista, o stalinismo sempre se enquadrou desconfortavelmente nas tradições do movimento de esquerda. Por um tempo, os ideólogos stalinistas em geral evitaram usar o termo "esquerda", mas nos períodos da Frente Unida e da União das Forças de Esquerda, quando era imprescindível se juntar aos socialistas, eles se referiam a si mesmos como parte do "campo da esquerda". É bem possível que, à sua própria maneira, estas contradições ideológicas refletissem a incoerência interna do stalinismo, que lutava contra a "restrita democracia burguesa" em nome dos interesses dos trabalhadores enquanto, simultaneamente, negava aos trabalhadores seus direitos democráticos.

Terceiro e finalmente, "esquerdistas" são aqueles que atuam ao lado dos trabalhadores, contra as classes dominantes e a oligarquia. Este é o critério principal e o que determina todos os outros. Se alguém acha difícil entender "quem está na esquerda e quem é da direita", isso significa que o movimento das próprias massas ainda não está desenvolvido, e que o traçado definitivo das forças de classe na sociedade ainda não emergiu.

Vamos voltar a Sampson. Nos anos 60, escreve ele, surgiu a confusão "para definir o que deveria ser realmente considerado esquerdista". Os dois principais partidos da Grã-Bretanha sustentavam posições semelhantes a respeito de todas as questões básicas da vida nacional. O que governava era o compromisso. Infelizmente, as observações de Anthony Sampson a respeito da Inglaterra nos anos 60 e 70 não mais eram aplicáveis por volta dos anos 80. Com o advento da senhora Thatcher ninguém mais podia duvidar de que existia uma diferença entre esquerda e direita na Grã-Bretanha. A polarização de forças continuou, e os setores em conflito definiram claramente suas posições. As reformas do governo conservador, que perseguia uma radical virada para a direita, provocaram um deslocamento para a esquerda na oposição. As batalhas entre os mineiros e a polícia durante a greve de 1984 mostraram, nítida e concretamente, que a luta não era por ideais abstratos e sim por interesses vitais.

Se mesmo na Grã-Bretanha, com sua cultura política há tanto tempo estabelecida, a pergunta sobre o que é "direita" e "esquerda" pode provocar confusão, não é difícil ver que bagunça conceitual predomina na Rússia depois da experiência totalitária que nos foi imposta. Um regime totalitário, por definição, não pode ser de esquerda ou de direita. Ele sempre se proclama como defensor das posições de interesse geral e do bem de todos. Corta atalhos oblíquos através de tendências à esquerda ou à direita sem, contudo, se declarar ao centro. Fazer uma autodefinição deste gênero significaria que uma outra posição, diferente da oficial, poderia existir na sociedade. Um regime totalitário não pode ocupar qualquer parte do espectro político, já que ele próprio substitui o espectro inteiro. Sua lógica é a do equilíbrio universal. Se um desvio de "direita" devesse surgir em algum lugar, então, pelo bem da simetria, um outro de "esquerda" precisaria ser descoberto e aniquilado. A lógica do totalitarismo se resume à sabedoria dos campos de prisioneiros: "Um passo à esquerda ou um passo à direita será considerado como uma tentativa de fuga. O guarda irá atirar sem aviso!".

Evidentemente, um regime totalitário pode usar tanto terminologia de "esquerda" quanto de "direita", dependendo de qual "funcionar" melhor em uma dada situação. Como regra geral, entretanto, a linguagem política do totalitarismo é misturada. Stalin

A DESINTEGRAÇÃO DO MONOLITO 79

falou tanto como herdeiro da Revolução quanto como personificação da idéia do Estado russo. Ele citava princípios proletários e insistia nas prioridades nacionais. Declarava orgulhosamente que a vingança havia sido cobrada pela derrota que o Japão infligira ao Império Russo.

Em todo caso, os conceitos de "direita" e "esquerda" só adquirem significado quando irrompe uma luta política, e quando surgem as condições elementares para o pluralismo político. Sob as condições de totalitarismo em nosso país não poderia haver lugar para uma oposição e, portanto, não havia política – entendida como competição entre diferentes agrupamentos políticos. Foi somente nos anos 60 que a sociedade civil começou a tomar forma aqui, quando surgiram vários grupos e correntes que não estavam sob o controle das autoridades. Não foi por acidente que, exatamente nesta época, o povo daqui pela primeira vez começou a falar sobre a "esquerda" e a "direita". Finalmente, nos anos 80, a vida política começou a "degelar". De algum lugar (quem sabe, da clandestinidade?) começou a aparecer uma série de grupos extremamente vasta, desde anarco-sindicalistas até monarquistas. E assim, naturalmente, nasceu a confusão.

Em diferentes culturas os termos "esquerda" e "direita" têm um impacto emocional bem diferente. Na França, os direitistas não sentem vergonha de chamarem a si mesmos de direitistas. Na Rússia, em contraste, o termo "esquerda" é visto como particularmente atraente. Esquerdistas falam contra as autoridades, estabelecem uma oposição e, num país que não conheceu liberdades políticas, isto é, em si mesmo, largamente considerado como um grande benefício. Mas não é que, em conseqüência disso, qualquer oposição constitua uma ala de esquerda.

Um grande número dos ideólogos populares e de personalidades políticas que formaram o cerne do grupo de deputados, primeiro de Moscou e depois inter-regional, não podem, em sentido algum, ser caracterizados como esquerdistas. Suas posições são as do liberalismo clássico e, no espectro da vida política contemporânea, eles claramente constituem o centro. O fato de os liberais se classificarem entre os "esquerdistas" não tem nada de novo para a Rússia; esse também foi o caso do Partido Constitucional Democrático no período da Revolução de 1905. Muitos de seus lemas soam bastante radicais mas, se os programas e as práticas políticas dos liberais russos forem observados mais de perto, é facil notar que suas posições pouco mudaram em oitenta e tantos anos.

Sonhos de um brilhante futuro (capitalista)

Os apelos para que tudo seja transferido para mãos particulares e para que as relações de mercado sejam, em toda parte, substituídas por planejamento não minam, de modo algum, a situação geral dos círculos dominantes. O que está ocorrendo é meramente uma redistribuição de poder e privilégios entre estes grupos dominantes. Para a massa da população, que está sendo alotada no papel de trabalhadores assalariados, estas mudanças irão trazer pouca ou nenhuma melhoria. Se as reformas de mercado sugeridas irão aumentar a eficiência da economia como um todo é discutível; a experiência na Iugoslávia, Hungria e Polônia indica que, em condições de crise estrutural, tais políticas não têm nada de bom a oferecer. Mas, em todo caso, é evidente que a estratégia liberal deve produzir uma rápida deterioração nos já longe de serem maravilhosos padrões de vida da camada mais pobre da população, junto com uma exploração intensificada da força de trabalho e um crescimento do desemprego, que os defensores das reformas hoje discutem muito abertamente. Mesmo agora já se pode observar o enriquecimento de um pequeno grupo de "pessoas dinâmicas". A perspectiva é clara: poder é para ser trocado por dinheiro, e dinheiro por poder. Os privilégios burocráticos, que são ilegais do ponto de vista da sociedade, devem ser trocados por outros "legais", que tenham sido adquiridos e pagos.

A liberdade da iniciativa privada só significa libertação para aqueles com dinheiro. E quem tem dinheiro em nossa sociedade atual? Aquelas mesmas camadas privilegiadas que condenaram tão

A DESINTEGRAÇÃO DO MONOLITO

espalhafatosamente nossos elegantes ideólogos. Quem tem dinheiro são os aparatistas, a máfia, seus parentes e amigos. O que está em questão aqui não é a restauração do capitalismo, tão atemorizante para os que zelam pelo bom nome do totalitarismo; os agrupamentos sociais enumerados acima não são nem remotamente capazes de "construir um capitalismo desenvolvido" em nossa terra natal. Um capitalismo civilizado só é possível com a presença de uma burguesia civilizada, cuja formação no Ocidente levou mais de trezentos anos. No entanto, por mais que falemos sobre a rica vida na Suécia, e repitamos interminavelmente a fórmula de Lenin do socialismo como uma sociedade de "cooperadores civilizados", nossos "cooperadores" (que na realidade são empresários privados de pequena e média escala) não vão se tornar civilizados, e a economia soviética não vai ser igual à da Escandinávia. Um pequeno número de cooperadores com visão de futuro, que luta para dominar a nova tecnologia, organiza-se sobre princípios democráticos e está consciente de sua responsabilidade para com a sociedade, não pode mudar qualitativamente a situação e só vai conseguir demonstrar mais uma vez a barbárie e o caráter antidemocrático dos demais.

Sob as reais condições do momento em nosso país, uma injeção de métodos capitalistas pode significar apenas uma reestruturação das relações dentro da minoria privilegiada, enquanto as características básicas do sistema vigente permanecem. É difícil visualisar tais evoluções como uma trilha para a democracia. Nossas primeiras experiências com cooperativas mostrou que a avassaladora maioria da população não só deixou de se referir a elas com particular entusiasmo, como exigiu claramente que fossem fechadas. Não é difícil ver qual seria o futuro das reformas econômicas liberais se isso dependesse da vontade da maioria.

Esta situação explica a estranha timidez e a inconsistência mostradas pelos liberais sempre que apontam questões políticas. Eles insistem em incorporar as liberdades, mas relutam em assumir um papel de oposição; criticam o governo em pontos específicos, mas não se dispõem a sugerir alternativas; em teoria, defendem sindicatos livres, mas na prática exigem um fim para as greves e que todas as questões sejam submetidas aos órgãos "parlamentares" do Soviete Supremo, que não muito tempo atrás eles descreviam como "stalinista-brezhenevista". Na realidade, os atuais organismos e procedimentos semidemocráticos estão bem adequados ao projeto liberal. Conseqüentemente, os liberais estão tentando aperfeiçoá-los e racionalizá-los, não para substituí-los por outros, novos e democráticos. O período mais recente viu um número crescente de autores falando abertamente da necessidade de um regime autoritário forte para que as reformas fossem bem-sucedidas. A calorosa receptividade que o público liberal ofereceu ao artigo de Igor Klyamkin e Andranyk Migranyan, agora os ideólogos chefes do "autoritarismo iluminado", estava longe de ser acidental. Quando Klyamkin e Migranyan argumentaram, na *Literaturnaya Gazeta*, que a reforma proposta por eles não seria aceita pelo povo e não poderia ser implementada sem um "pulso firme", estavam absolutamente certos. Contudo, eles não reconheceram o caráter antipopular e antidemocrático de suas posições, e fielmente reproduziram o tradicional esquema stalinista: para o bem do povo e da democracia, os direitos do povo devem ser restringidos. Deseje o povo, ou não, nosso brilhante futuro, nós o conduziremos até lá. Este stalinismo de mercado é a continuação natural e o desenvolvimento do stalinismo "clássico", sob as novas condições.

A história está, portanto, sendo repetida, com os liberais do final do século se comportando diante do sistema vigente exatamente da mesma maneira como os liberais do passado agiram em relação ao czarismo. Esta semelhança, à primeira vista, parece ainda mais impressionante pelo fato de os conservadores de nossos dias serem tão diferentes daqueles do passado. Apesar de, em ambos os casos, as forças conservadoras repousarem sobre uma burocracia com todas as suas peculiaridades específicas, na antiga Rússia também existiam uma aristocracia fundiária e uma vasta burguesia. Os conservadores de hoje em dia claramente não têm nada de burgueses. Eles alegam valores proletários, embora vejam as reais iniciativas das massas como "tumultos" e "quebras intoleráveis da disciplina".

A DESINTEGRAÇÃO DO MONOLITO 83

Deve-se lembrar de que muitos dos liberais russos "clássicos" também não eram burgueses. Eles eram, acima de tudo, membros da privilegiada elite da intelligentzia, parte do estrato de dirigentes industriais e iluminados oficiais da administração estatal. Em outras palavras, eles provinham dos mesmos níveis que hoje oferecem apoio ao liberalismo. Os liberais dos primeiros anos do século, tal como a sua contrapartida moderna, viam que a posição de seus colegas da sociedade ocidental era mais próspera e segura, e assim, sem serem eles mesmos capitalistas, e sem preparo para se empenharem diretamente nas principais tarefas de "construir o capitalismo", sonhavam em colocar o país na trilha do desenvolvimento ocidental. A única maneira de atingir esta transição, na ausência de uma classe burguesa desenvolvida, seria se o regime implantasse, de cima, novas relações sociais, por métodos que eram tudo, menos democráticos. A principal diferença entre o liberalismo russo "clássico" e o contemporâneo reside no fato de que, no princípio do século, o país contava com um pequeno grupo de burgueses civilizados enquanto hoje existem apenas os cooperadores e mafiosos eminentemente incivilizados.

Uma análise da base social do atual liberalismo russo mostra que seu principal apoio encontra-se entre os "níveis médios". Em sua natureza, seu modo de vida e, mais importante, seu lugar na sociedade, os níveis médios do Leste Europeu diferem substancialmente dos do Ocidente. Primeiro, como se observou anteriormente, eles são relativamente heterogêneos. Incluem trabalhadores do comércio varejista, engordando com a escassez; os mais altos níveis do aparelho estatal na ciência e na economia; e a nata da intelligentzia, a elite artística e científica. No Ocidente, a formação da camada média ocorreu de maneira mais ou menos orgânica, durante o processo de transição entre o "capitalismo clássico" e o "neocapitalismo". As fronteiras entre as classes proprietárias e os despossuídos tornaram-se menos rígidas; o papel da intervenção estatal na economia se expandiu, assim como a importância das inovações tecnológicas. O poder ficou menos concentrado; a democratização seguiu adiante, junto com as melhorias nos padrões de vida e o simultâneo crescimento do papel do trabalho assalariado na esfera não-produtiva. A antiga pequena burguesia desapareceu; em seu lugar surgiu uma nova camada média, mais numerosa e mais moderna, que se tornou a espinha dorsal da nova sociedade capitalista.

Na URSS e no Leste Europeu, como nos países do Terceiro Mundo, a camada média não conquistou um tal papel-chave na produção ou na estrutura social. A predominância, nesses países, de tecnologias industriais tradicionais e a existência de rígidas hierarquias burocráticas excluíam qualquer possibilidade de os níveis médios se consolidarem em um grupo social homogêneo.

Ao mesmo tempo, o desenvolvimento da sociedade fez nascer níveis médios tanto no Leste quanto no Ocidente. O desenvolvimento deles podia ser descrito, freqüentemente, como hipertrófico. Os números de trabalhadores científicos altamente posicionados, e de todo-poderosos "indivíduos responsáveis", e de chefes, nas áreas de ciência e de produção, aparecem como excedentes das necessidades da sociedade, especialmente se forem considerados os resultados desastrosos de sua atuação prática e os treinamentos extremamente fracos que os especialistas recebiam. Na Rússia, ao contrário do Ocidente, trabalhadores da esfera de serviços e do comércio varejista tornaram-se o setor mais privilegiado entre os níveis médios. A constante escassez de bens e serviços, que surgiu do fraco desenvolvimento na esfera de consumo, colocou estas pessoas numa posição especial. Para nós, comércio e corrupção viraram sinônimos. O ódio pelos que trabalham na esfera do comércio tornou-se um traço característico da ideologia das massas. Enquanto isso, membros destes círculos puderam matricular seus filhos nas instituições educacionais mais prestigiadas, bem como forjaram ligações com o mundo artístico e com os mais diversos níveis do sistema de governo. A corrupção corroeu as classes médias, ao mesmo tempo em que as uniu e consolidou.

Assim, com toda a diversidade da camada média – cabeleireiros, técnicos, escritores, diretores de grandes empresas, mafiosos, comerciantes e esportistas, homens ou mulheres – algo os aproxi-

A DESINTEGRAÇÃO DO MONÓLITO

mou: acima de tudo, um nível de renda semelhante e, como conseqüência, um modo de vida parecido, baseado num padrão único de consumo. Isto não é apenas uma questão de quantidade dos bens consumidos ou do dinheiro gasto com eles, e sim de um acesso parecido a mercadorias semelhantes que estão em falta nas lojas. A sua igualada identificação com o "modo de vida ocidental" foi vista, primeiramente, nas telas dos cinemas que exibiam filmes de guerra americanos e comédias francesas. Este padrão de consumo veio a se tornar incrivelmente persistente, superando até a experiência do próprio Ocidente. As listas de compras de turistas soviéticos no exterior são espantosamente uniformes.[5] Todos os turistas trocavam alguma coisa, vendiam coisas uns para os outros, imitavam uns aos outros e tentavam não ficar para trás.

---

5. V. Aksenov, em seu livro *The Island of Crimea* (A Ilha da Criméia), oferece uma lista virtualmente completa das compras que, como é sugerido, precisa-se fazer no Ocidente, se o padrão de consumo soviético do início dos anos 80 deve ser reconquistado. Antes de viajar até Moscou o herói... "não conseguiu comprar lâminas de barbear duplas, filme colorido para minifotos, lâmpadas de *flash*, discos de jazz, creme de barbear, meias de cano longo, jeans – Oh, Deus! A eterna praga soviética, jeans! – camisetas de marca, sapatos de corrida, botas de mulher, esquis para neve, aparelhos de som, sutiãs e calcinhas, meias-calças de lã, grampos de cabelo em marfim, suéteres de angorá e *cashmere*, pastilhas de Alka-Seltzer, cabos de amplificadores para toca-fitas, guardanapos de papel, talco para os fundilhos, *Scotch tape* (N. T.: para nós, "durex", ou fita adesiva. Vem um trocadilho a seguir) e *Scotch whisky*, água tônica, gin, vermute, tinta para canetas Parker e Mont Blanc, jaquetas de couro, fitas-cassete para gravador, roupa íntima de lã, casacos de pele de carneiro, botas de inverno, guarda-chuvas dobráveis, luvas, temperos secos, calendários de cozinha, tampões, absorventes íntimos, linha colorida, batom, aparelhos de *hi-fi*, esmalte de unhas e removedor de esmalte de unhas – como isto foi enfatizado! –, fitas de cabelo, pílulas anticoncepcionais e comida para bebê, preservativos e bicos para mamadeiras, vacinas tríplices para cachorros, uma coleira antipulgas, pistolas de ar, jogos Monopólio, interruptores elétricos e resistências, moedores de café, cafeteiras, óculos escuros, abridores de lata de prender na parede, verniz colorido indelével para mesas, máquinas Polaroid, extintores de incêndio para automóveis, toca-fitas para automóveis, bicos de STP para óleo de carro, tubos de fluido para isqueiros e isqueiros a quartzo descartáveis, cortinas de chuveiro com anéis prendedores, relógios a quartzo, lâmpadas de cabeceira halógenas, gravatas de tricô, *Vogue*, *Playboy*, *Downbeat*, camurça, e qualquer tipo de comida em que ele conseguisse pôr as mãos".

(Yunost, 1990, n. 2, p. 24)

No início dos anos 80, o gravador de videoteipe tornou-se simbólico do padrão desejável a alcançar. Um nível aproximadamente igual de acesso a mercadorias racionadas criou uma situação de possibilidades iguais, e fez nascer orientações sociais uniformes. Neste cadinho do novo mundo consumista estão se formando valores gerais e, junto com eles, uma ideologia geral.

Por longo tempo, o nível de consumo permaneceu como o principal fator de unificação, mas no período da perestroika a Lei de Cooperação estabeleceu um certo número de estruturas organizacionais. Foram precisamente os níveis médios os mais capazes de formar cooperativas. Eles tinham qualificações e um certo grau de especialização, mas, o que era mais importante, apenas os níveis médios dispunham de significativos recursos financeiros, o que lhes dava uma certa medida de independência. Eles também dispunham de um sistema de ligações com o aparato, sem o qual a formação de cooperativas numa sociedade burocraticamente corrupta era inconcebível. O setor de cooperativas uniu economicamente os níveis médios; ali estavam representados todos os seus "destacamentos", desde a máfia até a elite criativa.

Enquanto isso, o consumo continuava a desempenhar um papel-chave na consolidação social da camada média e, conseqüentemente, na formação de sua ideologia. Isso explica muita coisa. Por que, por exemplo, nos anos 50, quando, imediatamente após a morte de Stalin, os primeiros movimentos de oposição apareceram no Leste Europeu, eles quase nunca eram "ocidentalistas"? Citar o descrédito do socialismo na época de Stalin é explicar pouca coisa, já que, em última análise, os horrores do stalinismo deveriam ter sido muito mais eficazes em afastar o povo do conceito de socialismo do que a estagnação dos anos de Brezhnev o fez. Ao esmagar a Primavera de Praga, o regime de Brezhnev estilhaçou as ilusões dos "comunistas liberais", que tinham acreditado em uma democratização gradual, vinda de cima, dentro da estrutura do sistema. Todavia, a consolidação dos sentimentos "ocidentalizantes" pró-capitalistas, na intelligentzia e na sociedade, coincidiu com o rápido crescimento da camada média nos anos 70, e isto não foi acidental.

O desapontamento com os preceitos do socialismo era natural, depois de décadas do governo totalitário-burocrático, durante o qual pereceram milhões de pessoas e a economia havia sido trazida à falência completa. Mas, a partir de um certo ponto, os líderes da oposição começaram a acalentar e cultivar cuidadosamente este desapontamento. A base social da oposição estava mudando. Em termos formais, a intelligentzia continuava a desempenhar o papel principal. Mas a intelligentzia dos anos 50 diferia extraordinariamente dos intelectuais do final dos anos 70. A primeira vivia lado a lado com os trabalhadores em apartamentos comunitários; seus filhos iam às mesmas escolas e suas mulheres esperavam nas mesmas filas. A última já pertencia a uma minoria privilegiada, alienada do poder mas não dos benefícios materiais.

O padrão de consumo ocidentalmente orientado da nova camada média deu origem a ideais sociais "ocidentalizantes" em geral. Os "ocidentalizadores", declaram vagamente os sociólogos L. Byzov e G. Gurevich, são "mais freqüentemente encontrados entre a intelligentzia e os trabalhadores do setor comercial".[6] A essência de um tal "ocidentalismo" consiste no esforço de formar uma estrutura para garantir, tanto quanto possível, a estabilidade deste tipo de consumo para a camada social em questão.

Na Europa Ocidental e na América, no entanto, a estrutura de consumo é determinada, em última instância, pela estrutura da economia. No Leste, está-se fazendo uma tentativa para adaptar as estruturas econômicas a um modelo de consumo emprestado e acabado que, historicamente, se desenvolveu no Ocidente.

Ao ler atentamente os trabalhos dos ideólogos, fica evidente que aquilo que os preocupa é a questão de como assegurar o consumo, e que a discussão gira em torno de um determinado modelo de consumo para a camada média. O fato de uma considerável parcela da população viver sob circunstâncias muito diferentes, e ter problemas para sobreviver dentro do seu orçamento, pouco importa para eles. Se alguém está insatisfeito e tenta

---

6. *Argumenty i Fakty*, n. 7, p. 6, 1990.

usurpar o paraíso consumidor, segundo a lógica, faz-se necessário um "pulso firme" para defender a "minoria progressista" contra a massa de não-iluminados.

Um componente indispensável do projeto liberal na Rússia, agora e em épocas anteriores, tem sido a existência de um regime forte capaz de levar a cabo mudanças importantes. Aqui, os liberais russos têm encontrado sempre uma linguagem em comum com os conservadores. O problema é que os conservadores de hoje, como resultado de sua base social modificada, são relativamente pouco receptivos à idéia do caminho ocidental. Os ideólogos que se opunham à perestroika organizaram a Frente Unida dos Trabalhadores, tentando encontrar apoio entre as massas. Efetivamente autoproclamando-se como oposição, eles estão tentando ocupar o espaço político que naturalmente deveria pertencer à esquerda.

As organizações não-oficiais que surgiram por todo o país depois de 1987 apresentaram um rico espetáculo político. Era aqui que uma vasta parcela do flanco esquerdo de nossa vida coletiva deveria ser encontrado. Mas a experiência das organizações informais mostrou que muitos grupos incontestavelmente radicais não eram, de modo algum, esquerdistas.

Os conceitos de "radicalismo" e "conservadorismo" muito freqüentemente não coincidem com os rótulos de "esquerda" e "direita". Em primeira instância, encontramos dois tipos de abordagem para a nossa realidade atual e, em segunda instância, duas opções de valores. Existe uma situação análoga no Ocidente. O Partido Trabalhista britânico, apesar de sua inquestionável adesão aos valores do setor da esquerda, tem demonstrado, em determinados períodos de sua história, um notável conservadorismo, incluindo uma total incapacidade para mudar qualquer coisa na sociedade ou em sua própria prática. Isto predeterminou a catastrófica derrota do partido em 1979, da qual os socialistas ingleses até hoje foram incapazes de se recuperar. Ao mesmo tempo em que a esquerda se tornou cada vez mais conservadora e pragmática, a direita ficou mais ideológica e radicalizada. O governo Thatcher foi, indiscutivelmente, um dos mais radicais na Grã-Bretanha do pós-guerra. E, indubitavelmente, o mais à direita.

As organizações políticas que nasceram em nosso país durante 1987 e 1988 também estavam claramente divididas entre direita e esquerda, embora a questão crucial na época fosse a sua atitude em relação ao sistema vigente e, em conseqüência, as pessoas se preocupassem principalmente com o radicalismo das táticas de cada grupo, mais do que com o caráter de suas metas estratégicas. Como resultado, os anarquistas do grupo "Comuna" figuravam entre os "moderados", já que eles procuravam agir dentro do quadro das leis vigentes, fazendo uso das possibilidades legais, enquanto certos grupos liberais despertavam suspeitas de "extremismo".

A maioria dos esquerdistas na Rússia uniu-se, em 1988, em torno do movimento da Frente Popular, enquanto os direitistas encontraram abrigo na União Democrática. Graças ao sólido anticomunismo de seus líderes, a União Democrática deixava transparecer, em muitos aspectos, mais radicalismo do que as Frentes Populares de Moscou ou Yaroslavl. Também foi importante o fato de que, ao se declarar como um partido, a União Democrática excluiu qualquer possibilidade de membros do Partido Comunista aderirem à sua atuação. Como demonstraram as evoluções posteriores, não era, de maneira alguma, o caso de membros do PCUS terem sustentado sempre as posições da esquerda. No entanto, como regra geral, eles adotavam táticas mais moderadas no que diz respeito ao sistema ao qual, de algum modo, estavam ligados através de sua filiação partidária.

Como os organizadores da Frente Popular, os fundadores da União Democrática procuraram evitar fórmulas ideológicas rígidas em seus documentos programáticos e deram destaque aos princípios democráticos gerais. Ainda assim, a União Democrática se alinhou na classificação do típico partido de direita, inspirado pelos valores do empresariado privado e da livre-competição. (Entre os ativistas deste movimento, a crença na sociedade ideal que já foi construída no Ocidente é tão absoluta quanto a fé na Rússia

Vermelha sustentada pelos comunistas-stalinistas ocidentais nos anos 30.) Por outro lado, a Frente Popular russa, que levantou a bandeira da autogestão, pode, inquestionavelmente, ser vista como pertencente ao campo esquerdo, embora este movimento não fosse minimamente homogêneo.

Cada lado e cada agrupamento conta com seus próprios "moderados" e "radicais". Psicologicamente, estas tendências podem ter muito em comum, mesmo que suas posições ideológicas sejam incompatíveis. Uma ânsia pelo confronto com as autoridades e uma inclinação para, a qualquer pretexto, convocar manifestações são características que os membros mais radicais da Frente Popular de Moscou compartilham com os ativistas da União Democrática. Mas, ideologicamente, os radicais na Frente Popular de Moscou eram mais avançados do que todos os líderes da União Democrática; em geral, eles eram socialistas de princípios, muitas vezes marxistas. Basta comparar o documento *Nashe Delo*, editado pelos radicais da Frente Popular de Moscou, com a publicação *Svobdnoe Slovo*, da União Democrática, para constatar a incompatibilidade entre estes dois tipos de radicalismo. A relação global entre radicalismo e conservadorismo na esquerda e na direita está demonstrada no diagrama:

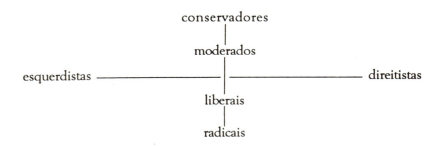

Em meados dos anos 80, quando as questões-chave em decisão eram se mudanças importantes teriam lugar em nosso país, e se elas seriam profundas o bastante para realmente "reconstruir" a sociedade, foi precisamente o conflito entre "conservadores" e "progressistas" que se viu empurrado para a linha de frente. Todos os patrocinadores da mudança formaram uma espécie de bloco único liberal-radical-de-esquerda, pouco levando em conta as contradições entre si. Mas, a partir do momento em que as mudanças começaram a se efetivar e teve início o processo de derrubada das velhas estruturas, as contradições entre valores e interesses diferentes, no lado progressista original, emergiram e se aguçaram rapidamente.

Os esquerdistas, por exemplo, pregavam a favor de reformas educacionais que seriam orientadas para dar a todos igual acesso a uma educação diversificada e de alta qualidade, mas gratuita. Sua meta era um sistema de instrução que oferecesse aos alunos uma livre-escolha, enquanto era observado o princípio da total igualdade de direitos. Isto envolveria várias formas de autogestão educacional e iria requerer uma reforma radical do inteiro sistema educacional do Estado. Em contraste, os liberais apostavam em escolas cooperativas (e, a mais longo prazo, particulares) para crianças especialmente dotadas ou ricas, em jardins de infância cooperativos e no desenvolvimento de instituições educacionais de elite.

Os liberais faziam uma abordagem análoga do sistema de saúde. O princípio era simples: serviços de qualidade para aqueles que podem pagar. As insinuações de que os preços seriam relativamente acessíveis não mudavam, em essência, coisa alguma. Por um lado, os preços podem aumentar e, por outro, se o serviço de saúde pago é somado à educação paga, se os custos de habitação são estabelecidos de acordo com o "livre-mercado", e se serviços gratuitos são substituídos por outros, pagos, a fim de fazer os setores de serviços, que hoje dependem de subsídios, "comercialmente viáveis" – em suma, se as reformas socioeconômicas recomendadas pelos liberais através do mundo inteiro forem solidamente implementadas –, então pode-se constatar que não só a educação de qualidade como os cuidados elementares de saúde tornar-se-ão luxo ao alcance de poucos.

O herói dos ideólogos liberais em nosso país é Stanislav Feodorov, um talentoso cirurgião que transformou sua atividade num negócio brilhantemente organizado e lucrativo, proposto como modelo para um novo sistema de saúde. Não parece ocorrer a ninguém que o fato mesmo de se estabelecer uma conexão entre os pagamentos e a qualidade do serviço de saúde representa uma fundamental rejeição dos princípios humanistas. Saúde não é um privilégio, ou uma mercadoria para ser comprada ou escolhida. Do ponto de vista dos esquerdistas, ela é um direito inalienável do indivíduo, e a qualidade do cuidado médico recebido não deve depender da quantidade de dinheiro em seu bolso. O mercado oferece a possibilidade de escolha entre diversos bens. Mas transformar a saúde em mercadoria significa tratar o valor do ser humano com total desrespeito.

O direito a escolher o próprio médico não deve ser limitado pelos recursos financeiros do indivíduo. As garantias sociais do antigo sistema eram ineficazes e burocratizadas, oferecendo um largo escopo para arbitrariedades dos dirigenciais (eu posso dar ou me recusar a dar) e corrupção; sua crise nos obriga a lutar por uma reforma radical nesta área. Mas a reforma pode ser conduzida em diferentes direções. Evidentemente, seria mais fácil seguir o caminho recomendado pelos liberais – isto é, criar serviços médicos e educacionais especiais, altamente eficientes e caros, para os ricos, enquanto se deixam as condições da maioria mais ou menos como elas estão (na prática, estas condições iriam se deteriorar ainda mais, já que a maior parte dos especialistas bem preparados passaria a gravitar em torno das instituições privilegiadas). Tomar este caminho seria muito mais simples do que tentar criar um sistema que oferecesse condições iguais para todos, e seria muito mais seguro e conveniente para o aparato tradicional. Ninguém iria usurpar seu poder. Os liberais não objetivam, de fato, destruir o sistema de governo do aparato, mas sim lavrar "zonas especiais" para si próprios dentro do sistema, exatamente como as "zonas especiais" para o capital estrangeiro que estão sendo criadas na economia. Naturalmente, na medida em que a onda liberal cresceu, as ambições da elite de oposição também aumentaram. Ainda assim, a abordagem não mudou. A maioria da população tem de ficar por trás dos limites da "zona especial", exatamente porque é assim que o bem-estar dos poucos escolhidos dentro dela deve ser garantido.

Neste caso, os interesses dos poucos escolhidos coincidem com os dos círculos burocráticos. Como as empresas mistas, zonas econômicas especiais e outras, estas medidas "radicais" são, de fato, muletas para o antigo sistema, estruturas criadas para manter sua viabilidade nas novas condições, e servir como substitutas para mudanças democráticas mais profundas e completas.

O programa de reformas liberais limitado dentro do enquadramento do sistema envolve relativamente poucos riscos para a antiga burocracia. (Deve ser notado que quanto mais radical é a reforma de mercado que se propõe, e quanto mais clara é a orientação rumo à "experiência avançada do capitalismo", maior se torna a necessidade de um "pulso firme" e, conseqüentemente, do antigo aparato.) Este programa liberal também foi cuidadosamente elaborado, o que não deveria parecer surpreendente. Marx e Engels estavam evidentemente exagerando quando disseram que as idéias dominantes, em qualquer sociedade, eram as idéias da classe governante. Mas também não se discute que as camadas privilegiadas, incluindo as de nosso país, sempre desfrutaram de grandes vantagens na formulação de sua estratégia política. Através dos três primeiros anos do período de Gorbachev, os círculos liberais controlaram plenamente a mídia de informação de massa. Naturalmente, eles também dominaram os níveis mais altos da ciência oficial.

A dominação do liberalismo foi um estágio inevitável na transição do dogmatismo oficial obrigatório para o genuíno pluralismo ideológico. No que diz respeito a isso, o liberalismo desempenhou um papel importante e definitivo, servindo para estilhaçar os estereótipos originais. Foi precisamente dentro do quadro do bloco liberal-progressista unido que as idéias esquerdistas se formaram originalmente. Mas, enquanto a situação mudava, o monopólio ideológico liberal se tornava cada vez mais perigoso. Ao se afastarem dos liberais, os esquerdistas perderam acesso aos veículos de informação de massa exatamente quando a confiança nos jornais diários e na televisão crescia velozmente. Sob as condições da glasnost, a situação dos dissidentes que careciam de acesso à imprensa e à televisão se tornou, em certo sentido, ainda mais dolorosa do que havia sido anteriormente.

O monopólio liberal na imprensa levou a uma rápida depreciação da linguagem. Durante séculos, na Rússia, todo mundo acreditou no poder da palavra. As perseguições sofridas pelos escritores, as retaliações contra Pasternak, Grossman e Solzhenitsyn, a heróica luta do povo para ler suas obras, a famosa declaração de Bulgakov de que "manuscritos não se queimam", tudo dava testemunho do fato de persecutores e perseguidos igualmente acreditarem no poder da palavra. Agora esta fé desmoronou. No curso de três anos, a glasnost conseguiu apagar idéias eternas. Grossman, Pasternak e Solzhenitsyn estão impressos, e nada mudou como resultado disso. A crença no poder da palavra foi suplantada por um fenômeno bem ao espírito do liberalismo ocidental: a tolerância repressora. É possível proclamar idéias dissidentes, mas meras palavras não vão trazer mudança. Somente a organização e a ação podem alterar a vida das pessoas.

UM NOVO MODELO DE DEMOCRACIA?
O POPULISMO

É perfeitamente natural que os liberais tenham confiado, para seu impacto político, na imprensa oficial, nas palestras em vários congressos e conferências e no envio de documentos para as autoridades. Enquanto isso, a esquerda, temporariamente empurrada para o lado, tentava implantar sua própria imprensa alternativa (no espírito de Lenin, os jornais ainda são os "organizadores coletivos") e trabalhar nos movimentos de massa. As frentes populares que nasceram em diversas cidades russas foram a primeira manifestação desta tendência para a auto-organização democrática. O caráter político das frentes permanecia um tanto mal-definido. Em muitos casos, elas não se distanciavam do liberalismo e careciam de experiência política e quadros competentes. Mas todos os movimentos de esquerda encontraram problemas como esses nos primeiros estágios de seu desenvolvimento.

Muitas figuras do campo liberal imediatamente identificaram uma ameaça nas frentes populares que estavam desabrochando por toda a Rússia. O *Moskovskie Novosti* publicou uma série de artigos atacando a Frente Popular de Moscou, e negou a seus membros o direito de resposta. O surgimento do movimento de Yeltsin provocou preocupação ainda maior nos círculos liberais. Os pronunciamentos de Yeltsin não apresentavam um progama nítido e não havia uma única organização de apoio a ele. Em muitos casos, as reivindicações de Yeltsin faziam eco às dos liberais. Ainda assim, o "yeltsinismo" causou desconforto entre os defensores do projeto liberal, já que o nome de Yeltsin estava arrastando as massas para as ruas.

Mesmo antes de o lema de apoio a Yeltsin dar origem a um movimento de massa em Moscou e noutras cidades, o termo "populismo" tinha aparecido nos jornais. No vocabulário político tradicional, este termo tem conotado movimentos de massa socialmente heterogêneos, sem um programa definido nem estrutura organizacional, unidos por princípios muito genéricos ou pela personalidade do líder. O Solidariedade, na Polônia, foi um típico movimento populista, apesar da predominância de trabalhadores em suas fileiras. As frentes populares na Rússia e nas Repúblicas Bálticas também eram de caráter populista. Em vez de um programa concreto, elas apresentavam apelos genéricos por democracia, justiça social e independência.

Paradoxalmente, a própria falta de vontade ou inabilidade da Frente Popular de Moscou para se tornar uma organização populista consistente, junto aos esforços de seu "cerne socialista", para formular reivindicações nítidas e um programa completo, significavam que ela continuava relativamente pequena (embora, durante seus períodos de crescimento, tenha se desenvolvido de acordo com a lógica do populismo, com base nas multidões atraídas às suas reuniões pelo radicalismo de seus oradores).

O movimento populista de massa em Moscou estava ligado ao nome de Telman Gdlyan. Conhecido por sua luta contra a corrupção e as máfias, o detetive Gdlyan conseguiu atrair facilmente milhares de leais seguidores que não faziam perguntas difíceis sobre seu programa econômico.

Em meio a esta onda de entusiasmo, os líderes populistas se elegeram com facilidade para o Congresso dos Deputados do Povo em 1989. Só que, uma vez no Congresso, eles não estavam mais discursando para manifestações de massa, mas sim para uma assembléia de políticos, e eram obrigados a discutir questões sobre as quais as reuniões de massa nunca lhes tinham exigido que desenvolvessem posições firmes.

Como resultado de terem se tornado deputados, os populistas vieram a ficar, assim, cada vez mais dependentes dos liberais. Incapazes de desenvolver suas próprias posições ideológicas, eles pediam emprestadas as alheias que estavam sendo propagadas pelos veículos de comunicação de massa.

É claro que os liberais não alcançaram a hegemonia simplesmente como uma conseqüência de terem conquistado o apoio de figuras populares como Yeltsin e seu círculo para as idéias de "empresa privada e livre-mercado". Com sua habilidade para bloquear a expressão de outras idéias nos jornais e na televisão, os liberais foram capazes de influenciar efetivamente a maioria da população e, daí, a base social dos líderes populistas. Não obstante, sem o apoio destes líderes, os liberais não poderiam ter atraído grande número de pessoas para a sua causa. Assim como o Parlamento não era o elemento natural dos líderes populistas, discursar para multidões não constituía o modo de expressão favorito dos advogados do liberalismo.

A partir deste momento, cada um dos dois grupos políticos foi obrigado a compensar as insuficiências do outro. Os socialistas, agrupados sob a bandeira da Frente Popular de Moscou, tinham esperanças de que o monopólio liberal sobre a comunicação de massa seria contrabalançado pelo controle populista sobre os movimentos de massa e de que, existindo um certo equilíbrio na vida política do país, apareceriam as condições para o desenvolvimento de um genuíno pluralismo. Na verdade, aconteceu o contrário. Se em 1988 os movimentos populistas espontaneamente originados tinham formado um bloco com a esquerda socialista, em uma oposição mais ou menos evidente aos liberais, em 1989 se estabelecera um único bloco liberal-populista e a esquerda se achou isolada.

O estágio decisivo na formação deste bloco foi marcado pelas eleições para o Congresso dos Deputados do Povo e pelas sessões do Congresso. Durante as campanhas eleitorais em Moscou, quando milhares de pessoas foram espontanemente às ruas em apoio a Yeltsin, que havia sido atacado pela imprensa oficial, a Frente Popular de Moscou foi a única organização política capaz de lucrar com a crise. Os oradores da Frente discursavam nas manifestações de muitos milhares de pessoas em Luzhniki. Ao final da primeira reunião, a multidão chegou a se manifestar até cantando a *Internacional*. Representantes da Tribuna de Moscou (um clube da elite liberal) e deputados liberais apareceram por lá, principalmente na qualidade de convidados. Mas assim que terminaram as eleições, a situação começou a mudar. Este processo continuou durante o período parlamentar.

O papel desempenhado pelas manifestações de Luzhniki se alterou profundamente. De início, elas haviam proporcionado um fórum no qual novos movimentos sociais, especialmente de esquerda, e eleitores das bases, vindos dos mais diversos recantos do país, podiam expressar suas posições – ignoradas pela imprensa, tanto liberal quanto conservadora – e conseguiam apresentar suas reivindicações aos políticos. Ao final do primeiro período parlamentar, as manifestações tinham-se transformado numa oportunidade para que os ativistas liberais se encontrassem com as massas e promovessem agitações no meio delas. O controle liberal sobre a imprensa fora complementado pelo controle sobre as ruas.

Para os esquerdistas, esta reviravolta chegou como uma completa surpresa. Em Moscou, na primavera de 1989, as organizações políticas não oficiais mais proeminentes tinham sido a Frente Popular de Moscou e a União Democrática. Como já se observou aqui, a primeira era dominada pelos socialistas, mas perseguia metas reformistas e empregava táticas relativamente moderadas. A segunda reunia principalmente direitistas, numa base anticomunista e de transição para uma sociedade capitalista "normal"; ideologicamente, a União Democrática formava a ala radical do mesmo movimento liberal que dominava a comunicação de massa. Mas, no novo contexto, nem liberais radicais nem esquerdistas moderados conseguiam atingir qualquer coisa mais substantiva.

A Frente Popular de Moscou radicalizou-se muito rapidamente, mas, já que ainda era principalmente uma organização de "moderados", ela não encontrou outra alternativa a não ser dar "apoio crítico" ao bloco liberal-populista. Ao mesmo tempo, suas críticas eram divulgadas no contexto de discussões teóricas que não tinham virtualmente nenhum impacto sobre a população; a imprensa oficial não publicava suas posições e o apoio a elas se manifestava através da organização de encontros e demonstrações, da participação em campanhas eleitorais, e assim por diante. Desta maneira, a Frente Popular de Moscou, apesar de seu caráter socialista constantemente enfatizado, viu-se forçada, em última instância, a servir à causa liberal.

O único membro da Frente Popular de Moscou a se eleger para o Congresso dos Deputados do Povo foi Sergei Stankevich. Ele se tornou rapidamente popular entre espectadores de televisão e jornalistas. Mas, infelizmente, a partir do momento da sua eleição, as posições de Stankevich foram ficando cada vez menos diferenciáveis das de outras personalidades da oposição. Não mais um "informal", ele rapidamente abandonou suas ligações com o movimento que o havia ajudado a subir ao palanque parlamentar. Seria injusto atribuir a culpa disto exclusivamente a Stankevich, que, afinal de contas, permaneceu como um dos mais à esquerda entre os novos políticos liberais. O problema não está apenas nele, mas nas táticas que a Frente Liberal de Moscou escolheu.

Ideologicamente, os socialistas estavam sendo empurrados para cada vez mais longe, em direção ao isolamento, e, no nível organizacional, o movimento indisciplinado que era a Frente Popular de Moscou não conseguia consolidar suas conquistas. A julgar pelas pesquisas de opinião, a popularidade da Frente vinha constantemente crescendo, mas, na primavera de 1990, a maioria dos líderes ativistas nas frentes populares de Moscou e Leningrado tinham-se tornado deputados nos sovietes, o crescimento nas fileiras não mais era significativo e, mais importante, a inabilidade da organização para formular e perseguir suas próprias práticas havia ficado cada vez mais óbvia. É típico que, em nenhum dos sovietes, os deputados que haviam participado do movimento das frentes populares não tenham nem mesmo tentado formar suas próprias facções ou grupos. Para uso externo, eles eram bem-sucedidos, mas não tinham perspectivas estratégicas e, conseqüentemente, seu sucesso equivalia, em essência, a uma derrota.

As ambíguas posições políticas da Frente Popular de Moscou mostravam que a organização não apenas falhara em superar as divisões ideológicas dentro de suas fileiras, mas que elas haviam até aumentado de intensidade. As pessoas que haviam aderido à vanguarda na primavera e no verão de 1989 tinham sido atraídas pelos discursos dos ativistas da Frente Popular em defesa de Yeltsin e dos deputados liberais e pelas manifestações de Luzhniki, cujo conteúdo e significado político, por volta do fim do verão de 1989, estavam bem diferentes do que eram na primavera. Enquanto isso, começava uma fermentação entre os ativistas da Frente. Muitos deles estavam se mudando para a direita. O papel da Frente como um parceiro menor no bloco liberal-populista adequava-se perfeitamente a eles. Para os socialistas convictos, a perda da personalidade política original da Frente foi traumática. A inabilidade da organização para se transformar numa alternativa de esquerda para o liberalismo obrigou os socialistas a considerarem a implantação de seu próprio partido. O primeiro passo nesta direção foi o estabelecimento, dentro da Frente Popular de Moscou, do Comitê dos Novos Socialistas de Moscou. Logo grupos e comitês análogos começaram a nascer também em outras cidades, sobretudo em centros como Irkutsk, Samara e Leningrado, onde um movimento de frente popular mais ou menos forte havia existido anteriormente.

A falência política da Frente Popular de Moscou não foi uma exceção. Depois das primeiras sessões no Congresso dos Deputados do Povo, as frentes populares entraram em um período de crise e, em seguida às eleições de 1990, sofreram um colapso geral.

A União Democrática também não podia se gabar de grandes sucessos políticos. Os líderes da União Democrática buscavam, a qualquer preço, manter o papel da corporação como a mais radical organização de oposição, apelando seguidamente por um boicote às eleições. Em conseqüência, a União Democrática não só se colocou "fora do jogo" no exato momento em que a maioria da população soviética acreditava sinceramente na possibilidade de promover uma verdadeira mudança, através da eleição de "deputados honestos e progressistas", mas também se privou de qualquer perspectiva de estabelecer laços com os liberais oficiais que estavam, em espírito, mais próximos dela. Não havia uma diferença real entre os princípios programáticos da União Democrática e as idéias da "oposição oficial" nos sovietes, e, à medida que os deputados liberais procuravam impressionar a opinião pública, eles recorriam cada vez mais intensamente à retórica anticomunista no estilo da União Democrática. Politicamente, os liberais se orientavam para a participação em eleições e os radicais que conclamavam boicotes conseguiam apenas obstruir esta estratégia.

Podia-se dizer que, por volta do início de 1990, todos os movimentos e organizações que a perestroika criara estavam completamente exauridos. O populismo tinha constituído um estágio natural de transição na formação de um movimento organizado de esquerda, assim como o bloco liberal-progressista fora indispensável para a transição da estagnação ideológica brezhnevista para o pluralismo. A instabilidade de tais formações era óbvia. As advertências sobre a presença de um "inimigo geral" sob a forma da burocracia permitiu aos defensores de diferentes estratégias coexistirem somente até ficar evidente que uma expressiva parcela do "bloco progressista" estava menos interessada em derrotar a burocracia do que em chegar a uma conciliação com ela. Enquanto a disposição conservadora se intensificava em meio aos liberais de um setor dos líderes "populistas", os ativistas políticos de base defrontaram-se com uma escolha: virar à esquerda ou à direita.

A modificação para partidos políticos, que estavam agora tomando o lugar das largas coalizões, "frentes" e movimentos de massa com ideologias mal-definidas e lemas gerais foi um resultado natural da crescente demarcação de forças políticas. Tudo estava mudando diante dos nossos olhos. Pessoas que há não muito tempo eram zelosas de sua ortodoxia ideológica começaram a falar sobre pluralismo. Na Praça Pushkin, em Moscou, de onde ativistas da União Democrática foram certa vez arrancados à força, apareceram placares oficiais, na melhor das tradições da propaganda stalinista, só que desta vez exaltando o mercado e a propriedade privada. Os símbolos da nova era foram o McDonald's e o imenso letreiro da Coca-Cola, agora erguendo-se em triunfo sobre a mesma Praça Pushkin.

Através de uma paradoxal reviravolta, os lemas da União Democrática, que durante três anos tinham pedido a derrubada do "totalitarismo soviético", haviam se tornado os lemas do regime. Enquanto isso, a própria União Democrática entrava em crise. Novos partidos e grupos estavam nascendo e se apoderando das idéias em moda. Os professores de marxismo-leninismo foram tomados de pânico. O que estava acontecendo? Não era nada parecido com o colapso do totalitarismo; tal como antes, todos os chefes estavam em seus lugares e, apesar das declarações oficiais, os eventos não eram, de modo algum, reminiscentes da Revolução. Havia surgido um novo contexto político, com deputados democráticos formando maiorias nos sovietes de Moscou, Leningrado e várias outras cidades. A sociedade democrática tinha se rejubilado com a eleição de Gavriil Popov, que anteriormente havia delineado documentos econômicos para o Comitê Brezhnevista Central, para o posto de presidente do Soviete da Cidade de Moscou, e, depois, se afligiu em dúvidas ao ver Popov de pé, no topo do mausoléu, cercado de membros do Politburo. Quem eram os "círculos dominantes" e quem integrava a oposição?

O poder dos sovietes, ou do caos à ditadura

Para o novo tipo de políticas liberais-populistas que estavam se desenvolvendo no país, o sistema de sovietes tornou-se, num certo estágio, o campo ideal de atividade. As pessoas eleitas para os sovietes ganharam enormes oportunidades para cabalar suas posições, enquanto os votantes eram absolutamente desprovidos de qualquer possibilidade de influenciar as decisões tomadas. Num momento em que os partidos de política de massa estavam ausentes, os eleitores, em última análise, votavam às cegas, sem saber que postura este ou aquele candidato iria adotar diante de questões específicas. As práticas da "nova onda" incluíam uma preferência por cortejar os eleitores com frases genéricas sobre democracia e prosperidade, enquanto os votantes, depois de longos anos de "unanimidade", simplesmente deleitavam-se em escolher um candidato entre muitos, e discutir suas virtudes.

A desintegração do antigo sistema de governo, por sua vez, provocou uma crise na liderança do Partido Comunista. O partido arcava com responsabilidades sobre tudo, e ainda não havia chegado a uma conclusão sobre seu papel como coordenador supremo do sistema. Os aparatistas vinham demonstrando uma preferência por postos confortáveis em empresas mistas soviético-singapurenses, por especulações com computadores ou pelo engajamento em lucrativas aventuras semelhantes. O colapso do antigo sistema de governo significava inevitavelmente que os funcionários do partido tinham perdido qualquer esperança de se segurarem no poder, pelo menos nos grandes centros industriais. A transferência de poder para os sovietes, acompanhada pela mudança de parte da *nomenklatura* de suas poltronas como aparatistas do partido para poltronas de deputados (se eles eram designados como "comunistas" ou como liberais não tinha nenhuma importância), pareceu à hierarquia a melhor solução possível para um problema difícil.

A disposição de devolver aos sovietes o poder que lhes havia sido tomado não veio de baixo, e não foi forçado às autoridades pelo movimento popular. Ele foi transmitido de cima, pelos discursos de Gorbachev e em instruções oficiais para oficiais do Estado. Naturalmente, os sovietes envolvidos não eram os de 1917, que há muito tinham deixado de existir, mas os sovietes burocratizados e impotentes legados a nós por Stalin, Khrushchev e Brezhnev. O que saiu disso pode ser visto prontamente no exemplo do Soviete de Moscou.

Nas eleições para o soviete municipal da primavera de 1990, os moscovitas elegeram uma maioria do bloco Rússia Democrática, que havia apelado por uma transferência decisiva de poder, dos órgãos do partido para representantes populares eleitos. Naquele tempo, ninguém esperava que o período de transição fosse ser fácil. Todos antecipavam colisões fragorosas entre a nova maioria no soviete, por um lado, e, por outro, o comitê municipal do Partido Comunista com o apoio de seus defensores do grupo de deputados de Moscou. De fato, surgiram conflitos desse tipo. Mas eles resultaram bem menos dramáticos do que muitos deputados haviam esperado.

Apesar dos temores dos democratas, o grupo de Moscou não obstruiu o trabalho do soviete de maneira organizada ou sistemática. Nas primeiras sessões, explodiram debates furiosos sobre questões regimentais, mas, como um todo, o Soviete de Moscou atirou-se ao trabalho com muito mais rapidez do que o Soviete de Leningrado, cuja maioria democrática dividiu-se em facções rivais nos primeiros dias.

O verdadeiro conflito centrava-se não na questão do poder, mas na da responsabilidade. A liderança municipal do Partido Comunista ficou feliz por entregar a responsabilidade sobre a negligenciada economia urbana e sobre a vida política da capital; mas, por questões que envolviam a propriedade do partido, ou o que os líderes do partido em Moscou consideravam ser sua propriedade, os órgãos do partido estavam prontos para lutar até a morte. Todos se lembram de como o jornal *Vechernaya Moskva*, que tinha sido fundado pelo soviete e, subseqüentemente, tornara-se uma publicação conjunta do Comitê da Cidade de Moscou do Partido Comunista e do Soviete de Moscou, inesperadamente transformou-se em propriedade do partido. Irrompeu uma prolongada disputa sobre os prédios que o comitê executivo anterior tinha transferido para a conta do Partido Comunista. Mas tudo isso constituía apenas uma fração insignificante das propriedades do partido na capital.

Essencialmente, o Comitê da Cidade de Moscou do Partido Comunista reuniu um grande império empresarial que controlava capital financeiro, jornais e imóveis, e que se parecia com o império de Donald Trump em Nova York, por exemplo. Quando o Soviete de Moscou se reuniu para sua primeira sessão, foi obrigado a gastar dezenas de milhares de rublos para alugar um salão na Casa de Educação Política, pertencente ao Partido Comunista. Assim, o soviete municipal não dispunha nem mesmo de um salão grande o suficiente para acomodar todos os seus deputados e convidados.

Representantes da Diretoria do Comitê da Cidade de Moscou reclamaram porque o aluguel estava muito baixo, mal cobrindo os custos de manutenção do edifício. Muita coisa foi dita sobre como o Partido Comunista não tinha intenção de monopolizar o uso da Casa de Educação Política e estava pronto a entregá-la a outras organizações. Com o correr do tempo, descobriu-se que andavam em marcha discussões com uma empresa americana sobre um projeto para transformar o prédio num centro de lazer em sistema de *joint venture*.

Nas sessões da comissão de organizações sociais do Soviete de Moscou, os deputados socialistas argumentavam que o edifício deveria ser assumido pela municipalidade. Mas a maioria de pensamento liberal se recusava a apoiar esta proposta; para eles, a propriedade privada era sagrada.

Os conflitos por causa do jornal *Vechernaya Moskva* e pela Casa de Educação Política eram, na verdade, as únicas disputas sobre as quais o bloco da Rússia Democrática e o bloco de Moscou se alinhavam um contra o outro. Nestes casos, os interesses de inúmeros grupos e facções entraram em colisão, e as lutas irromperam entre os deputados individualmente. Em grande parte das situações, os grupos que tomavam parte nestes conflitos não eram organizados, não tinham um programa político e surgiam tão repentinamente quanto desapareciam. De fora, isto se parecia muito com uma guerra na qual cada indivíduo se entrincheirava contra o resto.

Os primeiros dias das sessões de abertura foram marcados por um conflito acirrado entre defensores de Popov e seguidores de Stankevich. A "divisão do trabalho", que conferia a Stankevich um honroso segundo lugar no *presidium*[1] do soviete, não mitigou as paixões, já que estava em jogo a questão da liderança das comissões e do *presidium*, e era precisamente sobre ela que se concentrava o interesse da maioria dos deputados. De maneira geral, as lutas de bastidores que acompanharam a formação do *presidium* pouco se diferenciavam das conhecidas batalhas dentro da *nomenklatura*, nas quais cada grupo procurava obter sua "quota". Quanto maior a necessidade de satisfazer a todos e não ofender ninguém, mais pessoas eram indicadas para o *presidium*, e mais rapidamente crescia o números de postos nas comissões.

O antigo modelo de formação da liderança foi plenamente reproduzido na eleição para o posto de presidente do Comitê Executivo no Soviete de Moscou. Em termos formais, Gavriil Popov deveria derrotar vários candidatos para se eleger; Sergei Stankevich, único potencial rival sério, foi obrigado a retirar sua candidatura antes da eleição a fim de, como se disse ao público, "evitar que a maioria democrática rachasse". Mas nas eleições para o segundo escalão da liderança não houve, absolutamente, escolha de candidato. A candidatura de Yuri Luzhkov para o posto de presidente do Comitê Executivo não teve oposição.

Essencialmente, o soviete resultou não só completamente incapaz de exercer um verdadeiro poder, como até de demonstrar um controle elementar sobre seus membros e sobre as estruturas que eles haviam estabelecido. O *presidium* deve receber o que merece: os chefes de comissões e os membros do *presidium* pelo menos aparecem regularmente em todas as sessões. Mas os moscovitas que tiveram a paciência de comparecer à segunda metade da primeira sessão do Soviete de Moscou provavelmente se lembram do momento vergonhoso, quando foi necessário um adiamento por falta de *quorum* sem que a sessão estivesse concluída.

Poder-se-ia condenar os deputados, mas o problema não está restrito ao seu "baixo nível de atividade", sobre o qual os jornais pouco fizeram para informar os habitantes de Moscou. O problema

---

1. *Presidium* é o estamento maior nos sovietes. (N. T.)

A DESINTEGRAÇÃO DO MONOLITO

é que, com a sua estrutura e composição atual, o soviete não pode ser um organismo de administração viável. Seus 480 deputados, que além de tudo não estão organizados em facções partidárias, constituem mais uma multidão (ou, na melhor das hipóteses, uma pequena reunião política) do que um órgão de poder político. A lógica que se aplica aqui não é a da vida política, mas a de consciência de massa. Os deputados são facilmente dominados pela emoção e prontamente manipulados – desde que, em primeiro lugar, se consiga reunir estas pessoas.

O modo pelo qual o soviete resolveu introduzir o comércio "por passaporte" é mais do que sugestivo. Os deputados agiam sob a influência de suas emoções, sem terem à sua disposição informações completas nem análises especializadas competentes. Até na difícil situação que havia surgido na cidade, tal questão não deveria nem mesmo ter sido discutida em sessão, a menos que os especialistas a tivessem estudado anteriormente. Muitos deputados, inclusive eu mesmo, não votaram a questão, vendo que não existia possibilidade de tomarem uma decisão abalizada. Alguns votaram contra. A maioria, dominada por suas emoções, votou a favor. No dia seguinte, Moscou se achou num estado de guerra comercial contra todas as províncias vizinhas, já que os fundos para gêneros alimentícios haviam sido originalmente destinados à capital, sob a pressuposição de que os habitantes das províncias vizinhas exportariam os produtos de que eles próprios não precisassem. O Comitê Executivo do Soviete de Moscou publicou uma longa lista de mercadorias com detalhes sobre a quantidade que podia ser vendida a cada consumidor – a lista incluía cuecas! E, através do país, os soldados começaram a ser surrados por seus camaradas de Moscou.

Mais tarde, muitos deputados expressaram suas objeções, dizendo que a decisão não deveria ter sido tomada. Mas, para colocar a questão mais precisamente, qualquer assunto, em geral, não deveria ser decidido desta maneira.

E quando tudo está dito e feito, quem governa a capital? Quem exerce a autoridade? O soviete não é o verdadeiro poder, e o comitê municipal do partido se manteve ao largo – tirando um certo prazer, ao que parece, de observar as dificuldades do soviete. O poder verdadeiro está dividido entre o comitê executivo e o *presidium* do soviete; à frente deste cenário estão o presidente e seus deputados. O *presidium*, por sua vez, se apóia sobre as comissões que preparam suas resoluções. A pergunta é: até que ponto estas estruturas são capazes de atuar de comum acordo?

O principal problema com o qual as comissões são obrigadas a lutar é a falta de coordenação entre as várias partes do sistema, e a nossa própria incompetência como deputados. Aqui, mais uma vez, a culpa repousa não tanto sobre os deputados ou os votantes, mas sobre a estrutura que se originou. Sob o "antigo regime", a liderança municipal do partido sabia, antecipadamente, quem ela precisava ter nas comissões do soviete. Um certo número de arquitetos, um certo número de economistas e um certo número de advogados deviam ser encontrados. As pessoas específicas eram escolhidas antes da hora. Se isto era bom ou mau não importa tanto; o principal é que, de um modo ou de outro, o sistema funcionava.

Naturalmente, quando eleições relativamente livres acompanharam o processo, os eleitores não sabiam, ou não queriam saber, sobre isso. Eles não conheciam quem estava sendo eleito nos distritos vizinhos e, realmente, isto não era problema seu. Nem tinham eles qualquer idéia de, por exemplo, com quantos arquitetos o soviete contaria em suas fileiras. A mesma coisa acontecia nos sovietes regionais, com conseqüências ainda mais sérias. O Soviete de Moscou foi ajudado, numa certa medida, por seu "caráter de massa"; quando se tem quinhentos deputados é estatisticamente provável que se vá encontrar um ou dois especialistas em cada área.

Como se solucionam tais problemas no Ocidente? Essencialmente, da mesma maneira como na União Soviética sob o antigo regime, só que com base num pluralismo multipartidário. Qualquer partido sério com aspirações a desempenhar um papel dominante nos órgãos de poder sabe que ele precisa ter especialistas em vários campos. O partido seleciona antecipadamente seus quadros mais capacitados, colocando-os nos distritos "mais seguros", onde sua eleição esteja garant'da. Na pior situação, as facções parlamentares buscam o auxílio de especialistas completamente versados nos problemas em questão. São então, do mesmo modo, formadas as comissões, embora com a participação de deputados escolhidos entre vários partidos. O partido ou a coalizão majoritária controla as comissões, e através delas persegue um conjunto uniforme de perspectivas, que é conhecido antecipadamente e aplicado de maneira consistente. Deste modo, a competência se combina à ação coordenada.

Todo mundo na antiga União Soviética está agora se rejubilando com o advento do pluralismo multipartidário, enfatizando que esta é a base para a democracia. Mas eles não levam adiante a explicação sobre exatamente o que estes partidos deveriam estar fazendo. Existe trabalho mais do que suficiente para os partidos, mas atualmente eles são incapazes de executá-lo, ou não têm vontade para isso. Os blocos grandes, como a Rússia Democrática, que constituem coalizões de grupos informais e de políticos independentes bem colocados, são, em princípio, incapazes de desempenhar este trabalho. Eles não têm um conjunto unificado de perspectivas políticas, nem um aparato organizacional único, nem uma base ideológica (se forem desconsideradas as frases genéricas sobre os males do totalitarismo e os benefícios da democracia; coisas como estas ficam bem na oposição, mas são inadequadas para o exercício do poder).

Assim, ocorre que, em vez de tratar dos negócios da cidade, gastamos nosso tempo debatendo a questão de remover ou não o busto de Lenin do salão de reuniões. Mas pelo menos somos todos competentes para tomar uma decisão sobre este tema.

Se alguma coisa vier a ser feita, ela se deve principalmente à burocracia. Nós deploramos isso tanto quanto costumávamos fazer, mas sem ela o soviete atual simplesmente ruiria. Os burocratas são todos profissionais, de um tipo ou de outro. Como resultado de tudo isso, a burocracia deixou não apenas de minguar como está, aparentemente, começando a crescer. Qualquer que seja o caso, a estrutura burocrática está se tornando mais complexa.

Resulta que nós temos muitas burocracias, no bom e no mau sentido da palavra. O *presidium* e as comissões, assim como o comitê executivo, têm seu próprio aparato. Em 1990, o orçamento do soviete, que é independente do orçamento do comitê executivo e dos gastos gerais da cidade, montava cerca de cinco milhões de rublos, uma soma na verdade não muito alta, mas, considerando-se os escassos resultados de nosso trabalho durante o ano, astrônomica.

Em última análise, todas as decisões são tomadas dentro do triângulo formado pelas comissões, o *presidium* e o comitê executivo. Aqui, o campo para jogos burocráticos é ilimitado. O papel desempenhado pelas sessões do Congresso está ficando, a cada dia, menos importante, principalmente desde que obter *quorum* vem se tornando mais e mais difícil. Os deputados, por sua vez, se defrontam com a pergunta: quais deveriam ser as suas prioridades – questões políticas dentro das comissões ou os assuntos de seus distritos? Num sistema baseado em partidos políticos, a responsabilidade por esta ou aquela questão pode ser entregue a deputados companheiros da facção partidária, garantindo uma divisão coordenada do trabalho (isto foi o que a facção do Partido Socialista tentou fazer no Soviete de Moscou). Mas deputados independentes precisam ser tudo ao mesmo tempo, e devem tomar decisões independentes sobre todas as questões. Para seus constituintes, eles são tanto políticos quanto "intermediários"[2] administrativos. Combinar estas funções está se tornando cada vez mais difícil e, em conseqüência, os deputados vêm ficando mais e mais divididos em dois grupos que pouco têm em comum.

Inicialmente, as tentativas para manter discussões abertas sobre a necessidade de reformar o soviete foram encaradas "com

---

2. Na versão em inglês, usou-se *fixers*, que significa "intermediários", mas em gíria, no sentido marginal da palavra. Isto é, "mediadores", por exemplo, entre polícia e criminosos. Neste caso, algo como "contrabandistas ou traficantes de favores administrativos". Na melhor das hipóteses, "traficantes de influências". (N. T.)

baionetas caladas" pela liderança e pela maioria dos deputados que a apoiava. "Criticar os novos sovietes significa favorecer o jogo do regime partidário"; "Todo aquele que criticar a Rússia Democrática empurra o vento a favor das velas do Partido Comunista"; "Quem não estiver conosco está contra nós." Estas eram as respostas sempre que alguém discordava dos defensores da nova liderança. Mas até os deputados da Rússia Democrática muito em breve começaram a reconhecer que a administração da cidade precisava de uma reforma radical, que os "renovados" órgãos de poder eram transitórios por natureza e, em virtude disso, já tinham deixado de ser funcionais. Quanto mais cedo eles saíssem de cena, melhor.

Já na primavera de 1990, o deputado socialista Vladimir Kondratov adiantou sugestões para uma tal reforma. A seu ver, as fraquezas do Soviete de Moscou poderiam ser superadas se o inteiro sistema fosse drasticamente simplificado. Em lugar de mais de trinta pequenos sovietes regionais, dizia ele, nós precisamos de nove ou dez municipalidades zonais com poderes e responsabilidades reais. Ao nível das comunidades, o poder seria transferido aos sovietes das microrregiões. O número de deputados para o soviete da cidade deveria ser muito menor, um máximo de cem ou cento e cinqüenta. Haveria um único corpo executivo, visto que a existência de dois, o comitê executivo e o *presidium*, representa uma absurda duplicação de poderes, um descabido capricho burocrático.

Dentro de seis meses, a idéia da reforma administrativa tinha começado a penetrar no pensamento da nova burocracia. Uma proposta para transformar a administração da cidade começou a circular no Soviete de Moscou. Mas esta idéia, interpretada pela liderança municipal, se provou muito diferente da forma que tinha na voz dos deputados radicais. Os sovietes regionais, que até esta época basicamente tinham conseguido apenas se desentender com as autoridades municipais, foram abolidos, e seus poderes se transferiram, em parte, para as microrregiões. Junto com a abolição da velha estrutura dos sovietes, as estruturas democráticas em geral foram então eliminadas no nível municipal.

Os socialistas consideravam essencial, para o sucesso da reforma municipal, que os novos sovietes fossem criados com base num real pluralismo multipartidário. Somente assim os eleitores teriam a chance não apenas de votar em bons candidatos mas de escolher entre alternativas partidárias de programas de governo, entre diferentes concepções de desenvolvimento para a cidade ou para o distrito urbano. No entanto, a reforma que foi implementada teve o efeito de consolidar o poder pessoal do presidente do *presidium*, Gavriil Popov. Os novos administradores achavam que eles podiam ser bem-sucedidos sem os sovietes. As eleições ajudaram a liderança a criar suas estruturas burocráticas de poder, e a partir deste momento qualquer ulterior arremedo de democracia se tornou supérfluo. Em lugar de prefeituras ou sovietes de uma nova espécie, surgiram órgãos subordinados ao poder central, com o governante de Moscou reportando-se pessoalmente apenas ao governante da Rússia, Boris Yeltsin, e com os governadores das regiões reportando-se ao governante da cidade. Deste modo, as autoridades mais uma vez tornaram-se plenamente independentes da população.

Em 16 de setembro, os defensores da Rússia Democrática, que há muito tempo deixara de ser um bloco político unido, saíram às ruas de Moscou, em resposta às convocações de Gavriil Popov e seus companheiros. Os moscovitas tinham-se habituado a manifestações, mas, desta vez, junto com as reivindicações pela renúncia do governo soviético e pela implementação de "reforma radical", apareceram elementos inteiramente novos. Um exemplo foi o apelo por "Ordem na cidade!". As autoridades municipais vinham insinuando a existência de intrigas, por parte de alguma força obscura, que supostamente seriam responsáveis pela falência da economia urbana e por todo o resto dos transtornos na cidade. Evidentemente, era claro para qualquer um que estivesse familiarizado, de fato, com o trabalho do Soviete de Moscou, que a principal fonte de problemas era a nova administração municipal, incapaz de – ou relutante para – suprir as necessidades da população.

O seguinte exemplo ilustra a atitude que os governantes de Moscou mantinham em relação a seus cidadãos: durante uma das

A DESINTEGRAÇÃO DO MONOLITO

entrevistas de televisão, que são tão caras aos novos líderes, fez-se a Gavriil Popov uma pergunta sobre os refugiados. O presidente do Soviete de Moscou replicou: "Em Moscou há vinte mil refugiados, e uns doze deputados estão tratando de seus problemas. Enquanto isso, existem muitas centenas de milhares de cachorros, e ninguém está se importando com eles".[3] O governante de Moscou recusou-se a responder aos numerosos protestos que esta observação provocou, enquanto seu auxiliar próximo, Mikhail Schneider – até recentemente um socialista e um camarada meu na Frente Popular de Moscou –, explicava que, alguns minutos antes da entrevista, havia aterrissado sobre a mesa do presidente do Soviete de Moscou uma nota sobre as lamentáveis condições dos cães na cidade. "Esta nota", continuou Schneider, "causou tamanha impressão sobre Gavriil Kharitonovich, um grande apaixonado por animais, que, ao responder à pergunta do espectador de televisão sobre os refugiados, ele involuntariamente associou estes dois problemas."[4] Comentários adicionais seriam supérfluos...

Acima de tudo, evidencia-se que somente uma questão tem preocupado seriamente os líderes da capital. Como Popov colocou o fato, Moscou e o país como um todo têm muitos problemas, "mas a coisa principal ainda é esta: a propriedade de Estado precisa ser desmontada".[5] Yuri Luzhkov falou bem mais especificamente:

> Nos próximos cinco anos, o nível de privatização dos serviços cotidianos deve atingir de 70% a 75% e, no comércio, 50%, enquanto a metade restante do setor comercial deve estar sob a forma de companhias acionárias. Na produção de bens de consumo, o nível de privatização deve ser de 60% e, em gêneros alimentícios, de 15% a 20%, com o resto em empresas acionárias nas quais a parcela do capital de Estado ainda pode ser relativamente grande. Os serviços de abastecimento urbano devem ser completamente privados.[6]

---

3. *Kommersant*, n. 28, p. 15, 1990.
4. Ibid.
5. *Kuranty*, n. 1, p. 4, 1990.
6. *Kommersant*, n. 28, p. 3, 1990.

Na realidade, a meta é a privatização total, já que não existe, na prática, nenhuma diferença entre sociedades anônimas e propriedade privada individual. O papel desempenhado pelo Estado na economia, argumentam os líderes de Moscou, deveria ser reduzido à especulação em ações na Bolsa de Valores ou à sustentação de empresas não-competitivas, de modo a que os acionistas privados que tiverem investido dinheiro nelas não corram o risco de perdê-lo.

Absorvidos num debate passional sobre como redistribuir a propriedade, os políticos liberais e populistas não dedicaram virtualmente qualquer consideração à questão de como fugir da crise econômica. É como se a transferência da propriedade estatal para mãos particulares fosse o bastante para mudar tudo; como se, uma vez feito isso, a inflação fosse desaparecer, a ameaça do desemprego se desvanecesse, os salários começassem a aumentar e os velhos equipamentos viessem a ser substituídos por outros, novos, sem investimentos adicionais de capital.

Nesta instância, tanto os políticos liberais quanto seus defensores "entre o público" raciocinaram na mesma linha pensada pelos participantes da coletivização: a coisa mais importante era tomar a propriedade de seus donos do momento, e então todos os problemas se resolveriam. A única diferença é que os participantes da coletivização, de modo geral, acreditavam que eles estavam tomando a propriedade dos *kulaks*[7] a fim de entregá-la a "todo mundo", enquanto os novos reformadores capitalistas sabem, desde o início, que a propriedade irá pertencer a uns poucos escolhidos.

Em ambos os casos, a tese de redivisão da propriedade foi facilmente incorporada pela multidão *lumpenizada*. E nos dois casos, a massa *lumpenizada* iria receber nada ou quase nada desta grande redistribuição; fosse a propriedade "coletivizada" ou "privatizada", ela não chegaria à posse do povo nas ruas. Em ambos os

---

7. *Kulaks*: a palavra russa foi usada na versão em inglês. Diz respeito a prósperos fazendeiros russos que exploravam os camponeses. (N. T.)

A DESINTEGRAÇÃO DO MONOLITO   115

casos, as explosões apaixonadas e os apelos por redistribuição, pelo bem da redistribuição, eram apenas uma camuflagem para a manipulação nos bastidores e para a preparação de condições favoráveis à ditadura.

Por volta do final de 1990, os governantes da sociedade soviética em todos os níveis clamavam em coro por forças de emergência. Vários meses antes, quando fora criado o posto de presidente e a Constituição tinha sido emendada para dar a Gorbachev enormes poderes, ainda havia pessoas que perguntavam: "Os direitos de que gozava como líder supremo da União Soviética, presidente do Soviete Supremo e Secretário Geral do Partido Comunista, não eram, realmente, o bastante para ele?". Mas, no outono, Gorbachev declarava que estes poderes eram limitados demais e que ele precisava de maior autoridade. Os governantes de níveis mais baixos, nas Repúblicas, cidades e até regiões urbanas, diziam o mesmo. Todos eles se lamentavam de impotência e reivindicavam novos direitos. Isto foi acompanhado por perorações sobre o Estado governado por lei e sobre a autoridade da lei; ninguém se deu ao trabalho de lembrar que, inicialmente, estes conceitos tinham sido apresentados não para justificar o alargamento dos poderes da autoridade executiva mas, sim, para proteger os direitos dos cidadãos.

Enquanto isso, a situação dos habitantes de Moscou tinha piorado dramaticamente. As lojas estavam vazias e os cigarros desapareceram, como havia acontecido por certo tempo com o pão. Em setembro, já era evidente que haveria problemas para fornecer aquecimento aos distritos residenciais. Os líderes municipais tentaram jogar a culpa deste caos em uma "sabotagem" dos antigos burocratas e do governo central, recusando-se a aceitar, eles mesmos, qualquer responsabilidade por isso. Em um país acostumado ao governo centralizado, o povo acreditou nisso por força do hábito. Enquanto isso, Popov e seu círculo insistiam em que lhes fosse concedido poder ilimitado.

A experiência democrática na cidade tinha obviamente falhado. A despeito das dúvidas do público, seus coveiros não eram os antigos burocratas e comunistas, e sim uma nova oligarquia que nascera sob o princípio da luta por democracia e renovação. Mas alguma coisas era realmente nova? Muitos dos líderes da Rússia Democrática tinham suas origens no antigo aparato, e haviam representado agrupamentos específicos dentro dele. A formação de um sólido bloco de comunistas e liberais estava avançando a toda velocidade. Enquanto isso, os moscovitas ficavam de pé nas filas, compravam cigarros a um preço que fazia do ato de fumar um luxo para as elites e aguardavam milagres do programa de governo prometido para uma transição ao capitalismo dentro de quinhentos dias.

PLURALISMO AO ESTILO RUSSO: UMA MULTIPLICIDADE DE PARTIDOS BONS?

A proclamação oficial do pluralismo multipartidário, em 1990, criou um conjunto de atraentes possibilidades para políticos profissionais e semiprofissionais, mas deixou o cidadão comum um tanto aturdido. Dúzias de nomes e abreviações embaralhadas fulguraram pelos jornais. Na maioria dos casos, são micropartidos, grupetos rivais que diligentemente acusam um ao outro de contarem com militâncias insignificantes. Mas como podem sérias organizações de massa emergirem do nada? E como pode o leitor de jornal, recebendo informações extremamente limitadas e, com freqüência, não confiáveis, compreender quais destes grupos têm o potencial para se tornarem forças políticas significativas? Lutando com todos os meios possíveis para provar sua seriedade, os organizadores dos novos partidos tentam conseguir publicidade, recrutando celebridades – exatamente como se estivessem vendendo novos produtos no mercado.

Entretanto, o principal problema para os organizadores de partidos é diferente. A maioria das organizações é, como foi, "retalho do mesmo pano", e torna-se praticamente impossível distinguir uma da outra, não só com base nos seus programas e princípios, como também por suas táticas. Quando se pediu a um dos ativistas do Partido Liberal-Democrático que delineasse o programa do partido, ele respondeu, orgulhosamente: "É exatamente como todos os outros! Múltiplas formas de propriedade, democracia parlamentar e um mercado livre!"

De fato, estes três princípios resumiam o saber político do país, já que a esse respeito os líderes comunistas não diferiam dos liberais mais enfurecidos. Uma comparação entre as declarações programáticas de Bryachikhin, que foi indicado para o posto de presidente do Soviete de Moscou por deputados que se baseavam "na plataforma do Comitê Municipal do Partido Comunista da União Soviética", e as de Gavriil Popov, representante do bloco Rússia Democrática, mostrou uma impressionante uniformidade em todos os pontos-chave. É verdade, havia muitos que ainda não acreditavam que os comunistas tinham virado defensores da propriedade privada. Mas a prova estava lá. O PCUS de 1990-91 havia se tornado a maior organização comercial do país, e fazia um lucrativo uso de seus ativos – jornais, edifícios alugados para reuniões públicas, e assim por diante. Se até os liberais do Soviete de Moscou eram obrigados a pagar dezenas de milhares de rublos ao Comitê Municipal do Partido Comunista pelo aluguel de um salão onde promover suas sessões, então se devia reconhecer que os comunistas soviéticos tinham tino para negócios.

Nestas circunstâncias, os partidos de oposição diferiam dos homens de negócios do PCUS, não em seus programas, mas no seu maior ou menor faro para se autopromoverem com a ajuda de retórica anticomunista. Isto foi, e permanece sendo, típico, especialmente, de antigos comunistas. O anticomunismo foi proclamado como a doutrina ideológica básica do Partido Democrático da Rússia, fundado por Nikolai Travkin (o nome original desta organização era Partido do Povo). Muitos de seus fundadores, inclusive seu líder, vinham do grupo Plataforma Democrática, dentro do PCUS. Na tentativa de alargar sua base social, Travkin procurou reunir em seu partido os comitês organizadores de várias outras corporações – do Partido do Livre-Trabalho dos cooperadores, de um dos partidos camponeses então em

A DESINTEGRAÇÃO DO MONOLITO

processo de formação, e também dos líderes da união das forças armadas Shield,[1] do comitê de escritores Abril e da Frente Popular Russa (não confundir com a Frente Popular de Moscou, que os líderes da Frente Popular de Moscou viam com aberta hostilidade por conta do tamanho considerável de sua militância judia e socialista).

É lógico que o sucesso de Travkin em reunir os líderes destas organizações dentro de seu partido não significava, de modo algum, que todos os seus membros e colaboradores oferecessem ao Partido Democrático lealdade incondicional. Mas, para os ideólogos do partido, isto foi o bastante para que declarassem sua organização como "o partido de todo o povo", como o PCUS a seu tempo. A simplicidade de seus princípios e o tom familiar de sua linguagem ideológica, somados à presença de um grande número de membros da elite tradicional, fizeram do Partido Democrático um favorito da comunicação de massa oficial.

Os líderes deste partido não podiam se gabar de um longo registro de lutas contra o totalitarismo, mas compensaram esta falta emitindo declarações furiosamente anticomunistas. Como muitos dos outros partidos, eles davam lugar de destaque à reivindicação da introdução de um livre-mercado e do empresariado privado como uma receita para salvar o país. Numa entrevista à *Literaturnaya Gazeta*, Travkin deixou claramente entendido que, a esse respeito, ele estava disposto a ir até mais longe do que Reagan, visto que a crise na URSS era mais profunda. Os seguidores de Travkin rejeitavam não apenas o PCUS, mas também a social-democracia, insistindo em que seu partido, com sua expressiva proporcionalidade de antigos comunistas, não tinha nada em comum com o socialismo (e isto, evidentemente, é algo que não se poderia discutir, de maneira alguma). O que eles estavam propondo era uma das variações da "terapia de choque", e criando um partido que seria descrito no Ocidente como conservador de direita. Os

---

1. *Shield*: o nome da organização foi traduzido para o inglês. Significa "escudo", "proteção", "couraça", "brasão". (N. T.)

presságios são de que muitos dos senadores americanos mais conservadores poderiam trabalhar com este partido sem levantarem suspeitas de simpatias de gabinete pelos comunistas.

Os lemas anticomunistas de Travkin e seus seguidores atraíam principalmente pessoas entre a "gente comum", inclusive um certo número de trabalhadores qualificados – as mesmas pessoas a quem o capitalismo, com toda probabilidade, não só deixaria desempregadas, como abandonaria nas ruas. Como sempre, as massas sem articulação de classes estavam sendo convidadas a puxar a brasa para a sardinha de um novo grupo de senhores, que lhes prometia a prosperidade, tão logo os culpados fossem punidos e a propriedade tivesse sido redistribuída.

Evidentemente, Travkin e seus seguidores, ou mesmo os livre-democratas, uma "fração" que se separou deles, não constituem a única variedade de direitistas na Rússia.[2] Os liberais oferecem um inteiro espectro de formações e organizações, as maiores delas sendo a União dos Democratas Constitucionais e o Partido Liberal-Democrático. Estes grupos ainda não conseguiram estabelecer onde se situa a diferença entre seus programas mas, ainda assim, existem diferenças substanciais. Os democratas constitucionais têm suas origens nos movimentos informais e foram participantes, anteriormente, ou do grupo da Juventude Dignidade Civil ou da Facção Democrática da Frente Popular de Moscou, que rachou com a maioria socialista na primavera de 1989. Os liberal-democratas, por outro lado, surgiram como uma corrente organizada apenas na primavera de 1990, quando o pluralismo político foi oficialmente proclamado. Seu líder, Zhirinovsky, logo começou a construir o próprio nome com apelos nacionalistas demagógicos.

---

2. Uma parte do grupo livre-democrata, encabeçada pelo campeão mundial de xadrez, Kasparov, continuou dentro do partido de Travkin, mas a maioria saiu e formou seu próprio partido, com um programa semelhante, mas uma estrutura organizacional um tanto diferente.

Nós temos também os social-democratas. O Congresso de fundação do Partido Social Democrático da Federação Russa ocorreu em 4 de maio de 1989. Antes disso, tinha sido criada a Associação Social Democrática; junto com os grupos que construíram o Partido Social Democrático, ela incluía outros que, por vários motivos, ficaram de fora. O líder de ambas as organizações é Oleg Rumyantsev que, na primavera de 1990, foi eleito como um Deputado do Povo da República Russa.

Num certo estágio, as idéias de social-democracia desfrutavam de tremenda popularidade no país, embora mais tarde isso fosse se evaporar. A social-democracia se associava, na consciência do público, a um capitalismo humano e democrático, no qual as prateleiras das lojas estão cheias, a empresa privada floresce, o serviço de saúde e a educação são gratuitos e não existe desemprego. Em resumo, quando os lobos estão de barriga cheia e todas as ovelhas permanecem intocadas. A dificuldade residia em explicar como estes milagres viriam a ocorrer sob as condições soviéticas. A pré-condição para o sucesso da social-democracia no Ocidente é a existência de um capitalismo eficiente, cujos frutos podem ser redistribuídos. Mas como isso é possível onde não existe capitalismo? O capitalismo precisa ser criado, dizem os social-democratas. Falando na televisão, o economista Saltan Dzarasov, ideólogo do partido, reconheceu apenas dois princípios: a propriedade privada e a empresa privada. Não existiam, de fato, diferenças nítidas entre os social-democratas e os liberais de direita; alguns jornalistas da imprensa não-oficial salientaram que este era, ainda, mais um partido liberal. A esse respeito, os social-democratas difeririam marcadamente daqueles do Ocidente, que tentavam reprimir o mercado e colocar certas restrições às empresas privadas.

No outono de 1990, os social-democratas formaram um "bloco unido" com o Partido Democrático de Travkin e o partido da Plataforma Democrática, constituído de antigos comunistas que haviam abraçado as posições liberais. Em essência, isto significava um único bloco de direita liberal.

Então, onde estava a esquerda?

É claro que, em hipótese alguma, nem todos os participantes da vida política soviética estavam eufóricos com a acelerada introdução do capitalismo. Se a propriedade privada e o livre-mercado – no Ocidente, os dogmas centrais da ideologia de direita – são a última moda ideológica em nosso país, é inevitável que vá surgir uma oposição a esses conceitos, orientada pelos valores e princípios tradicionais da esquerda: solidariedade, responsabilidade social, formas coletivas de propriedade, autogestão, e assim por diante. Mas estabelecer uma tal oposição, depois de décadas de regime totalitário comunista, é uma questão extremamente difícil, especialmente sob as atuais condições de confusão ideológica.

Os comunistas ortodoxos estavam tentando se reunir dentro do quadro do Partido Comunista Russo; ao sentirem que os homens de negócios na capital os haviam traído, pregadores do marxismo-leninismo e funcionários de nível médio arrebanharam-se sob sua bandeira. Por volta do outono de 1990, já havia também uma significativa oposição democrático-socialista dentro das fileiras do PCUS e do Partido Comunista Russo. Ela se compunha, primitivamente, de uma parte dos ativistas da tendência Plataforma Marxista, agrupada em torno de Alexander Buzgalin. Mas, naturalmente, estas pessoas não determinavam a fisionomia ideológica dos dois partidos como um todo. Na medida em que os defensores do socialismo democrático nas fileiras do partido oficial admitiram a impossibilidade de jamais transformar o PCUS em uma organização genuinamente democrática, eles se aproximaram mais dos socialistas.

A extrema esquerda era representada por dois micropartidos, o Partido Democrático dos Trabalhadores (Marxista) e o Partido Marxista dos Trabalhadores/Partido da Ditadura do Proletariado; estes conquistaram um grau de notoriedade na imprensa. Apesar de seu pequeno tamanho, estes grupos tinham um certo número de defensores entre o movimento dos trabalhadores. Os partidários do PMT/PDP rejeitavam o parlamentarismo e a economia de mercado, o que pelo menos lhes conferia um lugar destacado no cenário político do momento, mas não apresentaram qualquer programa socioeconômico alternativo sério. O PDT(M), a princípio, apresentou uma abordagem mais moderada e um certo pluralismo de pontos de vista, mas tem se inclinado desde então para o tradicional modelo bolchevique de partido. Aconteceu um "racha" no PMT durante o outono de 1990, e um grupo de seus antigos membros uniu-se a uma seção do PDT(M) para implantar um novo partido de estilo bolchevique. Os que permaneceram no PMT optaram por mencionar o mínimo possível a ditadura do proletariado.

Em termos formais, a Confederação de Anarco-Sindicalistas deveria ser incluída como parte da esquerda. Embora seus líderes não a reconhecessem como um partido, a CAS participou das eleições, reconhecidamente sem grande sucesso, e contava com seus próprios órgãos de propaganda. Ela foi o primeiro dos novos grupos políticos a ser proclamado. Os conceitos ideológicos centrais do grupo – debates públicos pela autogestão e manutenção da propriedade pelos conjuntos de trabalhadores – não se refletiam, entretanto, em uma linha tática independente. A CAS atuava, em geral, como parceira menor dos grupos liberais, adiando o esclarecimento de suas relações com eles para tempos mais propícios. A julgar pela imprensa anarco-sindicalista, a CAS encarava como seus principais inimigos os esquerdistas que não compartilhavam de sua ideologia.

Os socialistas representavam um caso à parte. Eles rejeitavam o pensamento utópico baseado no culto ao planejamento ou na idealização do mercado. Do seu ponto de vista, as tentativas de implantar modelos econômicos ocidentais em solo russo conduziriam somente à exacerbação da crise e a nova violência contra a sociedade. O país carece, e pode carecer sempre, da principal pré-condição para o caminho capitalista ou social-democrático: uma burguesia competente e socialmente responsável, do tipo que levou séculos para se desenvolver no Ocidente. Nós não temos uma ética protestante, sem a qual é difícil imaginar um empresariado civilizado. Por este motivo é impossível visualizar o desenvolvimento bem-sucedido da ex-União Soviética na trilha social-democrática.

Como uma alternativa para a transformação da Rússia em um país do Terceiro Mundo, os socialistas propunham a implantação de um setor estatal eficiente e democraticamente organizado. Hoje as pessoas estão tentando limitar o papel do Estado na economia, não porque elas acreditem seriamente na empresa privada, mas porque todo mundo detesta o velho totalitarismo. A tarefa, no entanto, era criar um Estado democrático novo, baseado na participação das massas no processo de administração. Os socialistas pediam a combinação do planejamento e do mercado em bases de tomadas de decisão democráticas, a transferência da propriedade estatal para os sovietes em vários níveis e a entrega de uma expressiva parcela das empresas ao domínio de cooperativas de trabalhadores autogovernadas. Eles não faziam objeção à existência de empresas particulares. O setor privado deve se desenvolver pela construção de novas empresas e não pela especulação ou absorção de parcelas do setor estatal. A criação de novos empregos e de produtos socialmente necessários no setor privado poderia ser garantida somente pelo crescimento dinâmico da economia socializada e planejamento efetivamente descentralizado.

O Partido Socialista, cujo Congresso de fundação ocorreu no verão de 1990, freqüentemente entrava em conflito com uma frente unida de opositores, desde nacionalistas russos até social-democratas, e de liberais a comunistas. A terminologia marxista usada pelos socialistas havia sido comprometida pela propaganda oficial. Um dos líderes da oposição no Komsomol,[3] Alexander Bek, certa vez observou que os novos socialistas articulavam idéias populares em um dialeto extremamente impopular. Mas, para o partido, empregar uma linguagem diferente ou tentar se adaptar às tendências da moda seria ainda mais danoso. O Partido Socialista determinou-se

---

3. *Komsomol*: organização da Juventude Comunista. (N. T.)

a popularizar suas idéias por suas ações, em comitês de greve e órgãos de autogestão local. Em vez de andar a passo, como ditam as regras da sociedade totalitária, os socialistas estavam tentanto seguir sua própria trilha, se necessário contra a corrente ideológica predominante.

Muitos perigos – mas quais deles são reais?

As pessoas estavam com medo de muitas coisas. Algumas argumentavam com a inevitabilidade da guerra civil, outras falavam de um golpe militar, enquanto outras ainda esperavam um *pogrom* contra os judeus. Os rumores sobre *pogroms* anti-semitas da organização Pamyat começaram a sobrevoar, em média, duas vezes por ano, depois dos quais apareceram na imprensa ocidental reportagens sobre ataques iminentes a judeus, suscitando pânico em ambos os lados do Atlântico e obrigando os legisladores americanos a discutir a questão de restaurar o *status* de refugiado político para ex-cidadãos soviéticos em busca de um paraíso econômico no mundo capitalista desenvolvido.

Ninguém duvidava que o caos político estava à espreita. Quanto maior o caos que as pessoas enxergam em perspectiva, mais elas se inclinam a exigir um governo forte e um "pulso firme". Foi proposto um "presidente geral" com poderes ditatoriais, um conceito que, nas palavras do deputado Vladimir Kondratov, pouco diferia do absolutismo do Imperador e Autocrata de Todas as Rússias. Isto não era mais totalitarismo comunista. E ainda não era, ou havia deixado de ser, democracia. O governante emite um decreto estabelecendo seus novos poderes. Estes poderes nem são tão maiores do que antes, e os poderes do Secretário Geral costumavam ser, do mesmo modo, ilimitados. Mas a instituição da presidência foi traçada em condições diferentes e tinha outros propósitos.

Em lugar do poder do partido, nós tínhamos o poder de uma elite política, apoiada em leis que ela mesma rascunhava a fim de servir a seus próprios objetivos. Se os membros da elite do Partido Comunista se transformaram em superdonos-da-propriedade, e se o lucro dos jornais do partido se tornara mais importante do que a ideologia que eles apresentavam, então o Estado não deve propagar nenhuma ideologia, mas sim defender os direitos dos proprietários contra quaisquer incursões dos despossuídos. O poder estava ficando mais e mais "desideologizado", mas não menos autoritário – ainda mais se comparado com os dois últimos anos. A instabilidade social, um clima de medo e a luta de indivíduos uns contra os outros têm vantagens definitivas no que diz respeito ao poder. Deixe os armênios irem à guerra contra o Azerbaijão, deixe os pobres odiarem os ricos, e deixe todos competirem contra si mesmos na esperança de arrebatar pelo menos algum pedaço do bolo social. Para as autoridades, isto não era um perigo, mas uma vingança. O que elas consideravam perigosas eram a solidariedade social e a auto-organização das forças sociais.

A estabilidade do poder era garantida pela pulverização e pela competição feroz por interesses particulares. Na Rússia do final do século XX, o princípio de dividir para governar estava adquirindo um novo significado: dividir a propriedade estatal para conservar o velho Estado antipopular e o antigo poder.

O "Plano Petrakov"

Na primavera de 1990, os observadores do Ocidente estavam discutindo o "Plano Petrakov", batizado em honra do novo conselheiro de Gorbachev. Nossos próprios comentaristas começaram a escrever sobre uma "transição brusca para o mercado", uma "nova reforma radical", e assim por diante. O que existia por trás destes conceitos?

Depois de proclamar o princípio da economia de planejamento de mercado, nossos líderes presentearam o país com o novo lema da mesma série, decretando que "a economia precisa ser econômica". Toda economia moderna inclui elementos de planejamento e elementos de mercado. Um mercado não planejado é algo que vem do século XVIII. Um plano sem um mercado também é algo que pertence estritamente ao reino da propaganda; enquanto existirem dinheiro, pagamentos de salários e mercadorias, os elementos mais ou menos desenvolvidos de um mercado também irão existir. É verdade, as opiniões divergiam quanto à existência de mercadorias em nossa sociedade, e quanto à maneira de encontrá-las... Mas isto é uma questão meramente prática.

O verdadeiro problema não estava em proclamar a existência do mercado, mas em compreender que estruturas de mercado era necessário introduzir, como introduzi-las e, o mais importante de tudo, por quê. Responder a estas perguntas era impossível até que uma outra pergunta tivesse sido respondida: quem tudo isso pretendia beneficiar?

Nossa sociedade ainda é dominada por um hábito ideológico de reflexão, uma convicção por parte de um número expressivo dos nossos companheiros cidadãos, de acordo com a qual todos os nossos problemas seriam resolvidos, caso nós apenas pudéssemos proclamar o princípio correto e sustentá-lo com firmeza. Se as palavras "mercado", "capital", "propriedade privada" e "livre-empresa" têm sido proibidas durante tantos anos, então não será esta a causa de todas as nossas atribulações? Nós devemos gritar estes lemas mais alto e avançar!

O laboratório do Leste Europeu

A política de reformas concebida na URSS em 1985 intensificou a crise do sistema nos países da Europa do Leste e Central que, junto a nós, tinham formado "o campo socialista". O colapso quase universal dos regimes "comunistas" da região, no outono-inverno de 1989, criou uma situação qualitativamente nova quando, na implementação de reformas liberais, estes países não só alcançaram a União Soviética em questão de dias, como de longe a ultrapassaram. Muitos dos países do Leste Europeu estavam à frente da União Soviética em seus níveis de desenvolvimento industrial, e tinham tradições de desenvolvimento democrático e burguês muito mais fortes. Pareceria, por isso, que, nesses países, as condições para uma bem-sucedida experiência liberal seriam muito mais propícias.

Durante os anos de 1989 e 1990, o território dos antigos países satélites do império stalinista se transformou em um imenso polígono, no qual as idéias e teorias do novo capitalismo liberal estavam sendo experimentadas. A esse respeito, foram especialmente importantes os eventos na Polônia e na Hungria, onde a falência do "antigo regime" e a formação de novos grupos dominantes começou significativamente mais cedo do que em outros "países fraternos". As experiências na Polônia e na Hungria foram a principal fonte de inspiração para os reformadores na União Soviética durante a década de 1980 (isto se aplica em igual medida tanto aos círculos oficiais quanto aos de oposição).

Se alguém podia ter ilusões quanto às políticas do "bem geral", a experiência da Polônia e Hungria havia mostrado que, por trás dos princípios de transição para o mercado, existia um projeto dirigido para assegurar os interesses de uma determinada camada social. Estas práticas foram formuladas mais consistentemente no famoso "Plano Balcerowicz", batizado em honra do Ministro das Finanças no governo de Mazowiecki. De acordo com as recomendações do Fundo Monetário Internacional, os subsídios para gêneros alimentícios e outras mercadorias foram abolidos, os controles estatais sobre preços terminaram e ações de empresas do Estado começaram a ser vendidas a compradores particulares, inclusive estrangeiros. Simultaneamente, os salários foram congelados. Na visão dos autores do plano, este último elemento era determinante para o seu sucesso.

A retirada dos subsídios e o fim do congelamento de preços conduziu, muito naturalmente, à rápida inflação. E uma vez que os salários estavam congelados, a demanda por mercadorias declinou acentuadamente. Não foram apenas os supérfluos que as pessoas deixaram de comprar; elas passaram a se negar as próprias necessidades de vida. A queda na procura levou a um enxugamento de produção; empresas começaram a fechar as portas, surgiu o desemprego e a economia mergulhou em depressão. Enquanto isso, os autores do plano o declaravam um sucesso. Primeiro de tudo, cessara a inflação, o que era especialmente importante para pessoas com economias significativas. Segundo, emergira a possibilidade de comprar, a taxas com descontos, uma parte expressiva dos ativos de capital do Estado.

Previsivelmente, os novos proprietários eram, sobretudo, pessoas que tinham ocupado posições privilegiadas sob o antigo regime. Isto provocou um descontentamento difundido no meio da população, mas a *nomenklatura* encontrou numerosos defensores entre os "democratas". Jacek Kuron, que, pouco tempo antes, havia sido um social-democrata, argumentou, ao se tornar Ministro do Trabalho no governo de Mazowiecki, que as circunstâncias decorrentes do Plano fariam com que os antigos círculos dominantes abandonassem mais facilmente o poder.

O comentarista soviético Eduard Gonzalez argumentou em *Izvestiya* que não havia nada de alarmante no confisco da propriedade estatal pela burocracia por todo o Leste Europeu. As pessoas estavam reclamando do seqüestro da propriedade pela máfia e pelos burocratas corruptos, escreveu ele, somente porque temiam que elas próprias não fossem ganhar nada. Enquanto isso, declarou, o processo vinha criando um grupo de cidadãos que não só coletiva como também individualmente estava, de maneira vital, interessado no mercado. "Deste grupo", escreveu, "vão emergir os comerciantes e empresários; simplesmente não existe outro setor onde eles possam ser encontrados. O fato de que uma tal maneira de preparar os agentes das relações de mercado dificilmente se provará agradável a outros indivíduos é um assunto bem diferente."[4]

---

4. *Izvestiya*, 12 de outubro de 1990.

Na realidade, é triste dizer, tudo ocorreu de modo bastante diferente. O problema é não só a identidade dos proprietários como também a estrutura da propriedade emergente no país, o tipo de mercado que se está criando e o tipo de laços que vêm se estabelecendo entre as pessoas a quem Gonzalez graciosamente se refere como os "agentes das relações de mercado". A estrutura que está sendo criada reproduz as piores facetas da "antiga ordem".

Essencialmente, o que aconteceu foi uma "conversão" de poder em propriedade. O antigo sistema de laços e relacionamentos submeteu-se a uma reconstrução radical mas, como um todo, sobreviveu e até se fortaleceu. Os pequenos empresários independentes (análogos aos nossos cooperadores) ganhavam pouco, já que, para eles, o custo da produção perdida, em conseqüência do rebaixamento dos padrões de vida e da depressão econômica, era pesado. Ainda sofrendo a exploração, eles perderam suas antigas garantias sociais. Na Polônia, de acordo com o cálculo de jornalistas ocidentais, mais ou menos 60% da população que depende de salários foi forçada a se conformar com uma queda de 40% em seus padrões de vida. Cerca de 20% dos poloneses mantiveram seus padrões de vida, e os 20% do topo melhoraram de situação, muitas vezes de maneira impressionante.

A camada média, que havia esperado por uma rápida melhoria de vida sob o capitalismo, também sentiu a dureza da crise. Um jornalista polonês escreveu numa publicação liberal soviética:

> Quando, no começo do ano, nós demos início à "transição de choque" para a economia de mercado, não consideramos plenamente a escala de sacrifícios que esta difícil operação cirúrgica iria nos exigir. Agora, todos compreendem isso de um modo altamente pessoal. As compras de víveres caíram em quase 40%. A estrutura de consumo mudou agudamente. Nós tivemos que abrir mão de muitos serviços dos quais costumávamos nos valer naturalmente. Muitos de nós não conseguiram tirar uma folga de inverno nas montanhas, ainda que isto fosse mais fácil de suportar, já que a temperatura este ano nos deixou deprimidos. As crianças passaram as férias de inverno em casa. Falando de maneira geral, nós desistimos de saídas ao cinema ou ao teatro, satisfazendo-nos com a televisão. Muita gente foi obrigada a abrir mão de livros e jornais, que têm sido muito mais

interessantes desde a abolição da censura. Os restaurantes e cafés estão vazios. Os táxis esperam em longas, tristes filas, nos pontos. As compras de cosméticos, roupas e até remédios caíram.[5]

Os que estão passando pelas privações aqui referidas são os membros da intelligentzia, os representantes de uma "sociedade decente". Muito do que o jornalista consumia "naturalmente" já havia se tornado inacessível a trabalhadores e a camponeses, fazendeiros individuais. Estas camadas estão sentindo a crise de maneira muito mais aguda. Mas, em última análise, este não é o ponto principal. O povo pode sobreviver a alguns anos difíceis se houver à frente um "futuro brilhante". Só que não há luz no fim do túnel, e as "fulgurantes alturas" do capitalismo estão resultando tão ilusórias quanto o paraíso comunista.

A luta contra a inflação, considerada a prioridade zero do governo Mazowiecki, não trouxe os resultados esperados. Embora as taxas de inflação tenham caído inicialmente, no final de 1990 os números oficiais colocavam a inflação em 558%. O congelamento de salários, apresentado pelos ideólogos do novo regime como uma medida temporária para ajudar na luta contra a inflação, levou somente a um corte nos padrões de vida, não a uma melhoria nas finanças estatais.

A insatisfação do povo do Leste Europeu com as práticas dos novos regimes naturalmente começou a aumentar. Se inicialmente as pessoas tinham confiança nos governos que as salvaram dos comunistas e do controle soviético, revelou-se muito rapidamente que o poder de Moscou havia sido trocado pelo domínio do Fundo Monetário Internacional, enquanto a prometida revitalização econômica não acontecia. A popularidade do governo na Polônia, e em outros países do Leste Europeu, começou a cair, enquanto as primeiras greves eram convocadas e ocorriam os primeiros confrontos entre trabalhadores e autoridades. Os defensores do governo começaram a pedir o uso da repressão contra os grevistas, que estavam minando o programa econômico negociado pelo novo

---

5. *Paritet*, p. 5, agosto de 1990.

regime com os credores ocidentais. A jornalista americana Joan Landy escreveu:

> Os defensores da democracia no Ocidente devem se fazer a pergunta: estão as políticas econômicas, hoje, seguidas no Leste Europeu pelos Estados Unidos e outros países ocidentais, minando os enormes ganhos democráticos de 1989? Em última análise, a Comunidade Européia, o Congresso dos Estados Unidos, o Fundo Monetário Internacional, o Banco Mundial e outras instituições ocidentais declararam, inequivocamente, que o alívio do peso da dívida e o auxílio econômico aos regimes pós-comunistas dependem da rápida construção de economias de mercado capitalistas. Mas, graças à construção de tais economias, os governos do Leste Europeu estão tendo que despedir milhões de trabalhadores, rebaixar salários e cortar os subsidios para víveres, transportes e outras necessidades.[6]

Que efeitos deveriam ter estes métodos na Rússia? Acima de tudo, um dramático fortalecimento da posição da elite burocrática, que estava vivamente interessada na transformação dos ministérios e departamentos, agora impotentes e sem utilidade para ninguém, em firmas e estabelecimentos monopolistas. O aparato estava sendo "burguesificado", mas, de modo algum, havia adquirido o "espírito empresarial". Com base na renovação da velha oligarquia, nascia um "capital burocrático". Esta nova formação era, em princípio, hostil aos trabalhadores e bloqueava o desenvolvimento da atividade empresarial "a partir de baixo". Com o nível de desenvolvimento e as instituições herdadas da Rússia, tal caminho não iria conduzir ao prometido salto para a prosperidade, ou à equiparação com o Ocidente. Ao contrário, seria uma estrada rumo ao *status* de Terceiro Mundo. Nossa escolha não estaria entre a Suécia e a América, mas entre a Índia e Bangladesh.[7]

---

6. *Des Moines Sunday Register*, 12 de agosto de 1990.
7. Isto não é exagero. Nos primeiros meses de 1991, freqüentemente se ouvia entre os dirigentes econômicos a opinião de que a sólida aplicação de programa ao estilo do polonês iria provocar, na URSS, uma queda de nada menos que um terço no rendimento da produção. Pode-se supor que o resultado seria reduzir o consumo de grande parcela da população soviética não exatamente aos níveis "típicos" de Terceiro Mundo, mas aos dos países mais pobres do Terceiro Mundo.

O computador e a pá

O consumidor ludibriado, a quem primeiro tinha sido prometida "a construção do comunismo" – isto é, em 1980, uma abundância de bens "melhor do que na América" – e que havia então sido obrigado a comprar açúcar com cupons de racionamento, não queria ficar em filas e esperava que o livre-mercado fosse resolver todos os problemas, "como no Ocidente". Infelizmente, a crise da qual fomos vítimas não consiste simplesmente no racionamento de gêneros alimentícios e em prateleiras vazias nas lojas, embora, naturalmente, este fosse o aspecto que golpeava mais duramente os consumidores.

O que estávamos enfrentando era realmente uma crise estrutural de muitas faces. As economias da Europa do Leste e da União Soviética estiveram, por décadas, isoladas do mundo exterior, mas continuavam se desenvolvendo paralelamente, implantando nova tecnologia e assegurando o aumento da produção e a elevação dos padrões de vida. Por volta do final dos anos 80, a estrutura econômica que se criara não era mais adequada a estas tarefas. E, ao mesmo tempo, estava nitidamente apartada da divisão de trabalho internacional.

Diversos problemas inter-relacionados emergiram simultaneamente:

1. O atraso tecnológico de todos os antigos países comunistas, comparado aos países do Ocidente, significou que quanto mais o Leste se integra à divisão internacional do trabalho, mais dependente se torna, e isto nos condena a persistir com baixos padrões de vida, a transferir, dos países "adiantados" para o nosso território, produção obsoleta e ambientalmente nociva, e assim por diante.

2. Estruturas econômicas antiquadas, estabelecidas, em sua maior parte, nas décadas de 1940 e 1950, não podem oferecer soluções para os problemas dos anos 90. Além disso, estas estruturas econômicas são fundamentalmente antiecológicas.

3. O desenvolvimento insuficiente de estradas, transportes e modernos meios de comunicação na Rússia excluiu qualquer possibilidade de modernização rápida e tornou impossível a criação das estruturas de uma economia contemporânea.

4. A inadequação dos serviços de saúde e educação comparados às necessidades sociais estava ficando especialmente trágica em um mundo transformado, onde a renovação da produção e do bem-estar material dos trabalhadores dependia mais e mais de suas qualificações, conhecimentos, cultura e habilidade para se reeducarem continuamente.

No Ocidente todas estas tarefas foram solucionadas, com mais ou menos sucesso, entre 1930 e 1960. Deveria ser observado que elas não foram resolvidas pelos métodos de mercado. Neste período, o papel decisivo coube à regulmentação estatal, incluindo o investimento direto de capital do Estado.

É claro que, atualmente, as economias ocidentais estão longe de serem ideais. Mas existem certas pré-condições para a modernização que qualquer país precisa garantir, se quiser se tornar um integrante vigoroso do mundo moderno. Certamente, não é obrigatório imitar o Ocidente no aumento do número de carros, na prática do consumo perdulário ou na destruição do meio ambiente. Mas, qualquer que seja a opção escolhida por nós, não poderemos prescindir de uma desenvolvida rede de estradas, um confiável serviço telefônico ou de universidades onde as pessoas possam adquirir conhecimento útil. Foi precisamente o sucesso da modernização no Ocidente, depois da Segunda Guerra Mundial, que permitiu às economias dos países na vanguarda do capitalismo elevarem-se a um novo nível qualitativo. Isto, subseqüentemente, tornou possível um desenvolvimento ulterior no mercado. Quando as estruturas estatais tinham desempenhado a sua função no processo de modernização, a burguesia não mais precisou delas, e as corporações enxergaram o Estado democrático não como um trunfo, mas como um obstáculo, uma burocracia para tolhê-las. Os políticos neoconservadores no Ocidente foram muito mais bem-sucedidos do que os social-democratas ao compreenderem esta nova realidade e em garantirem as mudanças que as economias capitalistas exigiam. Mas o que significa este modelo neoconservador ocidental para o antigo bloco do Leste e os países do Terceiro Mundo?

É característico que aquilo que o Fundo Monetário Internacional e as organizações ocidentais exigem do Leste Europeu e do Terceiro Mundo seja exatamente o oposto do que os países do Ocidente fizeram em circunstâncias semelhantes. É bem evidente que o planejamento centralizado totalitário se mostrou absolutamente incapaz para levar adiante as novas tarefas. Depois de começar a modernizar o país, o regime burocrático provou que não era capaz de completar o processo. Em última análise, foi por isto que ele não deu certo. Mas a eliminação do setor estatal e a abolição dos mecanismos de planejamento não irão, por si mesmas, nos levar nem um pouco mais perto do sucesso.

Até na Alemanha Oriental, o país mais desenvolvido do antigo bloco comunista, a integração ao mercado capitalista mundial acarretou uma onda de falências, enquanto muitas empresas, em geral reconhecidas como tecnologicamente avançadas, estão passando por dificuldades. "Numa floresta doente você precisa derrubar até as árvores sadias, se quiser que algum dia cresça uma floresta saudável",[8] ponderou filosoficamente um representante da empresa Siemens, da Alemanha Ocidental, quando questionado sobre o futuro das indústrias eletrônicas da Alemanha Oriental. Isto faz lembrar o famoso ditado dos tempos stalinistas, "Quando você derruba uma floresta, as lascas vão pelos ares." O problema é que, em ambos os casos, o que está envolvido não são árvores nem lascas, mas o destino de milhões de seres humanos.

Muita gente deposita suas esperanças em uma injeção de capital do Ocidente. Já que não temos nossa própria classe empresarial, e os novos proprietários são desinteressados ou incapazes de investir fundos para a modernização da economia, tudo o que restou foi nos vendermos à servidão. "Por mais

---

8. *Arbeiterkampf*, n. 319, p. 8, 28 de maio de 1990.

desagradável que eles possam considerar o papel de aprendizes, os empresários soviéticos que estão estabelecendo *joint ventures* com firmas estrangeiras precisam, obviamente, se resignar a ele", argumentou um especialista em um jornal da direita liberal de Moscou. "Como nós podemos interessar a produtores ocidentais experientes a não ser na qualidade de mão-de-obra barata? A avassaladora maioria das *joint ventures* opera sob o princípio de subordinação, de mestre e aprendiz, não no de parceria igualitária."[9]

Infelizmente, também aqui nos aguardava o desencanto. A força de trabalho barata da Rússia e do Leste Europeu era um mito. Os baixos salários nos países do antigo "campo comunista" são compensados por subsídios estatais para habitação, transportes, gêneros alimentícios, e assim por diante. Em outras palavras, o Estado subsidia não apenas a carne e o leite a baixo custo, como também o preço da força de trabalho. Enquanto o Estado permanecia como único empregador, isto fazia sentido. As quantias investidas em "programas de desenvolvimento social" retornavam ao orçamento por via dos lucros das empresas estatais. Mas, com a privatização da propriedade, as coisas estão mudando completamente. O Estado agora não tem interesse em subsidiar os lucros privados e, de qualquer modo, carece de fundos para tal beneficência.

A manutenção de "programas sociais" em condições de privatização é possível apenas por intermédio de altos impostos, "como na Suécia". Mas nós não estamos na Suécia. Como sabemos, impostos altos não estimulam a atividade empresarial. Já que não podemos atrair capital por não termos um alto nível de desenvolvimento nem uma estabilidade política, é claro que o "modelo sueco" não tem utilidade para nós.

Se fizermos a conta não só dos fundos gastos pelo Estado com programas sociais e com a manutenção de baixos preços dos alimentos, mas também do nível geral de desenvolvimento da economia, fica evidente que, pelos padrões internacionais, a força de trabalho nos países do Leste Europeu é impossivelmente cara!

---

9. *Stolitsa*, n. 1, p. 37, 1990.

A transição para o mercado significa uma destas duas coisas: depois da abolição dos subsídios, ou os padrões de vida da população vão ser mantidos enquanto o custo para o empregador de força de trabalho sobe vertiginosamente, ou os padrões de vida irão despencar agudamente enquanto são fixados os níveis de salários anteriores. Como mostrou a experiência do Leste Europeu em 1990-91, o que acontece, na prática, é algo intermediário: padrões de vida caem, mas não tão rapidamente, para evitar um aumento no custo da força de trabalho. Isto torna nossa economia extremamente não competitiva no mercado mundial e não atraente para o capital internacional. Existem duas soluções possíveis:

1. Os padrões de vida podem ser rebaixados até ao ponto em que a força de trabalho seja realmente barata ou, mais precisamente, em que o custo da força de trabalho corresponda ao baixo nível geral de desenvolvimento econômico.

2. A economia pode ser "aquecida", o nível de desenvolvimento, rapidamente aumentado e a força de trabalho, feita economicamente eficiente, ainda que cara.

A segunda solução exige não somente significativos investimentos de capital, um programa de renovação tecnológica, e assim por diante, como também um regime político que sirva não aos interesses do capital, mas aos dos trabalhadores. Deve ser claramente admitido que, dentro do quadro da "estrada capitalista", apenas a primeira solução é possível.

O colapso da experiência de mercado na Rússia e no Leste Europeu será catastrófica apenas para os habitantes destas regiões. As corporações multinacionais do Ocidente terão pouca dificuldade em extrair lucros destes países, ainda que a situação de suas populações fique cada vez pior.

Enquanto isso, para o setor mais adiantado da produção no antigo bloco do Leste e para os setores qualificados de sua força de trabalho, a questão é outra, bem diferente: ser ou não ser?

Existe um mito liberal de que, no livre-mercado, o trabalhador mais capacitado e o empresário que usa a tecnologia mais moderna triunfam automaticamente. Entretanto, esta regra aplica-se apenas a países altamente desenvolvidos, com uma força de trabalho cara e tecnologia "barata", e mesmo assim há expressivas exceções. Para começar, o acesso à tecnologia moderna na antiga URSS é de quinze a vinte vezes mais caro do que nos EUA, enquanto o trabalho braçal não-qualificado é significativamente mais barato. Onde fica a competitividade da economia russa? Quanto mais nos integramos ao mercado mundial, maiores as pressões sobre nós para que desenvolvamos nosso "ponto forte" – isto é, trabalho primitivo por mesquinha remuneração. Este é o tipo de especialização comum que ocorre em países subdesenvolvidos.

No quadro desta especialização, manter uma produção moderna é oneroso e não-lucrativo. Na Alemanha Oriental, aqueles que perderam seus empregos depois da unificação não foram, primeiramente, os varredores de ruas, mas os trabalhadores qualificados, engenheiros e técnicos.

Trabalhadores ao estilo moderno são caros. Se há que existir trabalho para eles, são necessários grandes investimentos de capital, e os lucros demoram algum tempo para começar a entrar. Hoje é muito mais fácil ganhar milhões através da especulação comum, vendendo bolos, pornografia e horóscopos. Nós não temos uma burguesia protestante pensando em Deus e na honra da firma. Os novos donos do país não precisam de trabalhadores qualificados, que iriam representar um perigo para o projeto liberal, por serem educados demais, propensos a reivindicar condições humanas de trabalho e direito a participar da administração, e capazes de oferecer uma liderança aos trabalhadores não-qualificados, tornando seus protestos mais organizados e eficazes.

No Ocidente, estes trabalhadores são comprados com altos salários e garantias sociais. Foi sobre esta base que o modelo social democrático tradicional se construiu. Na Rússia, não há nada com que comprá-los. Assim, no livre-mercado da Europa Oriental, a pá é mais rentável do que o computador.

Nestas circunstâncias, o livre-mercado é um obstáculo à modernização, ao desenvolvimento da iniciativa e à inovação.

EXISTE UMA ALTERNATIVA?
O MERCADO, MAS QUE TIPO DE MERCADO?

No final do século XX, nenhuma economia pode prescindir das relações de mercado. Mas por que nós devemos ver o "livre"-mercado capitalista como o único possível, e o controle burocrático centralizado como a única forma viável de planejamento?

Os liberais insistem em que o mercado assegura a liberdade de iniciativa. Infelizmente, para muitas iniciativas o mercado revela-se como um obstáculo não menos sério do que a burocracia. A propriedade privada, é claro, alarga as possibilidades abertas ao indivíduo, no sentido do indivíduo que é dono de capital. E quanto à massa da população, que obviamente jamais vai conseguir um capital significativo?

Do que as pessoas com iniciativa precisam não é do mercado nem da propriedade privada, mas da oportunidade de realizarem seus projetos. Se isso pode ser feito através do mercado, bem. Se for através de algum outro recurso, também está bom. Ativistas stalinistas, comissários soviéticos do Comunismo de Guerra, os primeiros pregadores cristãos e os patriarcas bíblicos, cruzados e conquistadores espanhóis, todos tinham iniciativa, mas o que eles estavam fazendo não mantinha qualquer relação com o mercado ou com o capitalismo. Os anos 30 assistiram a um nível muito mais alto de iniciativa dinâmica do que a época da perestroika, embora as formas com que esta iniciativa se manifestava fossem, às vezes, demonstrações de barbárie. As condições para a iniciativa foram criadas durante a industrialização acelerada.

Pode-se mostrar "iniciativa" na construção de campos de concentração ou na venda de bisnagas de pão. O problema reside em decidir que tipo de iniciativa a sociedade deve encorajar, sob que formas e através de que métodos. É óbvio que os mecanismos de mercado oferecem campo para determinados tipos de iniciativas, e impedem outros.

O problema que a sociedade enfrenta não é uma questão abstrata de "encorajar a iniciativa" – se fosse este o caso, deveríamos conceder prêmios aos roubos –, mas envolve o encorajamento das pessoas para que tomem parte na atividade que esteja alinhada com as prioridades sociais. Na CEI de hoje, as necessidades mais urgentes são a renovação dos serviços de saúde, educação e cultura, a instalação de tecnologias modernas e, mais importante, ambientalmente seguras, e a modernização da infra-estrutura, do sistema de transportes e dos meios de comunicação. Todos estes objetivos ou estão bloqueados pelo livre-mercado, já que eles são essencialmente não-lucrativos, ou oferecem campo para a combinação de mecanismos "de mercado" e "não-mercadológicos".

A supressão artificial das relações de mercado e o banimento da atividade empresarial nada fizeram para apressar o crescimento da iniciativa "a partir de baixo". Mas a implantação do mercado "a partir de cima" e uma política de privatização promovida dentro do quadro da estrutura econômica e social vigente também não fizeram nada de melhor.

O paradoxo é que, hoje, a política de transferência da propriedade estatal para mãos particulares é a garantia mais confiável de que uma verdadeira burguesia não será capaz de nascer de maneira natural, "vinda de baixo". Ela vai ser esmagada e subjugada pelo poderoso capital burocrático. Hoje, os empresários russos reclamam dos aparatistas que os impedem de trabalhar, colocando entraves em suas engrenagens comerciais. Amanhã, exatamente os mesmos aparatistas, transformados em diretores de superconglomerados, vão passar a asfixiar os empresários com métodos econômicos. Confessadamente, nossos novos ideólogos estão certos em um ponto: os métodos econômicos são mais eficientes.

O que está ocorrendo no antigo bloco do Leste não é simplesmente a formação de uma nova burguesia, e sim diversos processos paralelos. Três burguesias diferentes estão emergindo simultaneamente:

1. Um capital burocrático está rapidamente tomando forma. Este se baseia na transformação do antigo poder totalitário na nova "propriedade burguesa" (isto não significa, em nenhum sentido, uma divisão entre governo e propriedade – o Estado e a nova burguesia oligárquica estão juntos, e unidos como gêmeos siameses).

2. Uma burguesia especuladora-compradora está se formando em torno das corporações estrangeiras que implantaram subsidiárias no antigo bloco do Leste. Este setor burguês está se desenvolvendo como um parceiro minoritário tanto dos capitalistas estrangeiros quanto da oligarquia aqui desenvolvida. Estas pessoas estão no lugar certo para engordarem com a falência da economia; elas lucram com a manutenção da dependência tecnológica e do atraso, que lhes permite desempenhar o papel de "intermediários" entre a primitiva terra natal e o exuberante "mundo ocidental".

3. Finalmente, existe um setor de capital produtivo-empresarial moderno análogo à "burguesia nacional" do Terceiro Mundo. As pessoas neste setor estão tentando construir independentemente seus próprios negócios, para competir com firmas ocidentais e criar produtos de que a sociedade precisa.

Evidentemente, apenas o terceiro grupo é capaz de dar uma contribuição positiva para a modernização do país. Mas este grupo não conseguirá se desenvolver normalmente dentro do quadro do projeto capitalista liberal. O grande capital comprime o pequeno capital, e a oligarquia, em aliança com o Estado, não terá qualquer problema para esmagar os competidores. A burguesia empresarial independente do nosso país só conseguiria sobreviver se colaborasse com um setor forte e democraticamente organizado, atuando como sua sócia minoritária. Infelizmente, a destruição do setor estatal vem se processando com um tal índice de velocidade que as perspectivas para os empresários nacionais também são muito desfavoráveis.

Os ideólogos liberais podem sempre lamentar que o que nós temos é um capitalismo "inferior", "falsificado", defeituoso ou deformado, mas o problema está no fato de que, nas atuais circunstâncias, um capitalismo diferente, "civilizado e democrático, com uma face humana", simplesmente não consegue evoluir.

No nível das práticas correntes, o hiato entre ricos e pobres, que aumenta rapidamente, significa novo crescimento das tensões sociais, novas greves e atos de protesto e, em conseqüência, a necessidade de repressão policial efetiva, se é que as reformas têm que ser implementadas com sucesso. É por isto que a reforma econômica foi tantas vezes adiada em 1990 e 1991. As autoridades ainda não tinham se decidido por um pleno congelamento de salários e pretendiam, pelo menos inicialmente, garantir aos trabalhadores aumentos compensadores no pagamento. Mas uma tal abordagem só podia piorar a situação. Por outro lado, estava bem claro que, em condições de aumentos de preços acelerados, esta compensação não evitaria que o padrão de vida de uma expressiva parcela da população caísse. Simultaneamente, o aumento dos salários iria estimular a inflação, e uma das mais importantes metas do governo simplesmente não seria atingida. Sem fazer alguma coisa a mais para melhorar a situação dos trabalhadores, uma tal reforma prometia causar danos exatamente aos próprios níveis médios, cujo apoio se tentava obter para as transformações.

O perigo mais crítico era o do desemprego. Sob condições de constante escassez de trabalho, as pessoas tendem a não levar esta ameaça muito a sério. Entretanto, nas novas circunstâncias, as empresas não apenas serão incapazes de criar novos empregos como estarão promovendo cortes nas suas equipes atuais. A conjuntura modificada irá atingir primeiro os trabalhadores em-

A DESINTEGRAÇÃO DO MONOLITO

pregados. Literalmente, no espaço de um ou dois meses, uma "tropa reserva de trabalho" irá tomar o lugar da "escassez de recursos de mão-de-obra".

Tentando baixar a temperatura do conflito social, as autoridades podem impor pressões sobre as empresas, obrigando-as a manter trabalhadores supérfluos em suas folhas de pagamento. Neste caso, serão feitas mais uma vez as piores opções possíveis. Contratar um número excessivo de trabalhadores será não lucrativo mas inevitável, enquanto os trabalhadores sofrerão tanto pela transição para o mercado quanto pelos incessantes efeitos adversos da intervenção administrativa na economia; em resumo, a economia de planejamento de mercado "estilo CEI".

Entre os primeiros a sofrer com as mudanças estarão os movimentos de trabalhadores emergentes. Tendo conquistado sua liberdade de ação em questões empregatícias, os dirigentes de muitas das empresas irão imediatamente tentar dispensar os "criadores de caso" que "incitam" conflitos trabalhistas e organizam greves. A história do capitalismo mundial permitiu às classes dominantes acumularem uma experiência extremamente rica em furar greves. Ela provavelmente será aplicada aqui, num futuro próximo, junto com outros tipos de especializações ocidentais do mesmo gênero.

É bastante claro aquilo que a comercialização da educação, dos serviços de saúde, da habitação e da ciência está reservando para nós. Os cientistas vêm se lamentando há muito tempo sobre a escassez de fundos para pesquisas elementares, e sobre a crescente "drenagem de cérebros" que resultou disso. Eles observam que, em muitos dos países ocidentais e no Japão, a pesquisa científica é protegida, de um modo ou de outro, contra a ação das forças de mercado. Foram precisamente o nosso desenvolvido sistema de educação gratuita e o nosso sistema de garantias sociais nas áreas da assistência à saúde e da habitação – de péssima qualidade mas, pelo menos, razoavelmente bem estabelecidos – que permitiram à nossa sociedade manter-se à tona em condições de crise e fizeram com que evitássemos nos tornar integrantes do Terceiro Mundo.

Os "quinhentos dias"

Embora a preparação ideológica para a transição para o mercado capitalista estivesse em marcha na informação de massa desde o final dos anos 80, as mudanças práticas demorariam um longo tempo a chegar. Comentaristas liberais e deputados de oposição atacavam constantemente o governo por sua falta de determinação, enquanto o próprio governo tomava uma medida atrás da outra na direção que eles recomendavam. Ainda assim, uma ruptura decisiva precisou aguardar pelos acontecimentos de agosto de 1991 – e mesmo então houve quem hesitasse e pensasse duas vezes.

No período pré-agosto, este retardo se deveu não tanto às dificuldades ideológicas de Gorbachev e seu Primeiro Ministro Ryzhkov, que então representavam o Partido Comunista, quanto ao medo da explosão social que poderia suceder, se um programa implicando rápidos aumentos de preços, rebaixamento dos padrões de vida e crescimento da desigualdade social fosse implementado seriamente e, também, à falta de unidade nos níveis mais altos do governo. Este medo deveria durar até agosto de 1991, e nem mesmo então ele se dissiparia inteiramente.

O que se exigia para promover um programa de liberalização e "estabilização" de grande alcance era um governo forte e determinado e que, pelo menos nos estágios iniciais, gozasse da confiança da população. Ryzhkov e Gorbachev não tinham nenhum destes pré-requisitos. Embora na primavera de 1990 Gorbachev tivesse sido proclamado presidente do país, tecnicamente com autoridade ilimitada, ele não tinha um poder real. Os burocratas republicanos não se submetiam ao governo da União, o aparato local estava desabando, e nem mesmo leis especiais podiam defender a autoridade do presidente.

As eleições de 1990 para os sovietes republicano e municipais alteraram dramaticamente a situação. Boris Yeltsin tornou-se o chefe do governo russo. Anatoly Sobchak chegou ao poder em Leningrado, e Gavriil Popov se elegeu presidente do Soviete de

Moscou. Deste modo, o bloco liberal-populista, que havia sido formado durante o verão anterior no Congresso dos Deputados do Povo da URSS, conquistou real poder em níveis-chave. As condições para a implementação de radicais reformas pró-capitalistas haviam sido trazidas para mais perto.

Um grupo de especialistas escolhidos por Yeltsin e coordenados por Shatalin propôs o programa de "500 dias", que devia se efetivar a partir de outubro de 1990. Este programa, que se dispunha a tirar o país da crise através da introdução de um austero capitalismo de mercado, propunha a abolição dos subsídios estatais que garantiam os níveis existentes de consumo da população, eliminando os subsídios para empreendimentos deficitários, cancelando os investimentos de capital do Estado, "liberando" – ou seja, aumentando – os preços e, o mais importante, promovendo a privatização rápida e em massa.

Já que os autores do plano não previam que as rápidas elevações de preços fossem ser seguidas por aumentos de salários igualmente agudos, foi projetada a introdução simultânea de um sistema de racionamento, como o único recurso para prevenir a fome em massa. Contudo, as normas para consumo mínimo estabelecidas pelos autores do programa eram risivelmente pequenas.

Depois de os ideólogos liberais terem gasto vários anos acusando os marxistas de quererem "fazer experiências com o organismo vivo da sociedade", o governo russo estava se preparando, em nome da implementação de idéias liberais, para submeter a população à mais grandiosa experiência social desde a coletivização de Stalin. No espaço de poucos meses, todo o modo de vida tradicional, inclusive as relações econômicas existentes e o imperfeito, mas conhecido, sistema de preços e estruturas de produção, tudo deveria estar destruído.

Após todas as suas declarações sobre a inadmissibilidade do planejamento centralizado e da interferência do Estado na economia, o liberalismo russo havia nos ofertado, na prática, um severo plano estatal centralizado, redigido em questão de dias.

Estas medidas atraíram críticas até de moderados economistas liberais. P. A. Medvedev, I. V. Nit, L. M. Frankman e I. I. Kharlanov divulgaram uma carta coletiva declarando que o governo tinha sido arrebatado por entusiasmo pelo "lado administrativo da questão", e estava seguindo políticas que conduziriam, inevitavelmente, à "catástrofe social". Ainda que, em princípio, não fizessem objeção à privatização, os autores da carta enfatizavam que, nas atuais circunstâncias, a larga privatização antevista no programa não apenas deixaria de aumentar o rendimento da economia como, ao contrário, levaria ao caos.

> O sistema do plano diretor está em colapso, o abastecimento centralizado está desmoronando e a transição de mercado ainda não foi estabelecida. Privatizar empresas em tais circunstâncias significa privá-las ou de suprimentos ou de vendas – ou seja, condená-las à falência. A instabilidade política irá agravar o fator de risco, transformando quaisquer investimentos particulares em "roleta russa".[1]

Na verdade, isto era precisamente o que os financiadores do projeto tinham em mente. Em tais circunstâncias, as únicas pessoas que podem investir dinheiro e comprar empresas são aquelas que contam com garantias políticas confiáveis, e a garantia única é o próprio poder. Deste modo, os círculos dominantes e, acima de tudo, a burocracia conquistaram a possibilidade de efetivamente monopolizar o direito à propriedade privada, partilhando-o apenas com aquelas pessoas, ou grupos, que demonstram lealdade e estão dispostas a se tornarem sócias minoritárias dos novos proprietários.

A oligarquia burocrática estava pronta a trocar o poder pela propriedade, mas não se encontrava preparada para dividi-lo. Em essência, o programa de introdução do capitalismo "vindo de cima" pretendia, simultaneamente, interceptar qualquer crescimento natural do capitalismo empresarial "vindo de baixo".

---

1. *Argumenty i Fakty*, n. 33, 1990.

A DESINTEGRAÇÃO DO MONOLITO

Para a maioria da população, o único papel que restava era o de escravo assalariado ou, no melhor dos casos, o de cliente ou assistente da oligarquia. Nestas circunstâncias, uma explosão social era claramente inevitável. Os que estavam sendo mobilizados para atos de protesto incluíam não somente as ordens mais baixas da sociedade, como também uma parcela expressiva dos níveis médios, as pessoas que, inicialmente, deram seu apoio entusiástico à idéia de reformas capitalistas.

Nit e seus colegas escreveram:

> Os autores dos "500 dias" pressupõem que as várias camadas irão reagir pacificamente às medidas delineadas em seu programa. Mas, para eles, sugerir um "temporário" rebaixamento dos padrões de vida, enquanto confiam unicamente na agitação e na propaganda para convencerem as pessoas a aceitá-lo, simplesmente não é sério. O povo soviético sabe que não há nada mais permanente do que tais medidas "temporárias". Numa época em que a população demonstra uma disposição explosiva, e depositou sua confiança na liderança russa exatamente com base na promessa daquela liderança de não permitir qualquer piora a mais nos padrões de vida da massa, um tal caminho é suicida. Partindo com uma tal orientação, eles não irão conseguir conservar um mandato popular durante o programa dos 500 dias.[2]

Por enquanto, um tal mandato popular permitia aos novos governantes da Rússia – Yeltsin, Popov e Sobchak – exigir a introdução de seu programa. Seus pedidos de demissão do PCUS foram gestos simbólicos, para marcar o fim do antigo regime. Mas Yeltsin e seus seguidores continuaram a cultivar ligações com pessoas líderes dentro do partido e das forças de segurança até os eventos de agosto de 1991.

Por todos os países do Leste Europeu, as pessoas estavam inicialmente preparadas para se conformarem com as dificuldades lançadas pelo projeto liberal, já que elas viam nisso um preço inevitável que precisava ser pago para que fossem salvas dos

---

2. Ibid.

desacreditados e odiados partidos comunistas. As novas autoridades na Rússia procuraram apresentar as coisas de maneira análoga.

Mas a diferença residia no fato de que, enquanto na Polônia e na Tchecoslováquia os novos governos tinham sido formados por antigos dissidentes (os quais, é claro, não impediram que a *nomenklatura* adquirisse propriedades), a Rússia tinha testemunhado apenas gestos puramente simbólicos por parte de pessoas que nunca haviam sofrido graves perseguições e que eram unha e carne com a *nomenklatura*. Portanto, nem mesmo a alegada "salvação do comunismo" era genuína.

O governo russo fez uso da confiança do povo nele depositada e aproveitou-se da disposição anticomunista das massas, mas estes recursos eram consideravelmente menores do que em outros países do Leste Europeu. Tentando o mais arduamente mobilizar apoio de massa para o programa dos 500 dias, o governo russo e o *Presidium* do Soviete de Moscou levaram dezenas de milhares dos seus defensores às ruas da capital em 16 de setembro de 1990, exigindo a "imediata consecução do programa de governo" e a renúncia de Ryzhkov, o então *premier* soviético, que eles propunham substituir por alguém do grupo de Yeltsin ou de Popov. Na verdade, quase nenhum dos participantes da manifestação havia realmente posto os olhos no programa dos 500 dias. Até os deputados do Soviete de Moscou e os deputados russos que não haviam se elegido para o Soviete Supremo, tinham sido incapazes de obter cópias do texto. Não existira discussão pública. O governo nitidamente preferia esconder suas verdadeiras intenções do público, substituindo as discussões sérias sobre os perigos iminentes pelos apelos para que "se desse um passo decisivo" e "se fizesse a transição para o mercado", e pelas advertências quanto ao risco de "parar no meio do caminho".

O programa não podia deixar de entusiasmar aqueles que estavam para se enriquecer com a divisão da propriedade. Um comentarista do jornal de Moscou, *Stolitsa*, observando o aparecimento em cena dos novos empresários de negócios russos, escreveu:

A DESINTEGRAÇÃO DO MONOLITO 149

Esta febre aquisitiva me faz lembrar da velha história em que se decidiu testar a inteligência de um macaco e de um alcoólatra. Ambos foram colocados em quartos vazios, de cujos tetos pendiam, respectivamente, uma banana e uma garrafa de vodka. Um bastão foi colocado em um canto. Depois de tentar pular e agarrar a banana, o macaco concluiu que precisaria usar o bastão. Mas este raciocínio jamais penetrou a mente do alcoólatra. O diretor da experiência o estimulou, dizendo "Não tenha pressa, olhe à sua volta, e pense!" O alcoólatra respondeu com estas palavras impagáveis: "De que adianta pensar? Eu preciso é pular!"[3]

Embora a propaganda liberal, que empregava clichês apelativos de um salto para o mercado, ainda pudesse trazer as pessoas para as ruas, os próprios políticos liberais não tinham ilusões quanto às suas chances de manter o apoio popular. Na *New York Review of Books* de 19 de agosto de 1990, Gavriil Popov publicou um artigo programático com o impressionante título de "Os Perigos da Democracia", no qual ele explicava que a participação das massas na vida política, as tentativas dos trabalhadores de defenderem seus interesses e as liberdades democráticas, em geral, serviam para atrapalhar a implementação das reformas de que o país necessitava. As implicações disto eram óbvias: se as políticas do capitalismo de mercado deviam ser bem sucedidas, a democracia precisava ser eliminada. O governo russo, que tinha baseado seus planos sobre a mesma filosofia econômica de neoliberalismo que havia inspirado ditadores do Terceiro Mundo, estava destinado a agir de acordo com a lógica política do rumo que havia escolhido.

A justificativa ideológica para a repressão já havia sido preparada. Isto era evidente pela maneira como o Doutor em Ciência Histórica, A. Kiva, declarou no *Izvestiya* que aqueles que fariam oposição ao mercado incluiriam "milhões de bêbados e desocupados", que iriam gritar "Socorro! Salvem o socialismo!". Juntando-se a este coro, sustentou Kiva, estariam vários "desertores e parasitas sociais".[4] É claro que "os fundamentalistas marxistas vão começar

---

3. *Stolitsa*, n. 1, p. 137, 1990.
4. *Izvestiya*, 28 de setembro de 1990.

a clamar com a mais alta de suas vozes". Não tem sentido fazer cerimônia com este tipo de gente, mesmo que eles sejam contados em milhões. Em essência, os velhos argumentos do regime de Brezhnev sobre os "apóstatas" que colocavam entraves na engrenagem da sociedade estavam sendo reciclados em um novo patamar. Quando o *Komsomolskaya Pravda* publicou, em 1988, seu primeiro artigo programático atacando os socialistas, ele falou também sobre as tentativas de organizar direitistas bêbados e desocupados para sabotarem a perestroika e organizarem greves.[5] Ainda existiam alegações de que estas pessoas constituíam um perigo para o socialismo. Agora, fez-se claro, estas mesmas pessoas ameaçam o capitalismo. As "pessoas" envolvidas eram, é claro, a maioria da população.

O historiador Kiva não se restringiu a descrever os milhões de "bêbados e desocupados" que se opunham às reformas progressistas. Imaginem, acrescentou ele,

> ...o que aconteceria se vocês, jornalistas, fossem adotar uma atitude hostil durante os primeiros e mais difíceis estágios da transição para o mercado, se vocês fossem absolutizar a democracia, recusando-se a reconhecer a necessidade de aplicar medidas impopulares onde elas são indispensáveis.[6]

O círculo havia se fechado. Nós havíamos começado com a condenação do Terror Vermelho e estávamos encerrando com uma justificativa do Terror Branco. Os inimigos dos novos governantes foram definidos: milhões de pessoas eram vistas pelos ideólogos do novo regime como "burros de carga", *lumpen* e bêbados, jornalistas que estavam determinados a escrever a verdade, e intelectuais esquerdistas que ainda assumiam o risco de defender as idéias do marxismo e do socialismo, enquanto ao mesmo tempo "absolutizavam a democracia". No que dizia respeito a estas pessoas, "medidas impopulares" tinham que ser aplicadas.

---

5. Ver *Komsomolskaya Pravda*, 31 de janeiro de 1988.
6. *Izvestiya*, 28 de setembro de 1990.

O stalinismo de mercado estava passando do reino da ideologia para o da prática. Mas certas transformações eram necessárias, tanto de gênero substancial quanto de cosmética. A formação de uma nova oligarquia nas bases da antiga *nomenklatura* estava se tornando um fato social. Em lugar do desintegrado monolito totalitário estava se erigindo um edifício de poder capitalista bárbaro e autoritário. Mas, antes que esta nova ordem pudesse estar consolidada, existia uma necessidade de fundir o Estado em um instrumento unificado e ditatorial. Enquanto existissem altercações facciosas entre Yeltsin e Gorbachev, ou entre Ryzhkov e Popov, seria impossível impor o novo padrão.

TOTALITARISMO:
A VOLTA DOS REPRIMIDOS

O historiador búlgaro Zhelyu Zhelev, que se tornou presidente de seu país depois da proclamação da democracia, escreveu sobre o Estado totalitário que:

> Durante o desmantelamento de nossa variante comunista do sistema totalitário, o regime em nosso país pode se degenerar no nível do fascismo como um totalitarismo menos completo e não tão amplo. Mas, para nós, este fascismo representaria um grande passo adiante, em direção à democracia! Para a consciência política subdesenvolvida ou virginalmente pura, isto pode soar como chocante e paradoxal, talvez até ofensivo. Mas as ilusões, emoções e preconceitos políticos são uma coisa, enquanto as realidades políticas e as leis de ferro a que elas se submetem são outra.[1]

A profecia de Zhelev ameaça se tornar mais acurada do que seus leitores poderiam ter presumido, mesmo que nenhum dos países do bloco do Leste tenha assistido a um regime comunista "se desenvolver" em fascismo através de um processo de evolução natural. A ameaça fascista nasceu não apenas, e nem tanto, nas entranhas do Estado, quanto no novo movimento social que levantou a bandeira da democracia.

---

1. Zhelyu Zhelev, *Fashizm't* (*Fascismo*), Sofia, 1990, p. 9.

Não há nada de paradoxal nisto. Exatamente como os lemas libertários do socialismo serviram de capa para um dos piores regimes totalitários da história, no Leste Europeu de hoje está se formando um novo poder antipopular e antidemocrático sob a capa da ideologia democrática. Esta não é uma justificativa para a repressão e o esmagamento das liberdades civis melhor do que os lemas de libertação geral, e nada é tão eficaz para esconder a corrupção quanto os apelos para a cura da sociedade e pela sua purificação contra a decadência.

A psicologia e a estrutura do novo sistema de governo já começam a nos fazer lembrar da psicologia e das práticas do fascismo clássico, embora a base ideológica agora tenha mudado. O novo regime "democrático" na Geórgia impõe um bloqueio à cidade revoltosa de Tskhinvali e, em conseqüência, bebês recém-nascidos morrem nos hospitais-maternidade que estão privados de eletricidade. A "ofensa" de Tskhinvali consiste simplesmente no fato de que seus habitantes recusam-se a se submeter à revogação do seu direito à autonomia. Na Rússia, a idolatrização de Yeltsin não é um acidente nem um remanescente das velhas tradições, mas sim um sintoma de um novo e crescente fenômeno. Os indivíduos eleitos não valem nada, e o homem escolhido pelo destino governa por decreto. Em caso de este predestinado não conseguir chegar ao sucesso, existem outros esperando impacientemente nos bastidores, entre eles o vice-presidente russo Alexander Rutskoi e o líder do Partido Liberal-Democrático, Vladimir Zhirinovsky. O líder dos liberais-democratas da Rússia é, como se poderia esperar, um chauvinista enfurecido e um perseguidor de judeus mas, quando ele vitupera contra o "Chernobyl econômico" que Gorbachev e Yelstin patrocinaram, as pessoas realmente prestam atenção.

Era perfeitamente possível que na Rússia e, mais ainda, em vários países do Leste Europeu, as mudanças democráticas fossem se revelar como não mais do que um estágio intermediário, um período de transição num processo de evolução do totalitarismo comunista para o totalitarismo fascista. Alguns falavam sobre a Rússia estar atravessando uma espécie de período de Weimar. Mas

A DESINTEGRAÇÃO DO MONOLITO

aqui, onde a "consciência política virginalmente pura" é um pecado, eu não estou pronto para partilhar do otimismo de Zhelev. Dificilmente se pode sustentar a opinião de que o totalitarismo de Brezhnev e Zhivkov era pior do que o de Hitler. Evidentemente, do ponto de vista dos liberais de hoje no Leste Europeu, o nazismo contava com vantagens indiscutíveis ao se apoiar na propriedade privada que, como nos foi explicado, é a única base possível para a libertação e a prosperidade (especialmente na África Tropical ou na Turquia). Mas, para abordar a questão de um outro ângulo, é difícil convencer pessoas que estão ameaçadas por campos de concentração da necessidade de tal "progresso".

O perigo é real. Nenhum dos países do Leste Europeu pode ser realmente chamado hoje de uma democracia viável. As ideologias dominantes não gozam do apoio da população e as instituições políticas não expressam os interesses da maioria, enquanto os interesses de pequenos grupos corruptos aparecem no centro da luta política. Não é surpreendente que, em tais circunstâncias, o povo esteja perdendo a fé tanto nos novos regimes quanto nos seus líderes.

Em novembro de 1990, o jornal diário *Democraticheskaya Rossiya* publicou os resultados de uma pesquisa de opinião pública em Moscou mostrando que isto já estava acontecendo. Para os políticos liberais que detinham o poder em Moscou, Leningrado (como era então chamado) e na República Russa, os resultados da pesquisa não foram encorajadores.

Os índices de aprovação de todos os políticos, à exceção de Yeltsin, haviam caído notavelmente. Gorbachev, os políticos liberais aspirando ao papel de "oposição democrática" e até os líderes do "movimento popular", todos estavam perdendo a confiança da população. Yeltsin, é verdade, mantinha uma posição firme na consciência popular, mas a popularidade do Soviete Supremo da Confederação Russa, que ele encabeçava, tinha despencado bruscamente. Mais da metade dos participantes da pesquisa manifestaram insatisfação com o trabalho do "democrático" Soviete de

Moscou, enquanto o Soviete Supremo da URSS foi visto sob uma luz positiva por somente 18% dos entrevistados.

Apenas 26% disseram que votariam em Gorbachev numa eleição presidencial, e até Yeltsin só recebeu o apoio de 33%. Para os partidos políticos de inclinação liberal direitista, os resultados da pesquisa também foram extremamente desencorajadores, especialmente se lembrarmos que o levantamento foi feito em Moscou, considerada por estes grupos como seu território de origem. O extremista de direita do Partido Democrático da Rússia, comandado por Nikolai Travkin, estava obviamente perdendo sua atração original para muitos dos entrevistados, mas, ainda assim, ele mantinha a posição de liderança entre as organizações liberais, nitidamente superando os grupos mais respeitáveis. O Partido Democrático recebia a maior parte do seu apoio de trabalhadores não-qualificados e elementos do *lumpen*. Havia notícias de grandes somas em dinheiro doadas ao Partido Democrático pelos *nouveaux riches*. No entanto, o partido estava arruinado pelas contradições e, nas eleições suplementares para deputado do povo em Moscou, dois candidatos representaram o Partido Democrático, jogando lama um no outro.

Enquanto isso, os grupos liberais mais moderados ou respeitáveis estavam descobrindo que o chão escorregava rapidamente sob os seus pés. A popularidade do Partido Social-Democrático tinha visivelmente despencado. A antiga Plataforma Democrática no Partido Comunista da União Soviética também estava perdendo terreno; esta tendência foi conhecida primeiro simplesmente como Plataforma Democrática, antes de se redenominar como Partido Republicano, em novembro de 1990, num tributo a seu ídolo, Ronald Reagan. Como estes dois grupos lutavam para superar suas crises, eles viram-se obrigados a começar discutir sobre a unificação, mas as tentativas de estabelecer uma só organização provocaram novas lutas mutuamente destrutivas dentro de cada partido.

Os poucos social-democratas ideologicamente comprometidos, que haviam aderido ao Partido Social Democrático, terminaram à parte. Um dos líderes do partido, P. Kudyudin, admitiu que uma nítida maioria dos membros do Partido Social-Democrático via a si mesmos como liberais. Kudyukin e seus defensores fundaram o Centro Social-Democrático, numa tentativa de afastarem-se das práticas cada vez mais à direita da liderança do partido.

Os sociólogos começaram a falar de crise no sistema multipartidário. Yeltsin, avaliando perfeitamente a situação, apelou a todos os democratas para que se reunissem num só partido sob sua liderança (ele esqueceu que, ao deixar o PCUS, havia declarado a necessidade de dever se tornar o presidente sem partido de todos os russos). O apelo para que todos se unissem por trás de um só líder estava de acordo com a prática política e ideológica do bloco Rússia Democrática, mas sua implementação foi posta de lado por causa da inabilidade de líderes nos escalões mais baixos para concordarem entre si. No mesmo dia em que Yeltsin chamou a todos para se reunirem sob a sua bandeira, Telman Gdlyan anunciou a formação de seu próprio Partido do Povo. Ele fez isso de tal modo a deixar todo mundo em completa confusão, observando, para consternação de seus rivais, que seria o seu partido a servir de base para a organização nacional sobre a qual Yeltsin estava falando.

Foi precisamente a rivalidade entre os líderes "democráticos" que, por enquanto, salvou o país de um novo partido totalitário único. Gdlyan, Travkin e, por algum tempo, Yeltsin sonharam com um partido "de toda a nação" mas, felizmente para o país, eles tinham sido incapazes de chegar a um acordo entre si na divisão dos postos de governo.

Enquanto isso, a pesquisa de opinião do *Demokraticheskaya Rossiya* mostrou que o apoio ao Partido Comunista permanecia estável, mas baixo. Como uma inesperada conseqüência da desilusão das massas com os liberais e os "democratas", o apoio à Frente Unida de Trabalhadores tinha aumentado.

Os neoliberais se achavam numa armadilha ideológica. Eles gozavam de seu maior apoio entre determinados grupos de pessoal técnico e entre trabalhadores não-qualificados – ou seja, precisamente entre as pessoas que mais provavelmente iriam perder com o mercado. Era apenas de se esperar que as camadas mais atrasadas e desmoralizadas da população, que são mais facilmente manipuláveis, fossem prontamente morder a isca da propaganda liberal. Mas consolidar o apoio destes setores era impossível, já que as políticas liberais faziam mira diretamente contra os seus interesses. A base social das forças de direita era, portanto, extremamente instável, e estava se estreitando com rapidez.

A pesquisa do *Demokraticheskaya Rossiya* derrubou também a lenda sobre a impopularidade da palavra "socialismo". Apesar de dois anos de propaganda intensiva, apenas 27% das pessoas entrevistadas em Moscou – a cidadela do liberalismo – manifestou apoio ao "capitalismo ocidental moderno". Enquanto isso, 48% eram favoráveis a uma sociedade socialista, a metade deles endossando a definição de socialismo empregada pelo Partido Socialista ("uma sociedade baseada na autogestão dos trabalhadores"). Os defensores do "comunismo" foram contablizados em 3%, enquanto 7% desejavam um "regime forte".

A publicação de tal material em um jornal, que normalmente fazia campanhas assíduas em favor de idéias neoliberais, era, em si mesma, algo de sensacional. A onda da euforia liberal começou a refluir. Quanto maior o refluxo, maior o declínio nas esperanças dos líderes dos novos sovietes de poderem implementar seus projetos usando métodos democráticos. Discursando no Soviete Supremo, em novembro de 1990, Anatoly Sobchak exigiu não somente a proscrição do Partido Comunista como também a extinção de todos os partidos políticos, enquanto Gavriil Popov insistia na abolição mais veloz possível do poder dos sovietes.

Ao argumentar em defesa de sua posição, o governante de Moscou foi obrigado a reconhecer publicamente que o capitalismo deveria ser implantado na Rússia com a utilização dos métodos do comunismo stalinista. O novo sistema, declarou Popov, não "surgiu de um modo natural, vindo do passado". Ele teria que ser implantado "de maneira artificial, de fora, no campo lavrado da ordem social precedente. A desnacionalização e a desovietização precisam ser introduzidas a partir de fora". Era verdade, reconheceu

A DESINTEGRAÇÃO DO MONOLITO 159

Popov, que também existiam diferenças gigantescas; o socialismo fora introduzido como algo artificial, ao passo que o mercado teria de retornar como algo natural. Mas em ambos os casos, o processo, em si mesmo, era "de implantação, e não simplesmente de desenvolvimento".[2]

Enquanto isso, estes notáveis processos naturais, que precisavam ser artificialmente implantados de fora para o benefício da maioria da população do país, estavam servindo para aprofundar a crise, fazendo do barbarismo e do colapso da vida normal uma regra. Tudo isto foi acompanhado, é claro, por estridentes apelos por uma volta – pela via de um caminho artificial – aos modelos naturais, à "genuína civilização".

Numerosos economistas, que estão longe de abraçar posições socialistas, começaram mesmo a manifestar alarme. Tatyana Koryagina, que foi uma das primeiras a falar em superação de "falsas" idéias socialistas, declarou, depois dos primeiros meses de experiência liberal, que "a reforma econômica se tornou, de fato, uma arena na qual se realizam desonestos jogos políticos às expensas da população". Na opinião de Koryagina, que está convencida da necessidade de reforma de mercado, a privatização, nas atuais circunstâncias, vai colocar propriedade e poder nas mãos de elementos criminosos, com todas as conseqüências que acompanham isso. São justamente estes elementos que "precisam de que se iniciem as discussões sobre propriedade privada, que necessitam de uma acelerada transição para o mercado. E mais uma vez encontram-se economistas que irão começar a servir às necessidades dos políticos".[3]

Observações semelhantes foram feitas por A.V. Danilov-Danilyan, I.V. Oleinik, P. Medvedev e outros economistas sérios. Os defensores do planejamento centralizado de ontem, escreve Danilov-Danilyan, hoje expressam louvores rituais ao "mercado de valores", aos "preços de ações", à "conjuntura", ao *marketing* e à

---

2. *Ogonyok*, n. 51, p. 5, 1990.
3. *Literator*, 23 de novembro de 1990.

"capacidade administrativa". Por que, ele pergunta, "deve o nosso país, exaurido por décadas de luta inflexível, ser feito refém das ilusões de uma outra geração de radicais, que sonham em usar o pulso de ferro para arrastar o povo ao reino da felicidade?"[4] A resposta, infelizmente, é muito simples: porque estes "novos radicais" estão representando somente os novos interesses da antiga oligarquia burocrática, que manteve um firme controle sobre as manivelas do verdadeiro poder.

O Congresso de Coletivos Trabalhistas da URSS, promovido em Moscou nos dias 8 e 9 de dezembro de 1990, adotaram uma resolução criticando de maneira penetrante a política de privatização, e enfatizando o direito dos trabalhadores a fazerem suas empresas de propriedade coletiva ou estatal, as únicas formas de propriedade que podem assegurar aos trabalhadores o direito de participar das tomadas de decisão. Diretores de fábricas organizados na União de Empresas Civis saíram-se com uma crítica da privatização, e uma outra poderosa organização de dirigentes, a União Científica-Industrial, encabeçada por A. I. Volsky, também se afastou do curso liberal adotado pelo governo e pela oposição.

Em seguida às primeiras experiências liberais em Moscou e Leningrado, e ao crescimento das tensões sociais em nosso país, até alguns membros da nossa intelligentzia começaram a encarar as verdades. Uma onda de oposição ideológica começou a se desenvolver, a despeito do rígido controle liberal sobre a principal mídia de informação de massa.

A confiança nos mandamentos dos "democratas" declinou vertiginosamente. Por força do hábito, milhares de pessoas ainda compareciam aos encontros em Moscou e Leningrado, mas não se podia mais dizer que estas concentrações representavam "a voz do povo". Pesquisas de opinião pública demonstraram que os

---

4. A. V. Danilov-Danilyan e I. V. Oleinik, *Kak strane nachat'zhit' luchshe* (*Como o País Pode Começar a Viver Melhor*), Zelenogrado, p. 15 e 23, 1990. Ver também I. M. Freynkman, *Za 500 dnei ili za 600 sekund* (*Em 500 Dias ou 600 Segundos*), Zelenogrado, 1990.

A DESINTEGRAÇÃO DO MONOLITO 161

oradores não mais eram capazes de agitar, ou mesmo de interessar, as pessoas comuns, que estavam preocupadas não em como a "soberania da Rússia" deveria ser efetivada, ou com a forma sob a qual a "indestrutível união de repúblicas livres" seria mantida, mas sim com questões muito mais prosaicas: como conseguir dinheiro, como alimentar suas famílias e como encontrar trabalho.

Sentindo que tinham atingido um impasse, ambos os grupos litigantes tentaram, na primavera de 1991, reagrupar seus defensores. Gorbachev convocou um plebiscito para 17 de março sobre o futuro da União, bem consciente de que, já que sua popularidade pessoal, a do seu governo e a do PCUS permaneciam em torno dos 10%, esta era a única maneira de obter o apoio dos eleitores. Mas Yeltsin também convocou seu próprio plebiscito sobre a introdução do posto de presidente da Rússia. Como se esperava, ambos os plebiscitos deram em resultados positivos, e cada um dos líderes foi capaz de interpretar as suas conseqüências como uma expressão do indiviso apoio do povo a seu rumo político.

A posição de Gorbachev tornou-se ainda mais ambígua depois que o recém-formado Partido Comunista da Rússia, liderado por Ivan Polozkov, efetivamente rompeu com o presidente e com o governo, tentando seguir um rumo independente como uma corporação oposicionista.

Não se encontrou saída para a crise. Nem os apelos de Yeltsin, apoiados pelos líderes dos mineiros de Kuzbass, para que Gorbachev renunciasse, nem as manifestações em massa dos defensores de Yeltsin sob bandeiras anticomunistas foram de qualquer ajuda. A tensão política tornou-se uma norma, e o país gradualmente perdeu a esperança de que as coisas fossem melhorar.

Nem mesmo a quase universal execração de Gorbachev e de seu novo Primeiro Ministro, Valentin Pavlov, podiam melhorar a posição do bloco "democrático", já que seus líderes estavam achando cada vez mais difícil explicar como seu programa diferia daquele do governo. A crise do movimento democrático de modo algum fortaleceu a posição do Partido Comunista. Deixando de acreditar nos "democratas", o povo não tinha qualquer ilusão especial a respeito dos comunistas; felizmente, as experiências de décadas não é fácil de esquecer. Isto significava que nem Ivan Polozkov, nem outros líderes do Partido Comunista da Rússia eram realmente capazes de explorar as possibilidades abertas diante deles na nova situação. Mesmo assim, sua maquinação era evidente: eles esperavam que, mais cedo ou mais tarde, a massa dos cidadãos, cansada da incompetência, da irresponsabilidade, dos fracassos e da corrupção dos novos líderes democráticos voltasse ao rebanho do Partido Comunista, não porque ele fosse capaz de lhe oferecer uma vida melhor, mas pela simples razão de que, em meio à falência do movimento democrático, o Partido Comunista pudesse aparecer como um "mal menor".

Como nós sabemos, os lemas e a linguagem da ideologia comunista estavam profundamente desacreditados. Mas, no curso de dois anos, os democratas russos (e também do Leste Europeu) conseguiram desacreditar a idéia de democracia quase tão completamente quanto os comunistas comprometeram a idéia de socialismo ao longo de setenta anos. A diferença entre os democratas e os comunistas era difícil de discernir – é claro que os democratas de hoje eram os comunistas de ontem, não humildes trabalhadores partidários, mas secretários do partido e conselheiros graduados.

O Partido Comunista de Polozkov não era, evidentemente, um partido de trabalhadores. Nem um partido de ideólogos e burocratas. Era um partido dos negócios burocráticos, com interesses multimilionários em rublos e experiência prática em transações comerciais. Discorrendo sobre os vícios do mercado, o Partido Comunista da Rússia mantinha-se melhor preparado do que qualquer outro no país para lucrar com as deficiências do novo sistema. O partido criticava o sistema, e enriquecia através dele. Enquanto os economistas democratas escreviam sobre a necessidade de privatização, os burocratas do partido colocavam a teoria em prática. Tanto os democratas quanto o Partido Comunista da Rússia encorajavam sentimentos nacionalistas, apesar dos riscos que isto acarretaria. Sobre este terreno, entretanto, são os democratas que têm a vantagem.

Os líderes "democráticos" estavam paralisados de medo diante da perspectiva de uma volta dos comunistas. Este último parecia indeciso entre explorar as novas práticas econômicas e apelar para a insatisfação popular. Os comunistas ainda têm controle formal sobre o aparato do Estado e os serviços de segurança. Por outro lado, os democratas também têm influência, especialmente entre funcionários que gostariam de se emancipar dos freios de controle do partido. Os democratas começaram a ponderar sobre as vantagens do simples e radical expediente de proscrever o Partido Comunista e sua ideologia. Um banimento "preventivo" do Partido Comunista poderia, evidentemente, proteger o país contra a restauração da antiga ditadura – mas ao custo de estabelecer outra nova, e talvez mais vigorosa.

O que pode ser contraposto à "ameaça comunista" quando a fé nos novos mitos liberais e nas promessas dos "líderes democráticos" está desmoronando, e quando a nova democracia pós-comunista começa a demonstrar inclinações em direção a uma ditadura fascista e anticomunista?

Existia nitidamente um vazio ideológico no país. A necessidade objetiva de uma "terceira força" era sentida de maneira cada vez mais aguda. A dificuldade enfrentada pelos esquerdistas, entretanto, consistia no fato de, ao mesmo tempo em que apresentavam uma alternativa política, eles não conseguiam solucionar seus numerosos problemas organizacionais, nem haviam conquistado uma parcela expressiva da intelligentzia para o seu lado.

O sociólogo Leonty Byzov, que dificilmente pode ser suspeito de simpatizar com a esquerda, foi obrigado a reconhecer que "o outono ofereceu um grande número de trunfos aos defensores da autogestão socialista".[5] Como era de se esperar, a crítica socialista da ideologia do "livre-mercado" encontrou seu endosso maior entre os trabalhadores qualificados.

O Segundo Congresso do Partido Socialista, realizado em Leningrado no dia 24 de março de 1991, mostrou claramente que,

---

5. *Demokraticheskaya Rossiya*, n. 5, p. 10, 1990.

embora os socialistas ainda fossem poucos e fracos, sua influência política estava crescendo. Os tributos à conferência que apareceram na imprensa, inclusive em jornais hostis, tais como o *Kuranty* e a *Nezavisimaya Gazeta*, eram testemunhos do fato de que a comunicação de massa sentiu que o Partido Socialista tinha de ser tratado como uma organização política séria, uma corporação que era bem diferente de todas as outras.

Mesmo assim, estava claro que, embora o Partido Socialista e seus aliados tivessem proclamado como seu objetivo o estabelecimento de uma terceira força na política soviética, eles ainda não haviam se tornado esta força, e não contavam com muito tempo para atingir sua meta. A menos que o movimento por uma terceira força fosse bem sucedido em transformar a situação política, as esperanças de um desenvolvimento democrático não iriam se concretizar. Assim, mais do que provavelmente, a profecia de Zhelyu Zhelev iria se realizar.

O TEMPO PARA O ARREPENDIMENTO

Durante os dezoito meses anteriores a agosto de 1991, a antiga União Soviética andara cambaleando. Uma crise se sucedia atrás da outra, e um boato alarmista após o outro. Mesmo assim, parecia que as únicas mudanças reais que tinham ocorrido foram uma piora na desorganização da produção e a conseqüente queda dos padrões de vida. Nem as promessas de prosperidade universal depois da introdução do mítico mercado, nem o vertiginoso aumento de preços, nem a privatização de empresas serviram para deter o colapso da economia.

Os plebiscitos na URSS, na Federação Russa e no município de Moscou mostraram apenas que estas consultas, que compreendiam submeter questões inócuas ao julgamento de uma opinião pública desorientada, nada podiam solucionar. Gorbachev conquistou apoio para uma "união renovada", enquanto mantinha um silêncio tático a respeito do que ele pretendia renovar, e como. Yeltsin obteve a aprovação para a eleição de um presidente da Rússia, descuidando-se de informar ao público sobre os direitos e funções que o novo chefe titular iria exercer. De igual maneira, Gavriil Popov ganhou sustentação para sua idéia de eleições livres a prefeito de Moscou, a despeito do fato de que aqueles que votaram "sim" a esta proposta incluíam tanto as pessoas ansiosas por manifestarem apoio a Popov quanto as outras, que viam as eleições diretas como um modo de se livrarem dele.

As perguntas inócuas receberam respostas inexpressivas ou ambíguas. O processo político estava se encaminhando para um beco sem saída. Menos de seis meses após o estimulante "sim" a uma união renovada, a união ainda não renovada se despedaçou em março de 1991. Os apelos de Yeltsin a Gorbachev para que renunciasse, e as exortações de Gorbachev pela ordem, junto com o aparecimento, nas ruas, de multidões e de unidades militares, criaram um espetáculo surreal que culminou em um golpe surreal, um simulacro. Quando se noticia sobre algum país latino-americano que "os tanques estão nas ruas da capital", as pessoas entendem que teve lugar um *coup d'état*[1] ou uma revolução. Mas quando nós ouvimos o mesmo sobre Moscou, compreendemos apenas que o armamento militar desfilou sem rumo pelas ruas, antes de ser levado de volta à base.

Estávamos vivendo o maior teatro do absurdo do mundo, num palco que correspondia a um sexto do globo terrestre.

Em julho de 1991, o famoso semanário de Moscou, *Kommersant*, trouxe como sua manchete de primeira página: "A Crise do Parlamentarismo Soviético". Uma triste declaração, especialmente considerando-se que as primeiras eleições relativamente livres do país, em setenta anos, tinham-se realizado há pouco mais de um ano. O *Kommersant* observou:

> Em meados de julho, os deputados russos e da união entraram em férias. Sua partida foi ignominiosa; ambos os corpos legislativos encontravam-se numa grave crise. O Soviete Supremo da URSS achava-se cada vez mais à margem da política, enquanto o Congresso dos Deputados do Povo da Federação Russa não tinha conseguido sequer escolher para si próprio um novo presidente, e arriscava-se a compartilhar do mesmo destino da assembléia da união.

---

1. *Coup d'état*: está em francês, na tradução para o inglês. Evidentemente, significa quase o mesmo que o tão largamente utilizado, na mesma tradução para o inglês, *putsch*: golpe (de Estado). (N. T.)

A isto deveriam ser acrescentadas a grave crise e, efetivamente, a paralisação política, que ainda mais cedo haviam sitiado os sovietes de Moscou e Leningrado. O povo estava cansado dos bate-bocas inúteis e da patente incompetência dos deputados em todos os níveis. Havia desilusões com as mudanças e com a inabilidade das entidades representativas até para contrapor alternativas às medidas impopulares que estavam sendo implementadas pelas autoridades executivas sem o consentimento das legislaturas.

Resumindo a situação, o *Kommersant* afirmou: "O poder executivo se cansou do poder legislativo."[2] Não era possível deixar de lembrar as famosas palavras que o marinheiro Zheleznyak atirou nas barbas dos deputados da Assembléia Constituinte da Rússia, em 1918, quando os bolcheviques vieram dissolvê-la: "A guarda ficou cansada."

É curioso que a nova democracia, que vinha existindo na URSS apenas há pouco mais de um ano, já estivesse sofrendo de todas as aflições das democracias ocidentais, ao mesmo tempo em que não possuía nenhuma de suas forças. Não havia como se equivocar quanto à ineficiência das entidades representativas, à confusão sobre o processo, aos conflitos entre as várias instituições do governo, à apatia dos eleitores, à corrupção entre os políticos e ao colapso da fé nos partidos políticos. A razão para este lamentável estado de coisas também era óbvia: a debilidade da sociedade civil e sua inabilidade para atuar como uma base real para o processo democrático.

Os meados da década de 1980 testemunharam o rápido crescimento da sociedade civil, que emergira através da formação, com origem popular, de milhares de clubes, grupos e associações, muitas vezes transformados em movimentos de massa. Infelizmente, por volta do início da década de 1990, o quadro havia mudado radicalmente. Muitos dos clubes tinham se desintegrado, ou estavam levando, com dificuldades, uma existência mesquinha, ou tinham-se transformado nas estruturas do nível mais baixo de

---

2. *Kommersant*, suplemento mensal especial, n. 30, julho, 1991.

grandes entidades ligadas às autoridades e organizadas em tradicionais linhas "verticais", envolvendo relações hierárquicas rígidas e centralizadas. Em outras palavras, a sociedade civil que havia começado a surgir na Rússia tinha sido sufocada. Isto aconteceu exatamente entre 1989 e 1991, quando o mundo inteiro estava falando sobre a criação da democracia na URSS.

Não era apenas o fato de a União Democrática e o movimento da frente popular terem sido incapazes de competir com a elite liberal-burocrática que, em última análise, havia se tornado a suprema governante dos destinos do país. Todos aqueles que tinham assentado suas esperanças no desenvolvimento da democracia a partir da base e na auto-organização da sociedade haviam sofrido uma derrota. O conflito entre liberais e democratas radicais, entre as reformas que nasceram nos corredores do poder e aquelas que haviam sido ditadas pelas ruas era, às vezes, dissimulado e, outras vezes, declarado e amargo (basta lembrar os ataques do *Moskovskie Novosti* à Frente Popular de Moscou e à União Democrática e as não menos hostis caracterizações dos liberais semioficiais feitas em discursos de representantes destas organizações). A luta continuou através de 1988, encerrando-se com o triunfo completo da elite, que conseguiu transformar até as manifestações de rua em vantagem política para si mesma.[3]

Os perdedores incluíam também os novos partidos que haviam passado a existir durante o ano de 1990. Muitos deles, como se observou anteriormente, concordavam totalmente com a ideologia da elite da perestroika. Mesmo assim, os partidos continham perigos ocultos. Em um grau expressivo, eles haviam nascido com origem no povo, na "democracia informal"; seus membros podiam cobrar uma prestação de contas dos líderes, e influenciar a tomada de decisões. A única exceção era o Partido Democrático da Rússia, de Travkin, no qual reinava uma severa disciplina totalitária, e onde nenhuma discussão era permitida. Travkin, no entanto, havia fundado este partido unicamente para si mesmo, sem deixar

---

3. Ver B. Kagarlitsky, *Farewell Perestroika (Adeus, Perestroika)*, Londres, 1990.

nenhum lugar para outros líderes muito mais influentes da elite. Assim, o partido de Travkin também estava condenado.

O movimento Rússia Democrática se adequava muito melhor à nova elite política. Aqui, os líderes não estavam sujeitos a nenhuma obrigação para com as bases. Não havia sistema de avaliação de responsabilidades, e nenhuma garantia dos direitos das minorias. Ninguém podia questionar se as atitudes da liderança estavam de acordo com o programa e a constituição, porque tais requintes simplesmente não existiam.

Quando deixaram o Partido Comunista, em 1990, Yeltsin, Popov, Sobchak e os outros líderes da Rússia Democrática não ingressaram em novos partidos, e não formaram os seus próprios. Surgiu uma situação que seria inconcebível em democracias ocidentais; os partidos políticos eram atuantes somente nos níveis mais baixos do sistema político, enquanto nenhum dos políticos sérios, que estavam tomando decisões e comandando os órgãos executivos e legislativos, eram filiados a partidos. Evidentemente, isto não evitou que aqueles políticos agissem de maneira resoluta e orquestrada.

A sociedade russa, completamente ignorante de práticas democráticas, rapidamente perdeu o interesse nos partidos, que eram apresentados (inclusive pela imprensa liberal-oficial) como brinquedos para antigos ativistas dos movimentos informais, a menos que totalmente sérios e bastante desnecessários para o processo político real. Por maiores que fossem tais organizações, elas não contavam com mais de quatro ou cinco mil membros. Enquanto isso, a política ficou cada vez mais personalizada; o público foi ensinado a acompanhar as disputas entre personalidades, em lugar das lutas entre idéias ou organizações.

Naturalmente, foi Yeltsin, o mais popular e famoso dos líderes do bloco anticomunista, quem conseguiu extrair desta situação a maior vantagem. A *yeltsinmanic*, nascida antes mesmo das eleições de 1989, atingiu o seu zênite em seguida à eleição do antigo chefe do partido em Moscou para o posto de presidente do Soviete Supremo da Rússia, em junho de 1991. Nas ruas de Moscou e de outras cidades russas, as massas exultantes mais uma vez aparece-ram com fotografias do líder. Estas multidões eram um argumento infalível contra quem pudesse ter suspeitado que o governo russo ou o *Presidium* do Soviete da Cidade de Moscou fossem antidemo-cráticos. "O povo está com Yeltsin", proclamaram os ativistas do movimento Rússia Democrática, em triunfo. O entusiasmo bem-organizado, junto com manifestações cuidadosamente roteirizadas de indignação em massa contra os numerosos inimigos que tramavam intrigas contra a Rússia e seu "novo governo", eram finalmente os argumentos acertados para convencer os vacilantes. A "voz das ruas", que estava sob o controle efetivo dos corredores do poder, vinha a servir como um dos argumentos do governo.

Nos primeiros tempos, quando Yeltsin ainda era um "verda-deiro comunista" e um "lutador pela justiça social", um de seus admiradores costumava trazer um cartaz para as manifestações declarando "Yeltsin é o Lenin de nossa época!" Os leitores podem se lembrar de quem era coroado com esta honra em outros tempos. Das profundezas do subconsciente, da "memória histórica", esta fórmula ritual chegara à tona. O "Grande Líder" Yeltsin fundira-se num único ser com o "Grande Líder" Stalin. Esperanças pelo "pulso firme" de um governante forte e de um sábio czar, o sonho totalitário que, por quase quarenta anos, desde a morte do "pai dos povos" anterior, não tinham encontrado uma encarnação digna, haviam sido finalmente preenchidos na figura de "Czar Boris".

A principal força de Yeltsin não era, evidentemente, a adulação de seus súditos, mas o profundo e genuinamente popular ódio por Gorbachev. É difícil imaginar um homem simultaneamente detes-tado por todos, de professores a faxineiros, de sionistas a anti-semitas. Yeltsin encarnava não apenas a fé no "czar benevolente" (ou, mais precisamente, no "déspota esclarecido"), como também as esperanças de se livrarem de Gorbachev.

Como sempre ocorre nestes casos, as esperanças eram ilusó-rias. Yeltsin não só era o inimigo mais decidido e implacável de Gorbachev, como também sua cópia. A semelhança entre Yeltsin

A DESINTEGRAÇÃO DO MONOLITO

e Gorbachev era impressionante: a mesma reação aos problemas, o mesmo anseio pelo poder. Sempre que surgiam dificuldades, em vez de buscar soluções, ambos exigiam direitos adicionais, poderes extraordinários e autoridade mais ampla (como se a Rússia jamais tivesse sofrido de fraqueza na autoridade executiva ou de um excesso de democracia!). As eleições e os Congressos de Deputados do Povo eram bons o bastante para permitir que os líderes fossem "legalmente" escolhidos como presidentes dos *Presidiums* dos Sovietes Supremos, para deixar que eles fossem investidos com poderes extraordinários, e para abrir seus caminhos até a presidência. Mas, à parte isso, tais refinamentos democráticos constituíam meramente um aborrecimento.

A estrada de Gorbachev para a presidência foi acompanhada por uma real democratização e por reformas exageradamente canastronas, e por outras mudanças que tornaram piores as vidas de muitas pessoas, embora seus cotidianos tenham ficado muito mais interessantes. As mercadorias desapareceram das lojas, e surgiu nas ruas uma imprensa livre. Em resumo, houve algumas conquistas reais embora, como sempre em nosso país, elas tenham se transformado em catástrofe nacional.

A estrada de Yeltsin para o poder foi acompanhada por uma incontida demagogia, por uma escalada de promessas, e por uma completa ausência de verdadeira ação. Uma oposição que é desprovida de força pode ser prontamente acusada de "comportamento não-construtivo", mas o que as pessoas deviam esperar de autoridades de governo que se comportavam como uma oposição? As alavancas do poder em Moscou e na Rússia foram empregadas ao máximo, mas com uma só meta: conquistar ainda mais poder.

Imediatamente depois que Yeltsin foi eleito presidente do Soviete Supremo da Federação Russa e que o novo governo russo foi escolhido, as novas autoridades deixaram claramente entendido que consideravam seus atuais poderes insuficientes. Como resultado, Yeltsin recebeu poderes extraordinários e, mais tarde, foi criado o posto de presidente da Federação Russa especialmente para ele. Simultaneamente, foram estabelecidos os postos de prefeitos de Moscou e Leningrado, a fim de fortalecer a posição do novo grupo dominante, enquanto eles procuravam criar "um sistema de poder executivo direto",[4] completamente independente tanto dos órgãos representativos quanto da sociedade.

Poucas pessoas se surpreenderam quando os lemas democráticos, emprestados da perestroika de Gorbachev, foram usados para tentar justificar a formação desta estrutura de poder autoritário. Foi ordenado a todos os democratas que se reunissem em um único movimento ou partido, sob o comando do líder Yeltsin, a fim de levar adiante a sagrada tarefa de extirpar o comunismo. Já foi o tempo em que Yeltsin, declarando-se o presidente de todos os russos, buscava estar "fora de partidos". Agora, ele ficara "acima de partidos", mas não "fora" deles; tinha conseguido comandar todos os "partidos democráticos" simultaneamente.

É curioso que, entre os intelectuais que estavam gritando "Aleluia!" para Yeltsin, ninguém parecia estar impressionado por uma contradição bizarra: aqui estava um movimento democrático encabeçado por um líder único e infalível. O papel que os "companheiros de viagem" intelectuais desempenharam na implantação do totalitarismo stalinista no Leste Europeu, durante os anos 40, é bem conhecido. Eles foram necessários para os regimes somente até que a situação estivesse estabilizada e as novas relações de poder fossem consolidadas. A erudição dos intelectuais, que sonhavam em refazer o mundo, servia apenas para tornar a ideologia da burocracia autoritária mais atraente. Uma vez feito este trabalho, os companheiros de viagem eram empurrados à margem, ou se transformavam, eles próprios, em vítimas do sistema.

O grau de lealdade que Yeltsin demonstrou para com seus "companheiros de viagem" pode ser aferido pelo exemplo dos mineiros. Orientando-se em favor de Yeltsin, os líderes dos mineiros de Kuzbass transferiram suas reivindicações econômicas e sociais para a "locomotiva traseira", e concentraram-se em exigir a renúncia de Gorbachev. Eles não estavam em situação de derrubar

---

4. *Kommersant*, n. 26, 1991.

o presidente soviético à força, coisa que os seguidores de Yeltsin haviam compreendido perfeitamente quando incitaram os mineiros a uma greve política. Yeltsin e seus assessores não só manipularam cinicamente os mineiros mas, como deveria ter sido esperado, em breve os traíram. Esquecendo as imprecações que ele havia proferido contra Gorbachev, Yeltsin assinou um acordo com o presidente, mesmo enquanto a greve ainda estava em andamento. Aparecendo no Kuzbass em Primeiro de Maio (Dia do Trabalho)[5] de 1991, Yeltsin conseguiu, com relativa facilidade, acalmar os líderes dos comitês de greve; estas pessoas estavam na dependência dele, e não tinham mais opção. Mas muitos dos mineiros ficaram confusos e indignados.

Os intelectuais companheiros de viagem do comunismo nos anos 20 e na década de 1940 sem dúvida acreditavam que estavam agindo pelo bem do povo. Até que ponto os intelectuais do "time de Yeltsin" eram ingênuos, e até que ponto eles eram cínicos, só é possível, hoje, conjeturar. Basicamente, não foi por acaso que Gavriil Popov e muitos outros destacados políticos democráticos pediram o uso de "mão firme" para criar um poder executivo forte e também não foi acidental o fato de que, enquanto falavam sobre os "perigos para a democracia", eles encaravam a salvação mística através da "introdução do mercado" como algo muito mais importante do que o fortalecimento das liberdades civis.

Para fazer um julgamento geral, a maioria dos políticos democráticos já havia vislumbrado uma boa colocação para si mesmos dentro do planejado sistema do "Estado forte", e não se preocupava inutilmente com os pobres simplórios que, em conseqüência de terem prestado atenção seriamente aos discursos de amantes da liberdade feitos pelos líderes, estavam correndo o risco de serem lançados ao mar pela nave russa.

---

5. Na tradução para o inglês, *May Day*: Primeiro de Maio, festa da primavera no Hemisfério Norte. Em muitos países do mundo inteiro, como na URSS e no Brasil, Dia do Trabalho. (N. T.)

O que estávamos testemunhando tinha, de fato, pouco a ver com a democracia, o mercado ou a Rússia, e tudo a ver com vários interesses muito mais específicos. A burocracia republicana da Rússia, que estava enfraquecida mas ficava mais forte, tentava redistribuir riqueza e propriedade em vantagem própria, tomando-as da burocracia central e partidária, que era forte, mas se enfraquecia. Ambos os grupos sonhavam com a privatização, com a apropriação dos antigos bens do partido, mas a questão sobre quem deveria ser o novo dono continuava sem solução. Para a massa da população esta era uma questão fútil, mas para os participantes do retalhamento ela era de importância capital.

A escolha de terminologia e lemas – a "opção socialista" *versus* a *soberania da Rússia* – era uma questão de tática. Afinal, não muito tempo antes era Gorbachev quem estava pregando o estabelecimento de relações amistosas com a Europa embasadas em "valores humanos universais", incorporados, por algum motivo, na ideologia liberal do Ocidente, enquanto Yeltsin lutava por justiça social e igualdade. Os papéis ideológicos haviam se modificado de acordo com a situação em mudança. A única coisa que permanecia imutável era a paixão pela divisão da propriedade. A redistribuição havia tomado o lugar das reformas estruturais. A psicose redistributiva unia as "profundezas mais baixas" desarticuladas de classes e a elite burocrática.

"Não existe outro caminho!", declarava o lado de Yeltsin triunfantemente, calando os duvidosos ao dizer: "Seja Yeltsin bom ou mau, nós não temos outro líder, nem nenhuma outra estrada." Nenhuma outra estrada para onde? E realmente fazia alguma diferença se seria uma oligarquia "comunista" ou "democrática" a nos conduzir até o luminoso futuro? Em termos políticos, estas oligarquias eram politicamente idênticas; as diferenças estavam basicamente no nível das táticas, trazidas à cena pelas discordâncias entre os líderes sobre a questão de quem deveria ganhar quanto.

A "brilhante equipe de Yeltsin", pela qual os jornais manifestavam tamanho deslumbramento, era, realmente, um grupo repartido do time de Gorbachev, que havia trazido o país a seu estado de crise. Enquanto os líderes ultrajavam publicamente um ao outro, os funcionários migravam indiferentemente de um lado para o outro. Eles sabiam muito bem que suas tarefas seriam as mesmas em ambos os lados, e que as únicas coisas que mudariam seriam seus cargos e salários.

Enquanto isso, o "líder popular" estava revelando ser bem menos popular do que o seu papel pareceria exigir. Antes das eleições, pesquisas de opinião pública mostraram, com persistência, que apenas cerca de um terço da população apoiava Yeltsin. É verdade, isto era bem mais do que o apoio a Gorbachev que, nas principais cidades, mal conseguia reunir a sustentação de 10% da população, mas constituía, nitidamente, uma minoria. O povo, naturalmente, sonhava em se livrar de Gorbachev que, no espaço de seis anos, tinha levado o país à falência. Mas as pessoas estavam claramente relutantes em fazer isto à custa de terem que carregar Yeltsin nas costas, já que ele podia se provar ainda mais difícil de afastar.

Antes das eleições de 12 de junho para presidente da Rússia, a maioria silenciosa encontrava-se num estado de perplexidade. Ela realmente dispunha apenas de uma escolha entre dois males? E por quanto tempo a maioria silenciosa permaneceria muda? A resposta era simples: até que os principais grupos de trabalhadores conseguissem se organizar, até que surgissem sindicatos e movimentos de massa fortes, organizações que fossem genuinamente independentes, tanto da antiga oligarquia "comunista" quanto da nova, "democrática". Os primeiros sinais de tal auto-organização emergiram na primavera de 1991, quando estudantes se uniram, professores entraram em greve e os sindicatos oficiais começaram a expressar reivindicações independentes, usando a oportunidade das demonstrações do Primeiro de Maio para condenar as práticas do "centro" e do governo russo simultaneamente. Os Verdes e o Partido Socialista tentaram atuar como um "terceiro poder", atraindo mais e mais defensores para o seu lado, embora sua força ainda fosse pequena.

Os resultados das eleições de 12 de junho não eram difíceis de prognosticar. Yeltsin conseguiu o mandato presidencial, embora em muitos centros industriais seus votos não chegassem a 40%. O assim chamado liberal-democrata Vladimir Zhirinovsky – na verdade, um russo branco demagógico e chauvinista – obteve nove milhões de votos. Popov se elegeu prefeito de Moscou, ao menos em parte devido ao fato de, no último momento, o *Presidium* do Soviete Supremo russo (efetivamente, Yeltsin) suprimir os métodos de requerimento legalmente adotados pelo Soviete de Moscou, substituindo-os por um novo conjunto de medidas que tornou dramaticamente mais difícil o registro de candidatos independentes.

Apenas duas semanas foram concedidas às campanhas pré-eleitorais. Para o registro de candidatos a presidente da república, foram exigidas petições com cem mil assinaturas; ao mesmo tempo, os candidatos a prefeito de Moscou tiveram que apresentar 35 mil assinaturas, em lugar das dez mil originalmente estipuladas. No Soviete de Moscou, circulou a triste piada de que, se Yeltsin pensava que 35% da população da república viviam na capital, ele deveria destinar à cidade um terço do orçamento republicano. A mudança abrupta nos procedimentos eleitorais em Moscou foi necessária pelo fato de que o Partido Socialista havia, inesperadamente, indicado como sua candidata à prefeitura a famosa economista e antiga líder da Rússia Democrática, Tatyana Koryagina. A campanha eleitoral de Koryagina foi dirigida, em primeiro lugar, às pessoas que votaram a favor da Rússia Democrática na primavera do ano anterior, mas que desde então tinham passado a desconfiar que haviam sido tapeadas. Koryagina e seu candidato a vice-prefeito, o deputado socialista Alexander Popov, falaram da necessidade de deter a onda de corrupção que assolava as corporações estatais, de dar um basta à privatização em favor dos interesses dos burocratas e mafiosos, e de estabelecer uma economia genuinamente democrática, com um setor forte de propriedade coletiva. O sucesso de Koryagina não podia deixar de suscitar alarme nos círculos oficiais. O jornal *Nezavisimaya Gazeta*, fundado pela liderança do Soviete de Moscou e, a despeito do seu nome (*Diário Independente*), atuando como o porta-voz dos círculos dominantes, acusou os socialistas de implantarem um "estado de psicose" no país. As críticas às autoridades e os protestos contra a corrupção eram, na visão do jornal, os principais obstáculos que impediam o país de se levantar da crise e de registrar sucessos no mercado mundial. "Tanto no Chile como na Coréia do Sul", argumentou a *Nezavisimaya Gazeta*, "o legítimo capital apareceu em cena somente depois que as condições políticas e econômicas apropriadas estavam implantadas. Que condições eram estas, o mundo inteiro sabe."[6] Em outras palavras, nada de bom podia ser esperado na ausência de uma severa ditadura ao estilo Pinochet.

Enquanto isso, pesquisas de opinião mostravam que Koryagina mantinha uma segunda posição firme, sugerindo que, num segundo turno das eleições, ela poderia ter uma chance de vitória. Na realidade, dificilmente ela poderia ter esperado derrotar Gavriil Popov, que contava com o respaldo das grandes máquinas políticas da Rússia Democrática e do Soviete de Moscou, assim como da televisão e da rádio estatais, além de, virtualmente, de toda a imprensa. Mas os círculos dominantes da república russa decidiram não assumir qualquer risco e, no último momento, introduziram novos regulamentos eleitorais. Koryagina, que havia recolhido 11.600 assinaturas, o bastante para satisfazer as antigas cláusulas, foi excluída da cédula eleitoral.

Yeltsin e seu time triunfaram. Agora, eles tinham que colocar o seu programa em ação, entregando a propriedade estatal a grupos burocráticos e a corporações estrangeiras, introduzindo o desemprego em massa e rebaixando severamente os padrões de vida. Isto era precisamente o que aqueles que o haviam apoiado e trazido ao poder estavam exigindo. Mas isto significava que, daquele momento em diante, o principal inimigo do governo seriam aqueles milhões de sujeitos enganados que, em 12 de junho, tinham votado a favor do próximo "líder e mestre".

O crescente personalismo da política russa ajudou a fortalecer a posição dos líderes populistas autoritários. Ainda assim, a

---

6. *Nezavisimaya Gazeta*, 13 de junho de 1991.

organização que havia sido estabelecida a fim de assumir o poder e capturar a vitória nas eleições era miseramente adequada às novas tarefas do governo autoritário-burocrático, em condições de absoluta corrupção.

Depois do estágio de "entornar o caldo"[7] veio o de consolidação do poder. Yeltsin e Gorbachev iniciaram uma rápida retomada de relações amistosas, confirmada no protocolo conjunto assinado em Novo-Ogarevo por nove líderes republicanos e pelo presidente da URSS. Começou então o processo de unificação do aparato político do bloco Rússia Democrática com o setor da antiga burocracia partidária que havia permanecido no PCUS. Uma das primeiras ordens que Yeltsin emitiu como presidente foi o decreto de "despartização", proscrevendo a atividade dos comitês do Partido Comunista nas empresas. No entanto, este decreto não era, de modo algum, dirigido a Gorbachev ou aos hierarcas do partido. O próprio Yeltsin declarou: "Eu abri uma segunda frente de modo a que as forças reacionárias que quisessem dirigir poderosas saraivadas contra Gorbachev teriam que atirar muitos dos seus recursos nesta segunda frente. E foi isto o que aconteceu."[8]

Foi concedido às organizações do Partido Comunista o prazo de até o final de 1991 para promover a sua "perestroika". Na realidade, o decreto mirava, a princípio, não o Partido Comunista, mas os sindicatos – tanto os antigos quanto os novos. O segundo ponto do decreto estipulava que as organizações sindicais deveriam conduzir sua atividade nas empresas em bases de um acordo com a administração. Se este acordo não pudesse ser alcançado, os sindicatos iriam agora se ver do lado de fora dos portões. Numa época em que estavam sendo preparadas demissões em massa, o propósito deste decreto era bastante claro.

Para os vários grupos e facções da burguesia burocrática, havia chegado a hora da consolidação aberta. Por todo lado estavam em

---

7. Em inglês, *rockin' the boat*. Dicionarizado em português não só como "entornar o caldo", mas também como "por em risco a boa ordem e a harmonia". (N. T.)

8. *Izvestiya*, 7 de agosto de 1991.

A DESINTEGRAÇÃO DO MONOLITO

marcha os esforços para levar a cabo este trabalho. Os líderes da Rússia Democrática, Gavriil Popov e Anatoly Sobchak, juntaram-se aos membros mais influentes do grupo de Gorbachev, Eduard Shevardnadze, Alexander Yakovlev e Vadim Bakatin, para anunciar a fundação do Movimento Pró Reformas Democráticas (DDR), com base no qual deveria ser criado um partido democrático unido. Do ponto de vista dos organizadores, "todas as forças democráticas da Rússia e da União" precisavam se mesclar neste superpartido que, nas palavras de Popov, iria "devotar o apropriado grau de atenção à ordem e à disciplina".[9]

A DDR foi obviamente pensada para funcionar como uma "ponte" a fim de habilitar o setor liberal da *nomenklatura* comunista a fazer a transição para novas estruturas de poder. O jornal *Kommersant* observou, com seu cinismo característico, que a antiga *nomenklatura* do PCUS "estava formando um novo partido democrático", no qual a elite do velho partido poderia "se reagrupar mais uma vez". Previsivelmente, existiam vários problemas. A reportagem do *Kommersant* continuava:

> Os autores-fundadores não conseguem concordar sobre se o partido deveria ser social-democrático no seu caráter ou se ele teria, imediatamente, sem rodeios, declarar-se a favor do liberalismo. No entanto, este problema irá se resolver, mais provavelmente, de maneira muito simples. O partido vai levantar a bandeira da social-democracia – isto é politicamente mais conveniente para antigos líderes e ideólogos comunistas que estão fazendo a transição para a nova entidade – enquanto as práticas serão puramente liberais, já que representam o único rumo possível nas atuais circunstâncias.[10]

Em breve ficou claro que, com o anticomunismo tornando-se crescentemente a ideologia oficial, nem mesmo os antigos ideólogos do Partido Comunista sentiam mais a necessidade de uma camuflagem social-democrática. Em uma entrevista ao jornal *Kuranty*, Yakovlev declarou que, durante o período da perestroika,

---

9. *Rossiya*, n. 26, p. 2, 1991.
10. *Kommersant*, n. 26, p. 11, 1991.

ele havia não apenas "passado a rejeitar o marxismo", como também tinha chegado ao ponto de "afirmar o fracasso do socialismo".[11]

Imediatamente depois de se eleger prefeito da capital, Gavriil Popov determinou-se a implementar a política de consolidação, através da formação de um "governo de Moscou" e da escolha de administradores[12] entre os membros da antiga *nomenklatura*. As personagens mais odiosas envolvidas nisto eram Bryachikhin, um membro do Politburo do Partido Comunista da Rússia, e Nikolsky, antigo segundo secretário do Partido Comunista da Geórgia, que estava diretamente envolvido nos sangrentos incidentes de abril de 1989, quando tropas especiais de paraquedistas em Tbilisi golpearam os manifestantes usando pás de cavar trincheiras. Isto foi demais até mesmo para a geralmente dócil imprensa da capital. O *Moskovskie Novosti* publicou um artigo chamando atenção para os feitos passados dos burocratas que Popov havia indicado. Entretanto, os políticos que ontem mesmo se referiam à imprensa como o "quarto poder" nem mesmo se dignaram responder às opiniões críticas dos jornalistas a quem eles não mais podiam manter silenciosos.

O principal obstáculo à formação de um novo superpartido não era o problema representado pelos antigos ideólogos do PCUS, que queimaram entusiasticamente os textos diante dos quais eles, um dia, haviam obrigado outras pessoas a se humilharem, e que agora se rebaixavam diante dos escritos cuja queima eles um dia haviam ordenado. O impedimento chave eram as estruturas vigentes do movimento democrático. Os ativistas e funcionários da

---

11. *Kuranty*, n. 147, p. 1, 6 de agosto de 1991.
12. O tradutor para o inglês adotou a palavra *prefect*, rarissimamente utilizada, a ponto de não constar sequer de verbete em certos dicionários da língua inglesa. Em português, está incorretamente traduzida em alguns dicionários para "prefeito". Como um prefeito não nomeia outros prefeitos, buscamos um significado alternativo em dicionários de sinônimos da língua inglesa. *Prefect* quer dizer "um alto oficial ou dignatário", "oficial, diretor ou funcionário chefe ou magistrado", "monitor de alunos". Optou-se, então, pela palavra "administrador". (N. T.)

Rússia Democrática começavam a se sentir excluídos e a temer que, num futuro próximo, eles viessem a ser substituídos por quadros qualificados, com experiência no aparato, originados no PCUS. Os ativistas de numerosos partidos democráticos começaram a suspeitar da mesma coisa. Nikolai Travkin, que a princípio tinha apoiado a DDR, mais tarde dissociou-se dela. Os republicanos declararam que a única base para a unificação dos democratas era "as já existentes estruturas da Rússia Democrática".[13] Os social-democratas assumiram uma posição análoga. Os líderes da DDR não abandonaram seus planos de estabelecer um superpartido. Mas ficava claro agora que, no espírito das velhas tradições, o principal obstáculo para o triunfo definitivo da nova oligarquia dominante era apresentado pelas próprias forças e estruturas que a haviam trazido ao poder. Estas forças precisavam ser eliminadas ou entregues ao ostracismo político. Como os liberal-democratas haviam, pouco antes, ajudado os líderes da oligarquia a tirar os socialistas e os informais do caminho, o mesmo destino estava agora reservado para eles.

Entretanto, novas pontes estavam sendo construídas para a antiga *nomenklatura*. Uma delas era o Partido Democrático de Comunistas da Rússia (PDCR), estabelecido pelo vice-presidente da Federação Russa, Coronel Alexander Rutskoi. O novo vice-presidente era uma personagem pitoresca. Um aviador militar que havia sido condecorado com o título de Herói da União Soviética durante a guerra no Afeganistão, ele iniciou sua carreira política em 1989, como um dos líderes dos nacionalistas russos. Indicado pela organização Pátria para o posto de deputado do povo da URSS, ele comandou uma furiosa campanha contra as influências ocidentais e contra a venda da Rússia, mas não conseguiu se eleger. Mais tarde, ele foi eleito para o Congresso Russo dos Deputados do Povo, novamente como um membro do bloco de comunistas tradicionais. No Congresso, contudo, ele experimentou uma súbita revelação e, como o líder de um inteiro grupo de vira-casacas,

---

13. *Rossiya*, n. 26, p. 2, 1991.

ligou-se a Yeltsin. Por causa disto ele foi recompensado com o lugar de vice-presidente.

O PDCR foi fundado dentro do PCUS, como uma alternativa ao Partido Comunista russo oficial e, assim, tinha o direito de reclamar parte de sua propriedade. O congresso de fundação do PDCR aconteceu em agosto de 1991. Não surgiu nenhum programa especial que pudesse distinguir o PDCR de outras correntes democráticas, e não existiu debate político. "O único detalhe a levantar não exatamente uma discordância mas, principalmente, uma espécie de confusão entre a maioria dos delegados", observou o *Kommersant*, "era a manutenção do comunismo no nome do futuro partido".[14] Mas ninguém estava especialmente transtornado a este respeito, já que o PDCR era nitidamente uma estrutura temporária, de transição. O próprio Rutskoi demonstrou isto claramente, afirmando que, em breve, o PDCR iria "se integrar aos movimentos e partidos progressistas" e, acima de tudo, à DDR.[15]

Finalmente, o próprio PCUS de Gorbachev compensou as omissões passadas. No início de agosto, o *Pravda* publicou um novo esboço de programa partidário que omitia virtualmente qualquer menção ao marxismo, saudava o fim da "confrontação de sistemas sociais" e procurava remodelar, o mais rápido possível, a ideologia e a imagem do PCUS para que elas se adequassem à disposição liberal.

Para centenas de milhares de funcionários das estruturas de poder antigas ou novas, esta reconciliação das elites era um sinal propício, um arauto de paz e prosperidade. Para milhares de ludibriados ativistas da Rússia Democrática e para numerosos membros do PCUS, era traição. Para o país, era o início de uma nova era, na qual as experiências democráticas seriam substituídas pelo trabalho sério e determinado de construir uma nova ditadura.

Se uma tal ditadura podia ser instalada e consolidada, iria depender criticamente do ponto até o qual as massas trabalhadoras

---

14. *Kommersant*, n. 31, p. 3, 1991.
15. *Rossiya*, n. 26, p. 2, 1991.

eram capazes de contrapor seus próprios interesses e suas próprias organizações aos dos novos grupos dominantes. Poucos membros da intelligentzia soviética viam qualquer perspectiva para a emergência de um movimento trabalhista independente que desempenhasse um papel importante. No início dos anos 80, quando o mundo inteiro estava acompanhando a luta do Solidariedade na Polônia com surpresa e admiração, os intelectuais de Moscou reclamavam: "Nossos trabalhadores não são capazes disso!". Estar na oposição era algo percebido como sendo o destino dos escritores e de outras pessoas altamente educadas, que se constituíam nas únicas com capacidade para compreender as vantagens da democracia. Nesse meio tempo, a deficiência de liberdade de criação era apresentada como a única escassez em torno da qual dever-se-ia travar uma luta séria.

Como sempre acontece em tais casos, tanto os dissidentes quanto a elite dominante, que concordavam plenamente a respeito destes pontos de vista, não conseguiram compreender os verdadeiros processos que estavam se desdobrando. Por volta do início dos anos 80, as pesquisas de opinião pública não apenas davam testemunho do agudo descontentamento das massas, como também mostravam que as idéias sobre vida e sociedade dos trabalhadores qualificados pouco diferiam do pensamento da intelligentzia de Moscou. Como resultado de vinte anos de "políticas de estabilidade", a serem redenominadas em breve de "estagnação", nossa sociedade achou-se – ainda que por um curto período – num estado de acordo geral sem precedentes.

Quando a "época de estabilidade" deu lugar aos anos de discórdia e declínio conhecidos oficialmente como "perestroika", a intelligentzia ganhou uma vasta e inédita platéia. Nas declarações dos escritores e nos discursos dos eruditos, as pessoas reconheciam seus próprios medos, suas próprias insatisfações, seus próprios protestos. Assim, milhares de pessoas que não carregavam diplomas universitários pela primeira vez tomaram parte em manifestações de rua, e mais tarde começaram a entrar em greve. A imprensa liberal e os políticos oposicionistas, superando seus espantos e sustos iniciais (uma olhada nas publicações de 1988 e 1989 mostra que estas foram as suas primeiras reações), imediatamente passaram a falar do "redespertar da classe trabalhadora", o que dava prova de sua "maturidade política". Aqui estava ainda um outro erro.

Embora o movimento de trabalhadores tenha, de fato, passado por vários estágios desde o final dos anos 80, não se pode descrevê-lo como tendo "amadurecido". O primeiro estágio do novo movimento de trabalhadores soviéticos foram os "clubes de trabalhadores" implantados nas empresas – ou, mais precisamente, fora delas – em 1987 e 1988. Estes clubes pouco diferiam das outras reuniões de debates informais, e seus participantes tinham mais em comum com seus irmãos informais do que com seus irmãos trabalhadores. Em muitos casos, os membros destes clubes não desfrutavam de qualquer autoridade nas empresas e sua participação no "movimento informal" só era importante na medida em que ela significava que os líderes (inclusive o autor aqui presente) podiam refutar as acusações de que o movimento consistia apenas de intelectuais, respondendo orgulhosamente: "Não, nós temos trabalhadores também."

É sugestivo que, em 1989, quando finalmente explodiram greves nas regiões de mineração, os informais locais, inclusive os clubes de trabalhadores, não tenham desempenhado qualquer papel expressivo na organização delas. Em nosso movimento trabalhista, cada novo estágio geralmente se inicia com o desmerecimento e a rejeição dos resultados da etapa precedente – mais um sintoma de imaturidade.

A greve dos mineiros de 1989 revelou-se um momento decisivo. Esta era uma greve clássica, que envolvia muitos milhares de trabalhadores em um processo elementar de auto-organização. As praças municipais nos distritos mineiros assistiram a infindáveis encontros nos quais as pessoas falavam durante horas sobre as suas queixas (descobriu-se, inesperadamente, que os mineiros, que tinham visto uma boa quantidade de conferências e congressos, podiam discursar tão bem quanto os acadêmicos). Nasceu um processo de democracia direta, com a praça exigindo continuamente os relatos de seus líderes. Uma proibição de bebidas alcoólicas foi introduzida – e voluntariamente obedecida – pelos próprios grevistas: em resumo, uma situação que teria alegrado o coração de um revolucionário de 1905. Faltava somente uma coisa: os grevistas não tinham uma ideologia política. Nem poderiam ter, já que não existia organização política.

O movimento começou, por assim dizer, num vazio. As tradições haviam-se perdido, os sindicatos oficiais eram hostis e impotentes. Os comitês de greve de 1989 tornaram-se a primeira forma de organização de trabalhadores em sessenta anos – a primeira forma, mas longe de ser a ideal.

Os comitês de greve imediatamente ficaram sobrecarregados com numerosas obrigações conflitantes. Durante a greve eles tornaram-se efetivamente o único poder real nas regiões mineiras e, mesmo depois da greve, conservaram muitas funções importantes. Em conseqüência, os ativistas dos comitês de greve atolaram-se em tarefas administrativas menores, para as quais eles estavam completamente despreparados. Ao mesmo tempo, na ausência de um partido de trabalhadores, eles eram obrigados a travar uma luta para a defesa política dos interesses dos trabalhadores e a atuar como sindicatos, já que os sindicatos oficiais recusavam-se a desempenhar este papel.

Os comitês de greve, que logo assumiram o nome de comitês de trabalhadores, eram simplesmente incapazes de dar conta disso. Tanto mais porque nenhuma das estruturas primárias de um movimento trabalhista estava implantada. Os ativistas que tinham aparecido nos dias tórridos do verão de 1989 mudaram-se rapidamente para os comitês de greve municipais e regionais. Somando-se a isso, as pessoas que emergiram como líderes nas reuniões de greve não eram as mesmas que haviam estabelecido suas autoridades através da duradoura participação no movimento – não existia nenhum movimento – e sim, em muitos casos, aquelas que simplesmente tinham gritado mais alto. Os líderes dos comitês de greve começaram a ser chamados ao Kremlin, a receber salários pela participação no trabalho das comissões que estavam supervisionando o cumprimento dos acordos entre o governo e os mineiros, e a ser convidados para visitarem países estrangeiros, incluindo os EUA, a Grã-Bretanha e a Argentina. Políticos de todas as colorações, que haviam demonstrado pouco interesse nos problemas da indústria de carvão antes das greves de 1989, passaram a cortejar os mineiros, tentando atraí-los para os seus lados.

Já no outono de 1989, os comitês de trabalhadores se achavam em crise.

Inicialmente, os mineiros fizeram o máximo para evitar a política. Eles relutaram em desafiar as autoridades do partido, e estavam temerosos de se tornarem marionetes dos líderes de Moscou de uma ou de outra tendência. No entanto, provou-se que era impossível evitar a política, e que este não constituía o modo de conquistar a autêntica independência política. Na falta de uma noção das principais questões políticas, os mineiros foram arrastados, contra sua vontade, a numerosos conflitos políticos. Sua indisposição para se engajarem na política significou que os mineiros se tornaram joguetes nas transações políticas entre outras forças. Através do ódio por Gorbachev e sua equipe, a quem eles consideravam responsáveis pelo colapso do país e pela queda nos padrões de vida dos trabalhadores, os comitês de trabalhadores foram automaticamente empurrados para os braços de Yeltsin e seu círculo, embora seu programa social e econômico não prometesse nada melhor.

Entre os líderes dos comitês de trabalhadores, a cautela em relação aos políticos e intelectuais de Moscou veio a ser substituída por uma confiança irracional. Até certo ponto, a composição da liderança dos trabalhadores também foi modificada. Em suas relações com os deputados liberais da capital, os líderes dos comitês de trabalhadores começaram a se comportar exatamente como os membros trabalhadores dos clubes informais de Moscou tinham se portado diante dos seus líderes de clube em 1987 e 1988. Eles se tornaram mais parecidos com seus recém-descobertos amigos do que com seus camaradas trabalhadores.

A DESINTEGRAÇÃO DO MONOLITO 187

As tentativas feitas durante 1990 para estabelecer organizações de massa dos trabalhadores também não foram coroadas de sucesso. A Confederação do Trabalho que foi proclamada em Novokuznetsk durante o verão de 1990 provou-se inviável, já que ela juntava comitês de mineiros a pequenos clubes de trabalhadores que, por algum milagre, ainda sobreviviam. Estas estruturas eram de peso social muito diferente, e de modo algum complementavam uma à outra, visto que todas elas sofriam de fraquezas de natureza semelhante. Algumas delas ainda não podiam assestar uma defesa real dos interesses dos trabalhadores, enquanto outras já haviam perdido esta capacidade.

Os pequenos sindicatos independentes vieram a existir mesmo antes das greves dos mineiros e, depois dos acontecimentos do memorável verão de 1989, eles começaram a brotar como cogumelos. Todos eles, no entanto, permaneceram pequenos, e muitos estavam menos envolvidos com a atuação sindical do que com negócios. Uma exceção era a União Independente de Mineiros (UIM), estabelecida com base nos comitês de trabalhadores. No entanto, a UIM também não podia se gabar de grandes sucessos. A maioria dos trabalhadores continuava nos antigos sindicatos, já que eles ofereciam o acesso a vários benefícios sociais, enquanto os novos centros sindicais não podiam fazer isso.

Tiveram início as explosões de escândalos em torno de casos de corrupção. O mais importante deles abalou a UIM durante o verão de 1991, quando o presidente da união Pavel Shushpanov foi acusado por seus colegas do escritório executivo de uso indevido dos fundos sindicais e de não conseguir fazer uma prestação das contas financeiras. As investigações revelaram tudo aquilo que se poderia esperar, conhecendo o estado de coisas na União – e muito mais, que nem mesmo os críticos da liderança haviam suspeitado. Uma comissão de inquérito descobriu que o dinheiro havia sido transferido para uma conta mantida pela UIM num banco comercial em estado de falência, a fim de escondê-lo dos credores. Não fora mantida uma contabilidade das doações em moeda forte feitas por mineiros de outros países, e as famílias dos líderes da União tinham estado vivendo em Moscou às custas da organização. Ao tomar conhecimento destes abusos, o escritório executivo retirou o direito de Shushpanov à primeira assinatura, privando-o da capacidade de dispor dos fundos da União.

Por esta época, aconteceu um desastre em uma mina no Donbass, e 32 mineiros foram mortos. A despeito de uma aguda escassez de fundos, a União destinou mais de 32 rublos às famílias consternadas. Neste momento, então, Shushpanov apareceu em cena e, criticando seus colegas "mão-fechada" porque avaliavam a vida de um mineiro em nada além de mil rublos, entregou às famílias outros 300 mil rublos a mais. Onde o presidente da União havia conseguido uma tal soma permaneceu como um mistério até para os outros líderes da UIM. Ocorreu um "racha" na organização, e os mineiros ficaram desmoralizados.

A comercialização tornou-se o flagelo dos novos sindicatos. Muitos deles eram formados em base de cooperativas, e incluíam em suas fileiras tanto os trabalhadores assalariados quanto os seus empregadores, violando os princípios internacionais do movimento sindical livre. Outros sindicatos ficaram tão envolvidos com a atividade comercial que demonstravam pouco interesse nas necessidades de seus membros. No verão de 1991, o Ministério da Justiça russo recusou-se a registrar a corporação sindical Sotsprof sob o pretexto de que ela não era um sindicato trabalhista, mas sim um consórcio comercial atuando sob uma bandeira sindical.

Uma outra tentativa de unir os trabalhadores foi conduzida através das estruturas da União de Coletivos Trabalhistas da URSS. Os Conselhos de Coletivos Trabalhistas, que haviam se juntado aos comitês de trabalhadores para formar esta corporação, eram, de modo geral, representativos, mas inoperantes. A formação da União de Coletivos Trabalhistas foi provocada pelo próprio governo, quando tentou eliminar os conselhos – que haviam sido anteriormente estabelecidos pelas autoridades – porque eles poderiam ter representado um obstáculo à privatização. Os conselhos reagiram colericamente, e tomaram, em seu congresso, uma resolução contra a privatização. Eles estabeleceram também ligações com o grupo de Yeltsin, que havia prometido conservar os órgãos de autogestão, a despeito do fato de que seu programa projetasse uma privatização ainda mais ampla.

A formação da União dos Coletivos Trabalhistas levantou grandes esperanças, mas a corporação sofreu o mesmo destino da Confederação de Trabalho. Sem instituições adequadas ou uma ideologia própria, carente de quadros qualificados e de ativistas de bases populares, a União não conseguiu decolar. Os Conselhos de Coletivos Trabalhistas, que tinham sido implantados de cima, passaram rapidamente a desmoronar. Os líderes da União de Coletivos Trabalhistas ou foram atirados na luta para garantir a sobrevivência dos conselhos nos locais de trabalho, sem nenhuma esperança de desenvolver uma atividade coordenada na escala do país do como um todo, ou simplesmente não tinham idéia do que fazer.

As greves dos mineiros da primavera de 1991 colocaram em foco todos os problemas de uma vez. Enquanto a imprensa liberal escrevia artigos triunfantes sobre os mineiros, o movimento encontrava-se numa profunda crise. O governo não tinha mais medo de greves. As ações de solidariedade em massa não resultavam em nada. Empresas industriais entravam em greve aqui e ali, mas estas paralisações não tinham nada em comum com as ações dos mineiros. Diferenças acirradas ficaram evidentes entre as principais regiões de mineração, o Donbass, o Kuzbass, Vorkuta e Karaganda.

Um movimento de massa do povo trabalhador só pode se dar se existir unidade entre os trabalhadores industriais. Uma nova onda de greves em grandes empresas industriais mostra que isso é possível. Ações de trabalhadores na fábrica de automóveis Moskvich e na Lyublinsky Fundição e Serviços Mecânicos demonstraram que o povo está cansado de esperar e pronto a defender seus interesses. O surgimento do movimento nestes casos não foi tão rápido como entre os mineiros, mas isto não é necessariamente um fato ruim. Agora parece provável que as lutas dos mineiros não tenham sido em vão. Novos líderes estão aparecendo, tais como Vladimir Minaev da Lyublinsky, cuja participação no movimento trabalhista precede à primeira greve. A classe trabalhadora está começando – ainda que apenas recomeçando – a reaprender sua história. O caos econômico e o colapso das empresas combinam-se à total indisposição dos que estão no poder para defender, de qualquer modo que seja, os direitos dos trabalhadores. A ameaça do desemprego numa escala monstruosa paira sobre o país. Os padrões de vida entraram em queda livre. A única força que poderia esperar alterar o rumo dos acontecimentos seria um movimento do povo trabalhador organizado e genuinamente independente – não só dos comunistas como também dos "democratas".

Pelo mundo inteiro, as principais organizações de trabalhadores têm sido os sindicatos. Os partidos socialistas cresceram e reuniram forças precisamente como resultado de suas ligações com o movimento sindical. Entre nós, surgiu uma situação paradoxal. Nós temos a maior classe trabalhadora da Europa, com os maiores sindicatos – que estão entre os mais fracos de qualquer lugar do continente. Foi só depois dos meados de 1991 que esta situação começou lentamente a mudar.

Enquanto a imprensa estava noticiando em detalhes a formação de novos grupos sindicais com uma filiação de poucas dezenas ou centenas de pessoas, mudanças lentas e complexas se desdobravam dentro dos sindicatos oficiais. Nem sempre elas eram mudanças para melhor. Os sindicatos oficiais assumiram o nome da Federação de Sindicatos Independentes da Rússia (FSIR), mas isto não significou que eles tivessem se tornado organizações de trabalhadores. Ao contrário, os líderes da FSIR pareciam prontos a trabalhar para os novos patrões; em vez de prestarem suas obrigações ao Partido Comunista, os líderes da FSIR marcham agora sob a bandeira do governo russo, com o qual eles esmeradamente coordenam suas ações. Em níveis mais baixos dentro da organização, no entanto, estava ocorrendo uma genuína renovação. No âmbito das oficinas e empresas, existem agora grandes números de novos líderes sindicais, eleitos pelas bases desde 1989, e muito diferentes dos burocratas do velho estilo. A liderança da Federação de Sindicatos de Moscou e de outras federações sindicais também passou por mudanças substanciais.

A DESINTEGRAÇÃO DO MONOLITO 191

Nas manifestações do Primeiro de Maio de 1991, o povo levou cartazes condenando tanto as políticas do "centro" quanto as do governo russo, enquanto do alto do mausoléu de Lenin, onde Gorbachev permanecia soturnamente sem ser convocado a discursar, os trabalhadores eram saudados pelo deputado do Partido Socialista junto ao Soviete de Moscou, Alexander Popov. Tornou-se possível ter esperanças de que verdadeiras mudanças estivessem acontecendo no movimento trabalhista.

Com a ameaça do crescente desemprego em massa, a liderança da Federação dos Sindicatos de Moscou precisava tomar medidas que fossem mais do que apenas simbólicas. No verão de 1991, havia ficado claro que um rompimento com a liderança da FSIR era inevitável; nesta disputa, os sindicatos dos principais centros industriais ficaram do lado de Moscou. Dentro das lideranças sindicais, as pessoas começaram a sugerir que havia chegado o momento de estabelecer um partido baseado no movimento trabalhador. Os primeiros passos nesta direção foram tomados em julho de 1991, quando a Confederação de Anarco-Sindicalistas, o Partido Socialista e a Federação dos Sindicatos de Moscou realizaram um congresso no qual foram revelados planos para a formação de uma organização política unida "de tipo do partido trabalhista". Os que falaram a favor do projeto incluíam Tatyana Koryagina, a famosa economista e veterana da luta contra a corrupção, e o recém eleito presidente do Soviete de Moscou, Nikolai Gonchar.

A criação de um Partido do Trabalho era uma necessidade premente num país onde virtualmente todos os grupos políticos, inclusive o Partido Comunista, haviam optado por uma ideologia de "livre empresa" e privatização, em vez de assestarem uma luta em favor dos direitos dos trabalhadores. Mas um Partido do Trabalho só poderia se tornar uma verdadeira força se fosse sustentado pelos sindicatos e movimentos sociais de massa, não apenas em Moscou, mas através de toda a URSS, e somente se os próprios sindicatos levassem suas prometidas reformas internas até o fim.

A crise no movimento de mineiros e as divisões nas fileiras dos antigos sindicatos eram testemunho das mudanças que estavam acontecendo. Novas estruturas sindicais ainda estavam para ser construídas, e a organização política dos trabalhadores havia meramente se iniciado. Não havia tempo a perder. O país estava afundando no caos econômico; a produção declinava, o sistema financeiro aproximava-se de sua falência definitiva, empresas estavam fechando as portas, e os lucros reais caíam vertiginosamente. Os interesses da maioria das pessoas comuns, que não tinham contas em bancos estrangeiros, nem poder, nem conexões, nem propriedade, podiam ser defendidos, em tais circunstâncias, apenas através de organizações de massa fortes e radicais, capazes de uma atuação decisiva.

Na ausência de tais organizações, o inevitável abalo, ao serem finalmente substituídos os aparatos do governo central e do Partido Comunista como as instituições dominantes do país, assumiu a forma de uma farsa bizarra e atrapalhada, na qual a grande maioria da população se constituiu numa confusa espectadora mais do que numa participante. O desenlace começou em 19 de agosto de 1991. O rádio e a televisão noticiaram que havia sido formado um Comitê Estatal para o Estado de Emergência e que Gorbachev fora temporariamente afastado do poder. Por algum motivo, as comunicações e o transporte funcionavam normalmente, e os soldados não tinham munição. Yeltsin não foi preso. Embora os acontecimentos de 19 de agosto tenham sido, mais tarde, classificados como um "golpe comunista", as estruturas oficiais do PCUS não desempenharam nenhum papel no que ocorreu, e as declarações da "junta" foram ideologicamente neutras. Todos os golpistas eram íntimos colaboradores de Gorbachev; o Primeiro Ministro Valentin Pavlov era pessoalmente responsável pela implementação das reformas econômicas. Os líderes atuantes das forças stalinistas, tais como: Nina Andreeva e o deputado do Soviete de Moscou, Ampilov, condenaram o golpe.

A evidência sugere que os membros do Comitê Estatal para o Estado de Emergência esperavam ser capazes de sentar Yeltsin e

A DESINTEGRAÇÃO DO MONOLITO

Gorbachev a uma mesa de negociações e estabelecer um governo de unidade nacional, no qual eles próprios teriam as vozes decisivas. As reportagens que mais tarde apareceram na imprensa insinuavam que estes planos tinham sido arquitetados, de um modo ou de outro, pelos próprios Gorbachev e Yeltsin.[16] Mas, contrariando as expectativas de todos os envolvidos, Yeltsin decidiu-se por um cenário diferente, optando por fazer valer sua própria liderança em vez de se engajar em um novo compromisso.

---

16. Ver *Kommersant*, n. 34, 1991, *Solidarnost*, n. 11 etc., 1991.

O GOLPE QUE FUNCIONOU

O que aconteceu realmente? Por que o Comitê Estatal para o Estado de Emergência agiu de maneira tão descuidada e tolerante, pelo menos nas primeiras poucas horas? Em qualquer golpe, as primeiras cinco a dez horas são cruciais. Numa percepção tardia, foram feitas tentativas de dar uma explicação para o estranho comportamento do comitê através de incompetência, relaxamento e falta de preparação. Mas o próprio Yeltsin sustentou que o golpe esteve em preparação durante um ano.

A junta incluía o chefe da KGB, Kryuchkov, que tomou parte pessoalmente nos preparativos para o golpe militar na Polônia, em dezembro de 1981 – um golpe que foi impecavelmente organizado e executado.

Toda criança de escola deste país que tenha lido o "Marxismo e Insurreição" de Lenin sabe por alto como promover um golpe de Estado. Os antigos chefes da KGB sabiam disto melhor do que ninguém, tendo não somente estudado, como também organizado, inúmeros golpes pelo mundo inteiro. E, mesmo com todas as deficiências deste departamento, é difícil imaginar profissionais do assunto cometendo tamanhos erros a cada etapa.

Acima de tudo, fica além da compreensão por que, na alvorada de 19 de agosto de 1991, a Casa Branca não foi tomada, e por que

Yeltsin, Rutskoi e Silayev não foram presos. O comitê contara com algumas boas horas para fazer isso. Se Yeltsin descobriu sobre o golpe às oito da manhã, então a junta realmente teve cinco horas para tomar e ocupar a Casa Branca. Mas, mesmo depois disto, eles poderiam facilmente tê-la bloqueado e impedido seu dono e senhor de chegar até lá, interceptando, assim, o acesso dele à sua sala de comando.

Depois de Yeltsin haver-se entronizado nela, ninguém tentou trancá-lo lá dentro. Nem os telefones ou o fornecimento de eletricidade foram cortados, e as pessoas tiveram liberdade para entrar ou sair.

Nem mesmo a Praça Manezh foi bloqueada, embora Gorbachev houvesse feito isso na primavera anterior. Ninguém tentou bloquear o centro da cidade, dispersar as manifestações ou mesmo verificar os documentos das pessoas.

Os canais de televisão sob controle dos golpistas comportaram-se estranhamente. Os telespectadores mantiveram-se atualizados sobre os movimentos de Yeltsin e as manifestações de protesto. As convocações de Yeltsin para greve foram lidas no metrô que, correspondendo às ordens do comitê, fechou às onze da manhã com a introdução de um toque de recolher.

O mais assombroso é que as tropas não estavam armadas. Os carros blindados não contavam com os equipamentos completos, e até os oficiais tiveram os cartuchos retirados de suas armas pessoais, o que ultrapassa os limites da prática militar normal.

Não é surpreendente que a maioria dos moscovitas, desde o primeiro momento, tenha tratado o golpe sem nenhuma seriedade. Crianças encarapitavam-se nos tanques e pessoas passeavam pelas ruas. Elas não apenas ignoraram o toque de recolher como nem mesmo obedeceram aos regulamentos de trânsito.

Levantam-se então questões de uma outra ordem: o que Yeltsin estava fazendo na manhã de 19 de agosto? Ele realmente não promoveu nenhuma tentativa de contatar as autoridades através do sistema de comunicações do governo, que estava funcionando perfeitamente bem? E, se ele tentou, com quem falou? Por que

A DESINTEGRAÇÃO DO MONOLITO 197

existiu um hiato de umas poucas horas entre o início do golpe e a aparição pública do "Czar Boris" como o guerreiro contra a "junta sangüinária"?[1]

No que diz respeito a Gorbachev, as coisas também continuam obscuras. Quando voltou da Criméia, ele falou de um bloqueio em torno de sua residência, e de navios de guerra que o vigiavam do mar. Mas logo ficou evidente que Gorbachev não estava contando ao povo a verdade. Testemunhas oculares sustentam que nada de fora do comum aconteceu em torno da *dacha* de Gorbachev, em Foros, entre 19 e 22 de agosto, e que tudo, pelo menos do lado de fora, continuava como de costume.

A *Nezavisimaya Gazeta* (o *Diário Independente*) já acusou Gorbachev de cumplicidade na conspiração. Mas se o presidente da então União Soviética estava envolvido nela, o que dizer do presidente da Rússia? Pelo menos, Gorbachev foi isolado do mundo em Foros, mas Yeltsin continuou solto.

Por algum motivo, ninguém perguntou o que Tizyakov estava fazendo como membro da junta. Lá estavam Pavlov, o Primeiro Ministro, Yanayev, o vice-presidente, que assumiu o cargo de chefe do Estado, Kryuchkov e Pugo, os comandantes dos órgãos repressivos do poder, todos personagens da linha de frente. Mas como fez Tizyakov, um gerente de fábrica, para cavar sua intromissão na companhia deles?

O fato é que Tizyakov era um dos deputados de Arkady Volsky, o chefe da União Científica Industrial. A UCI é não somente a maior associação de altos dirigentes no país, como também uma organização que manteve íntimo contato tanto com o grupo de Yeltsin quanto com o de Gorbachev, ao mesmo tempo.

Naturalmente, a UCI condenou Tizyakov, mas somente no dia 22 de agosto, quando o golpe já estava terminado. É curioso que,

---

1. *Bloody*: pode significar também "maldita" – como Yeltsin aparentemente pretendia passar a impressão de violência, optamos pelo uso da palavra "sangüinária" que, mais adiante, demonstrou-se correto, na medida em que um episódio de conflito com mortos e feridos permitiu que o presidente da Rússia capitalizasse a seu favor o caráter "bárbaro" da junta. (N. T.)

depois disso, a imprensa oficial tenha procurado manter-se calada sobre Tizyakov – e na cobertura do golpe pela televisão ele quase nunca tenha estado presente. Não é difícil imaginar que o próprio Volsky não iria aderir ao golpe. Para ele, não valia a pena sujar as mãos e, de qualquer maneira, o risco era grande demais. Ainda assim, um lugar na junta estava reservado para a UCI. E havia também "pontes" políticas ligando a junta e outros agrupamentos na hierarquia dominante.

Desde 22 de agosto, existe uma nova versão dos acontecimentos, lançada pelos círculos dominantes para explicar o que aconteceu. Ela resume-se a isto: os golpistas estavam simplesmente tentando copiar o golpe de 1964 que afastou Khrushchev. Mas, infelizmente, não há nenhuma prova que sustente isso. Os golpistas conheciam perfeitamente bem a diferença entre 1964 e 1991, e estavam trabalhando de acordo com um roteiro completamente diferente.

Não foi por acidente que não houve qualquer tentativa de convocar uma reunião urgente do Comitê Central do Partido Comunista, afastar Gorbachev do posto de Secretário Geral e usar o apoio da estrutura partidária do centro e das províncias.

A epidemia de estranhos "suicídios" de altos oficiais, começando pelo absolutamente inesperado suicídio de Pugo nos últimos dias do golpe, não pode ter deixado de levantar suspeitas. As únicas pessoas que cometem suicídio são aquelas que sabem demais. E não foi por acaso que Kryuchkov disse, em uma entrevista na televisão depois de ser preso, que gozava de perfeita saúde.

O bem-informado jornal *Kommersant* levanta a possibilidade de que Yeltsin estivesse envolvido na conspiração. Segundo seus colunistas, a coragem e a astúcia de Yeltsin dão testemunho disso. Ele incitou seu opositores a promoverem o golpe, e depois os esmagou, resolvendo todos os seus problemas e acabando com o comunismo numa só tacada. O problema desta tese é que ela faz os golpistas saírem-se como estúpidos demais. Mas se foram ingênuos a ponto de não cortarem o telefone de Yeltsin, poder-se-ia inferir muito facilmente que os golpistas deixaram que ele os enganasse.

Yeltsin estava certo do sucesso. Ele indubitavelmente sabia, pelo menos na manhã de 19 de agosto, que a Casa Branca não seria tomada. Ou o apelo para que o povo viesse defender a Casa Branca foi um grande logro, ou, se Yeltsin realmente temia uma tomada de assalto, tratou-se de um gesto absolutamente inescrupuloso. Uma multidão desarmada jamais conseguiria resistir a uma tropa de assalto. Ela poderia apenas morrer debaixo dos tanques.

Não obstante, a defesa da Casa Branca tinha grande significado psicológico. Precisava ser demonstrado que o povo desarmado havia vencido os golpistas. É difícil aceitar que Yeltsin pudesse ter arriscado o massacre em massa, absolutamente insensato, de centenas de pessoas, sem conhecimento anterior do plano dos golpistas. Como ele poderia ter descoberto? Muito provavelmente, pelos próprios golpistas.

É realmente fácil encontrar as respostas para estas perguntas na entrevista coletiva dada pela junta na noite de 19 de agosto. Ao dizerem que iriam chegar a um acordo e cooperar com Yeltsin, que Gorbachev voltaria após a restauração da ordem, e que a política econômica continuaria como antes, Yanayev e seus colegas estavam falando a verdade completa. Eles estavam agindo de acordo com o roteiro previsto e esperando que os outros fizessem jogadas semelhantes.

Não é difícil adivinhar que os golpistas precisavam ter uma base sólida para tamanha certeza. Pessoas sérias tais como Kryuchkov, chefe da KGB, e Pugo, Ministro do Interior, jamais teriam embarcado em um golpe de Estado sem descobrir quem iria apoiá-lo e quem iria permanecer neutro. Eles certamente não teriam apenas suposto que Yeltsin estava preparado para manter-se neutro na eventualidade de um golpe; eles teriam efetivamente *sabido* disso.

Os golpistas calcularam que, depois do golpe, seria preciso haver negociações e compromissos, e a criação de um governo de unidade nacional, incluindo Yeltsin, ou pessoas do círculo dele. Muito provavelmente uns poucos membros da junta, neste ponto, deveriam ter que se desligar, embora as personagens-chave, Pugo,

Kryuchkov e, talvez, Pavlov, fossem permanecer. Não foi por uma iniciativa fortuita que Nazarbayev, o presidente do Kazakhistão, ofereceu-se como um mediador, já que ele estava absolutamente convicto de que haveria conversações no futuro imediato.

Enquanto isso, Yeltsin escolheu um roteiro diferente. Ele não apenas condenou o golpe sem fazer quaisquer rodeios, mas também começou a agir. Enquanto a junta levava adiante a ficção do golpe, Yeltsin o estava trazendo a uma conclusão, através da exigência, contrária às constituições da então URSS e da Rússia, de que todas as estruturas de poder no território da República devessem ser colocadas sob o controle de seu governo.

Isto significou a dissolução virtual e irreversível da União Soviética em 19 de agosto. E também tornou sem sentido qualquer tentativa de recriar a União com base no acordo delineado por Gorbachev. Significou o fim da divisão de poder que havia sido assegurada na Constituição, e o início do governo absoluto de Yeltsin.

Quando a junta compreendeu o que havia ocorrido, já era tarde demais. Sentindo que as coisas andavam erradas, em 20 de agosto, os membros procuraram assumir o poder real e convocar novas divisões para Moscou, só que estas agora os ignoraram.

Ao que tudo indica, desenvolveu-se um racha dentro da junta. Yanayev sentiu que os demais estavam procurando enganá-lo para transformarem-no em bode expiatório, e Kryuchkov e Pugo tentaram entrar em ação. Quando o chefe da companhia Rádio e Televisão Estatais de toda a União, Kravchenko, chegou ao comando da junta, deparou-se com uma cena estranha. Yanayev pedia uma transmissão em rede para anunciar que ninguém iria tomar de assalto a Casa Branca, mas Kryuchkov e Pugo diziam raivosamente que, se eles já haviam sido declarados traidores e criminosos, então não tinham outra escolha a não ser agir de acordo com isso. É óbvio que a postura de Yeltsin tinha sido completamente inesperada.

Não está inteiramente esclarecido o por quê de o golpe não ter malogrado na noite de 20 de agosto. Os golpistas permaneceram inertes, brigaram, e tentaram preparar novas subdivisões para a batalha, especialmente o grupo antiterrorista "Alpha", da KGB, mas seu pedido foi recusado.

Yeltsin e sua equipe sentaram-se negligentemente à espera de que algo acontecesse. O quê? Um assalto? Mas os golpistas não contavam mais com forças confiáveis para levar isto a cabo. Estariam eles aguardando elucidações? Mas a Casa Branca era mantida bem informada sobre o que estava ocorrendo.

É difícil livrar-se do pensamento de que eles estariam esperando pelo primeiro derramamento de sangue, pelo sacrifício expiatório que iria justificar a subseqüente repressão não apenas contra os organizadores imediatos do golpe, como também contra os opositores políticos do novo regime.

E o sangue correu, na noite entre 20 e 21 de agosto, durante o choque entre uma coluna armada, no momento em que ela se recolhia ao quartel, e uma multidão, a alguma distância da Casa Branca.

Três pessoas morreram. A princípio, este incidente foi divulgado como uma tentativa de assaltar a Casa Branca mas, depois de poucos dias, a propaganda oficial viu-se obrigada a admitir que não houvera assalto nenhum. Por outro lado, agora era possível falar de "junta sangüinária", e sobre a batalha "nas barricadas de Moscou". A efêmera defesa da Casa Branca, de maneira unânime, foi reconhecida oficialmente com *status* legendário, tal como a tomada do Palácio de Inverno pelos bolcheviques, em 1917.

Os golpistas fugiram, embora, por algum motivo, não para o Iraque ou a Coréia do Norte, mas para Gorbachev na Criméia, onde eles foram devidamente presos. O golpe de Yanayev, Pugo e Kryuchkov havia falhado; o de Yeltsin tivera sucesso. Gorbachev foi entregue a Moscou, nominalmente como o presidente de um Estado que não mais existia, mas, de fato, como um refém da Casa Branca.

Os jornais comunistas foram fechados e os prédios do Partido Comunista, lacrados (a um único e mesmo tempo, eles lacraram os estabelecimentos daquelas organizações que haviam apoiado o comitê, incluindo até o Soviete de Veteranos). Depois de alguns dias, Gorbachev anunciou solenemente seu afastamento do Partido Comunista, o confisco das propriedades e a dissolução do Comitê Central do partido. Uma vida nova estava começando para a Rússia; uma vida sem comunistas, mas com Yeltsin e Rutskoi.

Restam duas perguntas a serem respondidas: primeiro, qual foi o objetivo da aventura? E, segundo, o que é que nós temos agora, como resultado do seu fracasso?

O INVERNO DO DESCONTENTAMENTO

Nos primeiros dias depois do 19 de agosto, o Partido Comunista foi varrido da cena, e teve início uma nova era na história da Rússia e do mundo, com o gradual esfacelamento da antiga União Soviética. Os três dias durante os quais as ruas foram patrulhadas por tanques cujos canhões ainda estavam equipados com suas tampas, enquanto a televisão "golpista" informava o público com detalhes sobre os últimos decretos do "oposicionista" Yeltsin, foram o auge do absurdo que já vinha reinando no país por vários anos.

Em essência, o golpe de 19 de agosto foi avante com sucesso, embora isto não tenha nada a ver com o Comitê Estatal para o Estado de Emergência. Yeltsin e sua equipe apossaram-se do controle das estruturas da União, disparando sucessivas declarações de independência e efetivamente provocando a fragmentação da federação soviética. As constituições da União Soviética e da Rússia tornaram-se letra morta. Yeltsin promulgou uma cadeia de decretos liquidando com a antiga ordem. Este golpe terminou em absoluto triunfo.

Os acontecimentos de 19 a 21 de agosto cumpriram basicamente a mesma função do incêndio do Reichstag na Alemanha, em 1933. Nas palavras do famoso filósofo Dmitri Furman, o falso golpe tornou possível destruir completamente a oposição, enquanto a "heróica defesa da Casa Branca" ofereceu uma espécie de expiação por quaisquer pecados cometidos durante o processo. Mais uma vez jornais estão sendo fechados, embora agora sejam os não-democráticos. Líderes locais considerados desleais estão sendo afastados. A Rússia está agindo como a "superpotência" da União e, imediatamente depois de proclamar o princípio da imutabilidade de fronteiras nacionais, declara que tem pretensões ao território de todos os seus vizinhos. No parlamento russo, um novo mas, ao mesmo tempo, antiqüíssimo espírito de "aplauso, crescendo em uma ovação" reina triunfante. Os democratas estão se transformando em "assim chamados democratas" precisamente no momento em que ninguém mais está preparado para descrevê-los desta maneira. A vitória da democracia está se tornando uma séria ameaça à democracia, e já é emergente a perspectiva de um regime autoritário populista, guiado por um "presidente do povo", baseado em um "movimento democrático" devotado a este indivíduo, e possuído de uma ideologia e de um simbolismo dominados pelo anticomunismo. O nacionalismo e a ortodoxia religiosa russos em roupagem nacionalista.[1]

Teve lugar uma caça às bruxas em todo o país. A epidemia de denúncias atingiu um tamanho grau febril que até os círculos oficiais ficaram alarmados. A *Rossiskaya Gazeta* observou:

> A princípio, pareceu que isto era simplesmente a intoxicação dos primeiros dias após a vitória. Agora, duas semanas se passaram, e em muitos lugares a paixão pela caça não arrefeceu; estas pessoas são diligentes em expor todo mundo que, nos dias do golpe recente, agiu de um certo modo em vez de um outro. Alguém não foi para as barricadas, mas sim à padaria. Eles não se deixaram ficar por uma respeitosa meia-hora diante dos panfletos colados no metrô, mas meramente diminuíram suas marchas. Depois, sentaram-se por um dia inteiro num escritório, enquanto os decretos do Comitê Estatal para o Estado de Emergência eram irradiados a todo volume... As pessoas ficaram com medo de seus vizinhos e parentes. Há reuniões odiosas nos coletivos de trabalho: o que todos estavam fazendo durante os dias do golpe? Em todos os níveis, superiores desgraçados encolhem-se servilmente diante da ira "justiceira" de subordinados... Esta é a realidade hoje.[2]

---

1. *Nezavisimaya Gazeta*, 3 de setembro de 1991.
2. *Rossiskaya Gazeta*, 5 de setembro de 1991.

Não existiu nada igual a isto em nosso país desde a época de Stalin.

A primeira onda de euforia, inspirada pela vitória da democracia e pela libertação do totalitarismo e do comunismo, havia terminado. A vida caiu novamente em sua rotina de costume. Os ladrões recomeçaram a roubar, os tomadores de propina a receber propinas, os políticos a privatizar a propriedade, e os proprietários de bens a pagar proteção a quem os extorquia.

As novas autoridades não mais se restringiram a vociferar preceitos e fazer promessas. Elas começaram a agir, e suas ações deram motivo para alarme. Não é apenas o fato de jornais oposicionistas terem sido fechados e o PCUS estar dissolvido. O Decreto nº 96 de Yeltsin aboliu todos os direitos importantes do Soviete de Moscou, efetivamente jogando fora também a lei sobre autogestão local que havia sido adotada pelo Parlamento russo. O país estava sendo governado por decreto. Ninguém considerava necessária a divisão de poderes, e o poder executivo simplesmente assumiu as funções do braço legislativo. O Parlamento russo parecia condenado a, mais cedo ou mais tarde, partilhar o destino dos sovietes locais. Algumas publicações foram fechadas por duas vezes. Por exemplo, o jornal *Dialog* foi proibido em 19 de agosto pelo Comitê Estatal para o Estado de Emergência e, alguns dias mais tarde, fechado pelo regime de Yeltsin. Subseqüentemente, quase todos os jornais que haviam sido fechados voltaram a ser publicados, mas com novos donos e editores e, com freqüência, sob nova orientação política.

Apareceram artigos nos jornais liberais que falavam audaciosa e honestamente sobre o antidemocrático comportamento dos democratas, sobre a formação de uma nova ditadura, e sobre a ameaça à liberdade de imprensa. Infelizmente, era tarde demais. As novas estruturas de poder autoritário já tinham se consolidado, e não havia por que as pessoas enganarem a si mesmas, avisando uma à outra que uma ditadura estava a caminho. Ela já havia chegado.

A hora dos protestos fora muitos meses antes. Mas, naquela época, as únicas pessoas do lado democrático a falarem abertamente contra Yeltsin tinham sido os socialistas e uns poucos grupos radicais de esquerda, que imediatamente foram acusados de cumplicidade com os comunistas. Podemos nos lembrar, com certeza, de como as portas das editoras foram fechadas sobre nós, de como a imprensa democrática se uniu no boicote à informação que nós oferecíamos – tudo em nome da "solidariedade democrática", que nós supostamente havíamos violado ao criticar Gavriil Popov e Boris Yeltsin.

Entretanto, era precisamente naquele momento que as estruturas do regime estavam sendo assentadas. Naquela época, em 1990, alguma coisa ainda poderia ter sido feita – isto é, se a imprensa democrática e a intelligentzia houvessem mostrado uma disposição maior para nadar contra a corrente, se elas tivessem compreendido que os dissidentes também eram indispensáveis em suas fileiras, e se houvessem avaliado que são exatamente as pessoas que marcham fora do passo aquelas que defendem a liberdade.

Nossa intelligentzia carrega uma imensa, trágica responsabilidade. Ela fez muita coisa para agilizar a formação de um novo regime autoritário-populista e para garantir que os novos senhores do país pudessem espezinhar, como eles desejavam, os primeiros brotos de liberdade que estavam apenas começando a germinar. Em sua época, a intelligentzia de esquerda na Rússia e no Leste Europeu, acreditando no socialismo e mesmo alertada sobre os vícios do bolchevismo, deu apoio aos bolcheviques na crença de que suas idéias representavam uma variante da ideologia socialista. Engrossando animadamente as fileiras dos "companheiros viajantes", os intelectuais trabalharam conscientemente para estabelecer um regime totalitário, firmemente convencidos de que, em última análise, eles estavam labutando pelos interesses da liberdade universal. Nós todos sabemos o que aconteceu aos "companheiros viajantes" quando o regime deixou de precisar de apologistas intelectuais ou de suas ilusões e ideais. A mesma coisa está acontecendo hoje. Não tenho nenhum desejo de servir como um profeta a esse respeito, mas o destino da intelligentzia de hoje muito provavelmente será o mesmo.

A DESINTEGRAÇÃO DO MONOLITO

A intelligentzia liberal das décadas anteriores nutria tamanho ódio pela autocracia, e detestava tanto o fascismo, que estava preparada (embora com hesitações e reservas) para escolher o comunismo. Hoje, seu ódio pelo comunismo arrastou-a para o extremo oposto.

A *Nezavisimaya Gazeta* ainda pode se permitir a impressão de artigos criticando as novas autoridades. As discussões ainda se alastram nos sovietes, e os membros do Partido Socialista ainda podem falar abertamente de sua oposição ao novo regime. Mas isto não modifica a essência da questão. As pessoas que discordam do governo não têm nenhuma chance de influenciar o rumo dos acontecimentos, e o estado de coisas já é muito pior do que nos anos finais do odiado comunismo. No período inicial, a ditadura ainda era capaz de coexistir com uma imprensa independente e com grupos de oposição. Depois da Revolução de Outubro, de modo similar, partidos não comunistas operaram de forma relativamente livre por algum tempo, e eram capazes de editar jornais. Na Itália fascista, os socialistas, a princípio, continuaram até a dispor de cadeiras no Parlamento, embora seu líder parlamentar, Mateotti, tenha sido assassinado por haver feito discursos radicais inaceitáveis. As pessoas que apoiaram o novo regime não eram, necessariamente, carreiristas ou nacionalistas. Muitas delas acreditavam sinceramente que estavam ajudando a conduzir o país à prosperidade e à democracia. Muitos dos líderes bolcheviques acreditavam, com igual sinceridade, que suas práticas iriam trazer felicidade para a maioria do povo, e que as restrições à liberdade, a que o regime recorria, eram temporárias e parciais. Infelizmente, nada disso evitou a consolidação da ditadura.

É preciso falar de mais uma questão, talvez a mais importante de todas. Desiludidos com o comunismo e, ao mesmo tempo, também com o socialismo, os intelectuais e os comentaristas da imprensa tornaram-se devotos convertidos ao capitalismo. Observando que sob o comunismo não existem nem a propriedade privada nem o livre-mercado eles, muito razoavelmente, concluíram que, uma vez criados a propriedade privada e o livre-mercado, não mais existiria comunismo. E eles estavam bastante corretos. O único problema é que o fascismo, o populismo autoritário e a ditadura militar, todos se dão bem com a economia de mercado e a iniciativa privada. Tanto mais porque um regime autoritário jovem e dinâmico é capaz de irradiar muito mais energia do que um totalitarismo decrépito e decadente do tipo do de Brezhnev.

A política e a economia são intimamente ligadas. Os comentaristas da imprensa estavam bem avisados sobre isto quando invocaram aos céus raios e trovões sobre o "sistema de comando administrativo". Mas, por algum motivo, eles esqueceram isso tão logo a conversa se desviou para a construção do "luminoso futuro capitalista". Não é preciso ser um profeta para ver que a privatização ampla e geral irá conduzir não apenas, e não em primeiro lugar, à criação de um mercado – até agora, ela tendeu a criar um novo sistema de monopólios privado-estatais – mas sim à criação de uma classe de novos donos da propriedade, extraída principalmente das fileiras da antiga *nomenklatura* mas também, em muitos casos, do submundo do crime. Contra um pano de fundo de crise generalizada e de empobrecimento da população, estas pessoas não se sentirão seguras até que um governo forte, capaz simplesmente de ignorar a disposição da maioria, esteja à mão para defendê-las. Esta nova camada dominante não vai precisar de democracia, mas sim de uma força policial eficiente.

Os partidos que proclamaram triunfantemente seu compromisso simultâneo com as garantias sociais e com a livre-empresa descuidaram-se de mencionar que, na ausência das instituições econômicas e financeiras apropriadas, todos os seus argumentos sobre justiça social não passam de meras palavras. As instituições que asseguraram o bem-estar social da população no passado, ainda que burocraticamente e com a típica ineficiência russa, estão agora sendo destruídas. A resposta inevitável a tais práticas econômicas é o descontentamento social, e o único modo de persistir com estas políticas, a despeito da crescente insatisfação, é através de uma ditadura.

A DESINTEGRAÇÃO DO MONOLITO

Nossos comentaristas de imprensa progressistas e eminentemente democráticos estavam, por conseguinte, entre os primeiros a falarem da mão firme, destacando as vantagens de um autoritarismo iluminado (isto era na Rússia!) e a necessidade de uma ditadura na linha do regime de Pinochet no Chile. Sobre as milhares de vítimas da "experiência chilena" que desapareceram sem deixar vestígios considerou-se que representaram um preço aceitável pelos sucessos obtidos. A questão não era simplesmente o número de vítimas; o principal estádio de Moscou (que, parece, ainda leva o nome de Lenin) tem lugar para muito mais prisioneiros do que o de Santiago do Chile. A verdadeira questão era de princípios. Quantos milhares de vítimas nós iríamos considerar "aceitáveis"? Um milhão de mortes seria estarrecedor, mas um assassinato também não é estarrecedor? Será que nós realmente já esquecemos tudo o que aprendemos da literatura clássica russa, que sustentava que a felicidade universal não poderia ser comprada se o seu preço fosse tão caro quanto ás lágrimas de uma só criança?

Quando os tanques estavam circulando pelas ruas, os intelectuais se assustaram. Muitos deles também puseram-se a pensar. É verdade que os tanques não eram os "seus", e que a ditadura em perspectiva não era a que eles vinham pedindo. Muitas pessoas imaginaram que, se fossem amarradas bandeiras tricolores aos tanques, tudo acabaria bem. Mas um tanque ainda é um tanque. Nós estamos destinados a ver muitas mais destas máquinas em nossas ruas, talvez com bastante freqüência.

Nós não podemos refazer o passado, mas podemos entender a responsabilidade que carregamos. Hoje os nossos intelectuais precisam, acima de tudo, reconhecer sua parcela de culpa. Seria triste se mesmo o arrependimento deles devesse chegar tarde demais. Seria frívolo condenar os populistas por manipularem as massas e fingir que a intelligentzia não estava envolvida, que ela não manipulou as pessoas, e que ela própria não foi manipulada.

O arrependimento criou o ponto de partida para a oposição democrática antistalinista nas décadas de 1950 e 1960. As pessoas estavam envergonhadas pelo que haviam feito ou pelo que se omitiram em fazer. Uma vez que o sentimento de vergonha da intelligentzia foi transmitido ao povo em geral, o comunismo se tornou impossível neste país. Mas agora nós estamos diante de uma ameaça diferente. E, infelizmente, muitos de nós temos motivos para nos envergonhar de nós mesmos.

Isto é apenas uma resposta moral para a catástrofe política que está se avultando, mas ela pode nos dar a força para a ação política. Nós não podemos emendar o que já foi feito, e nem voltar a 1989 ou 1990. Mas nós podemos trabalhar pelo futuro. Isto significa tentar estabelecer uma esquerda política forte, no sentido europeu da palavra; significa construir uma organização forte, atuando como uma oposição ao novo regime. É necessária uma oposição não apenas aos "excessos" antidemocráticos do regime, mas também a suas políticas econômicas. Isto significa que é fundamental resistir ao processo de privatização burocrática, e defender, transformar e democratizar o setor social, sem o qual não pode existir uma "economia mista". Isto também significa defender os sovietes locais, não somente como órgãos de poder, mas também como donos da propriedade, como estruturas que garantem um desenvolvimento social e econômico equilibrado.

O despojado flanco esquerdo de nossa anatomia política constitui uma ferida através da qual está se esvaindo a vida da nossa já debilitada sociedade civil. O novo regime requer uma oposição efetiva já, enquanto o governo ainda é popular e, por conseguinte, ainda não profundamente repressor. De outro modo, em breve se tornará impossível formar qualquer tipo de oposição legalizada.

O colapso do PCUS impôs a pergunta sobre que formações irão assumir o seu lugar. Os bens do Partido Comunista já foram expropriados, mas quem está para herdar a seção dos membros do PCUS que deseja continuar politicamente atuante? Um pretendente a esta herança é o partido montado pelo Coronel Rutskoi; conhecido originalmente como o Partido Democrático de Comunistas da Rússia (PDCR), este agrupamento apressou-se a mudar de nome depois dos acontecimentos de 21 de agosto de 1991, e tornou-se o Partido da Rússia Livre (PRL). Com sua estrutura partidária mais rígida, quadros disciplinados e líderes fortes, este partido é visto como o cerne da nova organização popular de massa dentro da qual o Movimento Rússia Democrática (MRD) supostamente irá evoluir. Embora sejam possíveis os conflitos e as lutas de poder entre os ativistas do MRD e do PRL, de modo geral eles estão seguindo a mesma orientação, e já definiram papéis específicos para si mesmos. Ambas as organizações são intimamente ligadas às novas autoridades russas e, em essência, herdaram as funções do PCUS como partido governista.

Após os acontecimentos de 19 a 21 de agosto, a posição de Rutskoi se fortaleceu dramaticamente. O Partido da Rússia Livre se autodefiniu como uma organização orientada, acima de tudo, por conceitos nacionalistas. Não restou nada do comunismo, nem mesmo no nome do partido. O PRL prometeu aos trabalhadores que suas garantias sociais seriam defendidas, mas ninguém estava preparado para dizer como, na prática, isto seria conquistado.

A saída do PCUS da cena política criou uma situação paradoxal. Por um lado, um grande número de pessoas renegou o comunismo e o socialismo, enquanto, por outro, existem milhões de pessoas, muitas vezes bastante ativas politicamente, que ainda se agarram a estas idéias mas não conseguem encontrar uma organização através da qual possam expressar suas crenças. O bloco dominante, que se orienta pelos ideais tradicionais dos direitistas ocidentais (propriedade, ordem e honra nacional), carece de um opositor sério expressando os valores da esquerda européia (o direito ao trabalho, a participação na administração, o internacionalismo, e assim por diante). O novo monopólio de poder político carrega dentro de si a semente de uma ditadura de direita. A insatisfação com as políticas dos novos líderes pode vir a ser expressa em rebeliões espontâneas e greves ilícitas[3] que, por sua vez, trazem o risco de

---

3. *Wildcat strikes*: está dicionarizada como expressão porque já se convencionou chamar assim, quase como gíria, às greves ilegítimas porque não autorizadas pelos sindicatos. (N. T.)

virem a ser usadas como pretexto para mais um "aperto de parafusos".

Na esquerda, existe agora um vazio. Para o bem ou para o mal, o PCUS procurou, até um certo ponto, desempenhar o papel de um partido de oposição, orientado por valores da esquerda. A liderança do Partido Comunista interpretou este papel extremamente mal, já que suas tentativas eram atrapalhadas por toda a experiência anterior do partido, pela sua estrutura antidemocrática e, o que é mais importante, pelos interesses da própria *nomenklatura* partidária, visto que este grupo não tinha absolutamente nenhuma ligação com os trabalhadores. Com o fracasso do PCUS, o flanco esquerdo do nosso corpo social foi deixado a nu. Mas surgiu então a possibilidade de formar uma nova organização de esquerda, poderosa, moderna e democrática, que não iria carregar o fardo da responsabilidade pelo passado stalinista do PCUS, e que contaria com uma estrutura completamente diferente.

Vêm sendo feitas tentativas para estabelecer um novo partido de esquerda com base nos fragmentos do PCUS, mas já ficou claro que estes esforços estão condenados ao fracasso. A jogada de Gorbachev para formar seu próprio partido não atraiu nenhum apoio fora do antigo aparato do Comitê Central do PCUS. Uma iniciativa semelhante de Oleg Witte, em Leningrado, e de Otto Latsis, em Moscou, também falhou por falta de novas idéias e membros. Em seguida a estas infrutíferas tentativas de fundar uma organização, tanto Witte como Latsis abjuraram o envolvimento político ativo e se dedicaram ao jornalismo. Em novembro e dezembro de 1991, um Comitê de Organização para um Partido Socialista dos Trabalhadores foi anunciado por Roy Medvedev e alguns outros antigos membros do PCUS. De acordo com sua primeira declaração, este grupo pretendia tornar-se uma oposição leal a Yeltsin, uma ambição que podia facilmente afundar sob o fato de que Yeltsin não deseja uma oposição, de espécie alguma.

Os stalinistas obstinadamente tacanhos tiveram mais sucesso devido a seus lemas simples e a suas reivindicações formuladas com clareza, mas eles estavam condenados a trabalhar em condi-

A DESINTEGRAÇÃO DO MONOLITO

213

ções de semilegalidade e, por maior que fosse o esforço de imaginação, jamais poderiam ser chamados de uma força democrática ou progressista.

Em agosto de 1991, os perseguidores e os perseguidos finalmente trocaram de lugar. O velho Partido Comunista foi proscrito, e os poucos ativistas que permaneceram fiéis à sua bandeira reuniram-se em torno das posições de um bolchevismo ortodoxo e intransigente. Um novo movimento comunista estava surgindo, num gênero que era bem distinto do PCUS de Gorbachev com seus diversos grupos e facções. O novo movimento era vital, determinado e mais ou menos homogêneo.

As fontes da força dos comunistas sempre foram muito mais amplas do que seus *slogans* simples, facilmente compreensíveis. As organizações comunistas contavam com uma vantagem determinante no fato de apelarem pelos interesses absolutamente válidos dos trabalhadores e de denunciarem os verdadeiros problemas e vícios do sistema capitalista. Após setenta e três anos de governo comunista, as pessoas que estavam acostumadas a problemas totalmente diferentes, e a formas bem diversas de alienação e exploração, inclinaram-se naturalmente a pensar que tudo o que os propagandistas do PCUS haviam dito era ficção e demagogia. Mas, uma vez que estas pessoas ficaram cara a cara com a nova situação, elas descobriram que os vícios do capitalismo eram absolutamente reais. Isto inevitavelmente fez crescer a autoridade daqueles comunistas que continuaram fiéis às suas cores.

A tragédia do movimento comunista, ou, para ser mais preciso, a tragédia das massas que apoiaram estes grupos, reside no fato de que, enquanto acusavam as verdadeiras moléstias sociais, os partidos comunistas sugeriam curas piores do que a doença. Mas até que aparecessem outros remédios mais eficazes e democráticos, as organizações comunistas continuariam a ser atraentes para as massas.

Na Rússia, as pessoas amam os perseguidos e odeiam os perseguidores. Agora, elas começaram a amar e a se apiedar das vítimas de Yeltsin, uma tendência que provavelmente se tornará

muito mais pronunciada, dado o já perturbador grau de perseguição dos pensadores dissidentes. Elena Bonner, a viúva de Andrei
Sakharov, falou sobre a preocupante violação dos direitos individuais por parte das novas autoridades russas. O regime poderia ser
bem-sucedido, estabilizando-se através da repressão e de um monopólio sobre a propaganda. Mas a lição imutável da história
mostra que, ao arrastar seus opositores para os subterrâneos, o
regime cava sua própria sepultura.

Mas quem irá enterrar o yeltsinismo? Nas lutas legítimas, em
eleições e em debates teóricos, a esquerda democrática – ou seja,
os socialistas e o novo Partido do Trabalho – conta com uma
enorme vantagem sobre os neobolcheviques. Mas sob condições
nas quais a esquerda está sujeita à perseguição, os comunistas, com
sua disciplina paramilitar, irão ganhar em força. Alexander Rutskoi
atacou Yeltsin abertamente por sua instabilidade e imprudência.
Até Zhirinovsky, com sua demagogia nacionalista e suas momices
apalhaçadas, explora o descontentamento popular.

Foi oportuno que, em seu segundo congresso, o Partido
Socialista tenha começado a falar de uma nova política, orientada
para as necessidades da massa da população, uma política tão
claramente oposta ao governo de Gorbachev e Pavlov quanto o
fora contra os oposicionistas anticomunistas que se recusaram a
levar em consideração as necessidades da maioria. A escolha que
os socialistas colocaram diante da sociedade poderia ser resumida
no seguinte: "Ou nós ou Polozkov". Hoje, Polozkov e seu Partido
Comunista Russo sumiram de cena, mas eles têm muitos herdeiros
em organizações ilegais ou semilegais, tais como a Frente Unida
de Trabalhadores, os novos partidos comunistas e o movimento
Iniciativa Comunista.

Como os socialistas, estes grupos vêm tentando se dirigir a
uma população que está cansada dos bate-bocas de políticos
profissionais e que sonha com a restauração da estabilidade e das
garantias sociais. Das forças oposicionistas de esquerda atuais,
algumas apelam por uma volta ao passado, pela recuperação dos
tranqüilos tempos de "estagnação", que nem mesmo Polozkov tem

o poder de trazer de volta. Outras falam de uma democracia que corresponda a nossas realidades e necessidades.

O surgimento de um partido de esquerda forte e influente, atuando em oposição ao novo regime, não iria representar apenas uma saída para o impasse ideológico. Seria também a garantia única de que o choque de grupos políticos irresponsáveis não conduziria o país ao caos econômico e a uma nova ditadura. A democracia vem a existir onde os interesses das massas têm valor maior do que os interesses dos líderes, e onde a questão da soberania não impede que se descubram caminhos para assegurar a proteção social da população. A democracia começa com o respeito pelos interesses concretos da maioria, e somente as políticas apontadas para a defesa destes interesses podem trazer à sociedade a estabilidade pela qual tanta gente anseia.

O Partido do Trabalho resultou na única tentativa séria de contrapor uma alternativa de esquerda à emergente ditadura de Yeltsin. Em setembro o *Moskovskaya Pravda*, seguido mais tarde pelo jornal sindical de Moscou *Solidarnost*, publicou um chamado dos organizadores do Partido do Trabalho, declarando que a nova corporação "precisava se tornar um partido de apoio político para os sindicatos e o movimento de trabalhadores". Ao anticomunismo, ao anti-socialismo e ao nacionalismo das novas autoridades, o apelo contrapunha os princípios de participação democrática dos trabalhadores na administração, a par dos valores socialistas tradicionais. Entretanto, a convocação não era pela fundação de uma tendência ideológica, mas pela construção de uma organização que refletisse interesses concretos. Os sindicatos não podem e não devem se identificar com o Partido do Trabalho, mas também é claro que não se pode falar de um partido esquerdista de massa, representando os interesses dos trabalhadores, se este partido não contar com apoio dentro das organizações sindicais.

Os planos do Partido do Trabalho incluem um pluralismo relativamente amplo, permitindo à organização atrair pessoas de várias correntes, alinhando desde social-democratas de esquerda e socialistas até comunistas democratas. Estas pessoas serão reunidas não em torno de dogmas ideológicos, mas sobre a base social que elas têm em comum. Ainda que o partido vá atrair antigos comunistas, ele não será um sucessor do PCUS e não carregará nenhuma responsabilidade quanto ao passado daquela organização. Não existe agora nenhuma necessidade, pelo menos para socialistas de esquerda, de explicar como diferem do PCUS nem de pedir desculpas por atos que jamais cometeram. Agora que a ameaça aos direitos humanos provém não daqueles que costumavam prometer o luminoso futuro comunista, mas dos que contam ao povo histórias de fadas sobre o progresso seguro em direção à prosperidade geral sob um ortodoxo capitalismo do povo, os socialistas têm uma chance muito maior de se fazerem entender.

Com Yeltsin no governo, as perspectivas de transformar a nova Comunidade numa realidade parecem remotas. A Ucrânia votou a favor da independência em dezembro de 1991. O presidente russo afinal se cansou de ver Gorbachev apresentando-se ao mundo como o presidente de um Estado que não existe, e o informou de que ele deve desocupar o Kremlin até o fim do ano. A bandeira soviética foi retirada e hasteou-se a bandeira russa – mesquinha compensação simbólica para a devastadora explosão de draconianos aumentos de preços que anunciaram o Ano Novo. Enquanto isso, na Geórgia, o presidente, eleito em maio de 1991 com mais de 80% dos votos, foi cercado no Parlamento e arrastado ao exílio por uma *gang* rival de "democratas". Em seguida à morte de dois participantes em uma demonstração de apoio ao presidente expulso, Shevardnadze, o liberal tão querido da mídia e do *establishment* político ocidentais, exigiu severas medidas para restaurar a ordem. Como antigo chefe comunista na Geórgia, Shevardnadze certamente sabia como aplicar medidas severas naquela República. Tais acontecimentos têm implicações sinistras para o resto da ex-URSS. O comentário do *Kommersant* de que estamos passando por um breve período de Weimar foi aparentemente corroborado com o fato de Minsk – um provável equivalente soviético de Weimar – ter sido escolhido como o lugar para o lançamento da frágil nova "Comunidade dos Estados Independentes". Mas, na verdade, nossa situação é diferente daquela de Weimar, por conta da extrema debilidade de nossos partidos e instituições políticas. Weimar durou por mais de uma década, enquanto nossa nova ordem já está oscilando à beira do abismo.

Uma catástrofe histórica já ocorreu, embora nem todos compreendam isto ainda. Ao passo que a antiga ordem foi declarada morta, novas estruturas viáveis ainda não surgiram. O que se proclama novo está sobrecarregado pelo pessoal, pelos costumes e por um programa elaborado precisamente pela antiga ordem soviética, na qual ninguém acredita. As várias Repúblicas ex-soviéticas mantêm não apenas sua forma soviética mas, em muitos casos, também uma liderança que vem da antiga União. O império soviético se esfacelou, assim como os de Alexandre e Carlos Magno, com os chefes republicanos locais proclamando seus próprios principados e satrapias. Uma Comunidade de Estados Independentes foi instalada, mas com tamanha pressa e imprecisão que ninguém sabe realmente a quem pertencem os ativos e os aparatos da antiga União. Efetivamente, a súbita aparição de quinze "Estados independentes" novos em folha tem em si algo de um truque de mágica burocrática. Enquanto indubitavelmente existem novos governos republicanos, exercendo bem mais autoridade do que antes, também existem as antigas forças armadas e grande parte do complexo militar-industrial.

Na Rússia e em outros lugares, o próprio novo aparato está intimamente ligado à emergência de novas forças sociais, especialmente das classes médias. É claro que houve um reembaralhamento em larga escala das cartas do baralho burocrático, e alguns cortes modestos. Ao final de dezembro de 1991, uns sessenta mil antigos oficiais soviéticos foram informados de que estavam desempregados, mas a maioria foi reempregada pela República russa. Se as catástrofes econômicas destruírem o que resta da fé popular nestas novas autoridades, o complexo militar-industrial irá então buscar uma outra solução, alguma coisa que será provavelmente não menos devastadora e destrutiva do que a mudança tão imprudentemente empreendida por Yeltsin. Ainda assim, as antigas terras soviéticas podem ansiar pelo futuro; haverá vida depois da catástrofe. Na Rússia, nós pretendemos sobrexistir e tentar construir uma vida humana normal.

O fim da era comunista não significou o triunfo da democracia. Mas ele marcou o início de um novo estágio no desenvolvimento da sociedade com o fato de, mais uma vez, exatamente como na Rússia do final do século passado, a luta pelas idéias socialistas estar se tornando inseparável da luta pela liberdade. Nós percorremos o ciclo completo. Podemos apenas ter esperança de que a história finalmente nos haja ensinado alguma coisa. Pelo menos, nós estamos elaborando agora uma alternativa baseada nos problemas reais de nosso povo.

O que virá depois?

O principal argumento oferecido pelos governos pós-comunistas na Polônia tem sido o de que não existe alternativa. Mesmo que a trilha escolhida conduza a um impasse, a argumentação prossegue, não pode existir nenhum outro rumo. Mas há uma alternativa. Para entendê-la, é preciso mudar o ponto de referência e olhar para a situação não a partir dos escritórios da *nomenklatura* ou das tribunas parlamentares, mas sim a partir da situação dos antigos e novos grupos privilegiados e do ponto de vista da maioria da população que não tem nada com o que viver além de seus salários. Finalmente, é preciso admitir que o mercado não soluciona os problemas, mas apenas estabelece certas regras não inteiramente racionais.

A nova situação alterou radicalmente as relações das forças políticas. Antes, ainda nos era possível delinear diferenças com base nos conceitos de "eles" (os conservadores) e "nós" (os democratas), e nos restringirmos a *slogans* simples tais como "Sim às mudanças!" ou "Longa vida ao pluralismo multipartidário!". Hoje todo mundo diz que apóia o pluralismo multipartidário, embora nós realmente não tenhamos verdadeiros partidos. O aparato do antigo Partido Comunista esfacelou-se em mil pedaços. Alguns são agora liberais, alguns agarraram bocados da antiga propriedade estatal, alguns estão à espera de receber uma pensão e imaginando sobre o que ela irá comprar. Nos níveis mais baixos, uns poucos estão até comprometidos com a construção de sindicatos.

O critério mais importante tornou-se não o relacionamento com a antiga burocracia – que se esfarelou –, mas as relações entre os vários jogadores do programa liberal de aumento de preços, de abandono de todas as garantias sociais e de privatização dos ativos. Surgiu uma situação na qual é fundamental, em nome da democracia e dos padrões de vida do povo, opor-se às reformas. As palavras "esquerda" e "direita", que são usadas na União Soviética de maneira totalmente confusa, estão começando a reconquistar seu significado europeu original. Os esquerdistas são aqueles que fizeram da defesa dos interesses dos trabalhadores sua prioridade maior; os direitistas são aqueles que defendem os interesses dos donos de propriedade e o poder dos grupos proprietários. Os esquerdistas são aqueles para quem o progresso sem democracia é impensável; os direitistas, aqueles que argumentam que a democracia e os direitos sociais podem ser sacrificados em nome do progresso.

A alternativa de esquerda pressupõe que é essencial conduzir uma política de modernização determinada e consciente sob o controle de instituições democráticas. Os estabelecimentos científicos precisam ser radicalmente transformados, e deve-se criar uma infra-estrutura moderna. O que nós deveríamos estar fazendo não é simplesmente a adoção de leis antimonopolistas, mas sim a promoção de um longo e sério processo de desmonopolização. Nós não deveríamos apenas estar protegendo o meio ambiente, mas sim implementando um programa de ecologização da economia, introduzindo tecnologias mais "verdes" e desenvolvendo novos modelos de consumo. Nós não deveríamos somente estar exigindo maior eficiência das empresas, mas criando circunstâncias favoráveis para a sua rápida renovação tecnológica, garantindo-lhes o acesso a tecnologias modernas e baratas. Nós deveríamos estar agilizando a reciclagem dos trabalhadores e criando novos empregos em áreas prioritárias.

O desenvolvimento do país pode criar oportunidades para a formação e o crescimento de um moderno setor privado, mas, sob as condições atuais na ex-URSS, a iniciativa privada não tem o potencial para assegurar a modernização rápida e eficaz, enquanto simultaneamente amplia e mantém as garantias sociais. Nas atuais circunstâncias, ela já será incapaz de garantir às pessoas melhores condições de trabalho, e muito menos de lhes assegurar o direito de participar das tomadas de decisão, ou de superar a alienação dos trabalhadores em relação aos meios de produção.

Os coletivos trabalhistas, que hoje estão pretendendo tornar-se donos de suas empresas, já compraram as fábricas inúmeras e multiplicadas vezes, através do seu trabalho. Mas a simples transferência de empresas para a indivisível propriedade coletiva dos trabalhadores e a formação de órgãos democráticos que permitam aos coletivos participarem da tomada de decisões, não irão por si mesmas resolver os problemas da modernização.

Se as empresas autogeridas forem simplesmente entregues aos seus coletivos trabalhistas e deixadas à mercê do destino, com seus equipamentos obsoletos, sua produção não-competitiva, suas tecnologias "sujas"[4] e sua falta de cultura gerencial, então elas dificilmente serão capazes de se manterem independentes. Para os socialistas, a autogestão ou a participação dos trabalhadores nas tomadas de decisão constituem-se num elemento indispensável da democracia, que não deve parar nos portões das fábricas. Mas a democracia na produção não pode tomar o lugar de uma estratégia econômica.

A modernização bem-sucedida é inconcebível sem investimentos estatais concentrados nas áreas prioritárias. Nós precisamos

---

4. *Dirty*: "sujas", neste caso, porque têm o sentido de "poluidoras", "ambientalmente incorretas". (N. T.)

A DESINTEGRAÇÃO DO MONOLITO 221

construir estradas, encorajar a modernização da produção e, não por último, sua ecologização. Nós necessitamos de uma economia que nos permita produzir mais enquanto poluímos menos e consumimos menos recursos. Nós precisamos formar organizações de produção local que utilizem recursos disponíveis localmente, que ofereçam trabalho para as pessoas perto de suas casas. Tudo isto é inconcebível sem programas de desenvolvimento em nível nacional, regional e local, contando com o setor socializado.

Uma tal política econômica pode ser implementada com a utilização de fundos de investimento social em vários níveis. Ela pressupõe a existência de um sistema de planejamento central que responda ao parlamento eleito para o estabelecimento de projetos de desenvolvimento nacional. E também pressupõe a competência do Estado para exercer um controle flexível sobre os preços dos bens essenciais, encorajando a introdução de tecnologias ecologicamente limpas e poupadoras de reservas.

Hoje nós encaramos qualquer ampliação do papel econômico do Estado como indesejável, já que o Estado vigente nos é hostil. O Estado representa os interesses da burocracia e, se as reformas tiverem sucesso, ele irá garantir que a recém-adquirida propriedade da oligarquia seja defendida. Nós precisamos, portanto, "substituir o Estado". Não se trata simplesmente de eleger bons democratas para substituírem os aparatistas nos antigos sovietes, mas de alterar decisivamente a inteira estrutura de poder, de estabelecer novas instituições em ligação direta com o povo. Nós precisamos de um governo descentralizado e democrático que também detenha plena autoridade, seja socialmente responsável e esteja sob o controle do povo. Em outras palavras, "a questão básica de toda revolução" – a questão do poder – precisa ser solucionada.

Naturalmente, tais questões não se resolvem por si. Nada irá mudar até que surjam forças políticas capazes de lutar pela criação de um novo Estado. A iniciativa socialista de junho de 1990 e as negociações para criar o Partido do Trabalho nos meses finais de 1991 e no início de 1992 foram passos importantes no caminho para a formação de uma alternativa de esquerda. Mas a situação em mudança está criando uma necessidade objetiva de um movimento de massa de esquerda. A alternativa para as reformas liberais só podem ser reformas revolucionárias, do tipo que as correntes de esquerda e os grupos pró-Partido do Trabalho estão exigindo. O programa global do bloco de esquerda pode ser relatado como a seguir:

1. As relações de mercado são indispensáveis, mas elas não devem se tornar o regulador básico da vida econômica e social. O mercado pode agir como um mecanismo de controle, realimentando o sistema com informações sobre a economia, mas não se pode permitir que sua influência seja estendida para além da esfera econômica.

2. É essencial estabelecer um sistema integral de autogestão e planejamento democrático, capaz de assegurar que os trabalhadores e todos os outros cidadãos estejam aptos a tomar parte nas decisões que os afetem, e que exista um mecanismo democrático para a conciliação de interesses conflitantes. O desenvolvimento do mercado deve ter um lugar dentro do quadro deste planejamento democrático.

3. É essencial estabelecer um mecanismo geral para assegurar as garantias sociais, substituindo as esmolas burocráticas por direitos inalienáveis dos cidadãos legalmente garantidos. Educação, saúde e habitação devem ser acessíveis a todos.

4. A democracia política é o valor supremo. Nos casos em que os interesses de um determinado grupo social ou partido estejam em conflito com o desenvolvimento da democracia, deve-se dar preferência à democracia. Se os projetos econômicos não desfrutarem do apoio da maioria, eles não deverão ser levados adiante. A combinação de democracia econômica e política irá criar as condições nas quais todos os participantes de lutas políticas e todos os grupos de interesses serão obrigados a levar em consideração os interesses de outras camadas e a tentar propor estratégias aceitáveis para a maioria.

5. Onde o princípio dos "direitos das nações" entrar em conflito com os princípios dos direitos humanos, deve ser dada a preferência aos direitos humanos. O direito das nações à autodeterminação e à renovação nacional não deve ser posto em prática à custa de negar às minorias os seus direitos ou de violar as normas democráticas.

Os esquerdistas se opõem à transformação de empresas estatais em companhias privadas ou em sociedades acionárias (o que, no fundo, resulta na mesma coisa). A atual forma de propriedade estatal é claramente incapaz de solucionar os problemas encarados pela nossa sociedade e não tem nada em comum com o socialismo; tais firmas estatais também existiam na Rússia czarista. O Estado vem dominando uma grande parte da economia, e planejando-a de maneira centralizada, há tanto tempo na história que o fenômeno remonta à antiga China e ao Egito. As mudanças democráticas são impossíveis, a menos que a propriedade estatal seja transformada em propriedade social. Em lugar dos antigos ministérios e dos novos monopólios burocráticos, podem ser estabelecidas associações de empresas autogeridas, e uma parte significativa da economia pode ser colocada sob o controle de órgãos municipais. Finalmente, devem ser criadas condições para o surgimento de genuínas cooperativas – livres-associações de trabalhadores, detendo em comum os meios de produção, e orientadas para a contemplação das necessidades sociais.

Uma reforma profunda do sistema inteiro de governo, promovida numa base popular, irá inevitavelmente desafiar as novas estruturas burocráticas da Rússia. Uma tal reforma não irá funcionar sem eleições livres, sindicatos independentes e de escolhas democráticas de órgãos de autogestão produtiva e sovietes em todos os níveis. Estas estruturas democráticas são vitalmente necessárias para garantir um novo sistema de tomada de decisões. É precisamente por este motivo que o "modelo de esquerda" dá prioridade à conquista da maior liberdade política possível para o povo, algo que, de modo algum, é essencial para levar adiante as reformas "liberais".

A nova situação exige uma nova oposição: a sociedade deve ser defendida contra os reformadores que buscam aquelas que são, em essência, metas profundamente conservadoras. Irá surgir uma alternativa assim que o povo comece a lutar por ela.

O futuro mostrará se os socialistas, que hoje constituem uma corrente social comparativamente pequena, serão capazes de se unirem numa genuína força política, e se os movimentos dos trabalhadores irão segui-los (ou caminhar com eles). Mas uma coisa já está clara: o que a sociedade mais precisa não é um aumento do número de partidos, mas da formação de verdadeiras alternativas que reflitam os interesses das várias camadas sociais.

Em última análise, o programa do "stalinismo de mercado" em suas várias máscaras faz lembrar, de maneira impressionante, as idéias dos políticos liberais de direita ou "neoconservadores" no Ocidente e no Terceiro Mundo. Por outro lado, a ideologia da esquerda socialista no antigo bloco do Leste coincide, em suas principais linhas, com as concepções dos esquerdistas ocidentais. Naturalmente, o grau de radicalismo pode ser diferente, e também as circunstâncias, mas o terreno comum em termos de valores é óbvio. Não é por acaso que os direitistas ocidentais aplaudem as "audaciosas reformas liberais" nos antigos países comunistas, enquanto os esquerdistas estão fazendo contatos com os movimentos socialistas e de autogestão que vêm crescendo. A sociedade ocidental, como a nossa mesmo, está passando por um período de mudança. E a escolha na União Soviética é análoga: ou mudanças privadas para a elite, com a aquiescência das massas assegurada pelo uso do "pulso firme", ou democracia para todos. Mas, na situação soviética, na completa ausência de verdadeiras condições e instituições democráticas, as apostas e os perigos são muito maiores. Se o stalinismo de mercado fosse implementado com a consistência que exige, ele poderia se revelar muitas vezes mais cruel do que thatcherismo na Grã-Bretanha.

Por muitos anos, os ideológos liberais têm argumentado que a transição para o capitalismo irá significar a transformação da Rússia e do Leste Europeu em sociedades "normais". É por acaso normal que a exploração e a opressão dos trabalhadores seja mascarada pela conversa sobre "socialismo", e que intervenção armada nos assuntos de Estados independentes seja chamada de fraterna assistência internacional? É realmente normal que a estipulação de garantias sociais deva significar também a total dependência dos trabalhadores em relação aos funcionários estatais?

O fato é que os herdeiros liberais do totalitarismo realmente estão transformando a Rússia e o Leste Europeu em parte do mundo "normal". Enquanto introduzem o mercado capitalista, os liberais estão, ao mesmo tempo, obrigando o povo a tentar enfrentar todos os problemas encarados pela maioria dos trabalhadores no mundo capitalista "normal": o desemprego, a pobreza e a ausência de liberdades civis.

Enquanto isso, uma nova situação que, a seu modo, é mais normal, está começando a emergir. Em última análise, o socialismo não é outra coisa senão a alternativa democrática para o capitalismo. Nos primeiros tempos, antes que o povo houvesse se defrontado com o verdadeiro capitalismo, era difícil para os socialistas no antigo bloco oriental explicarem às pessoas que tinham sido isoladas do mundo real pela propaganda, por que o mercado não iria levar automaticamente à prosperidade e por que as relações sociais burguesas não atuam, absolutamente, como garantias de direitos políticos. Agora, nós estamos prestes a compreender isto com base em nossa própria experiência.

A grande virtude do mercado reside no fato de ele ajudar os trabalhadores a entenderem melhor seus próprios interesses. Anteriormente, cada um de nós confrontava-se com um Estado sem rosto, irreconhecível. Hoje, nós somos explorados por oligarcas que resolveram agir abertamente como donos de propriedade. Os papéis assumiram sua devida forma e está se tornando sempre mais difícil confundir e enganar o povo. Naturalmente, os oligarcas não se dispõem a entregar seu poder sob as novas condições com mais boa vontade do que se dispunham sob as antigas. Mas o antigo totalitarismo "monolítico" desapareceu para sempre. As pessoas que experimentaram o totalitarismo não têm nenhum desejo de retornar ao *status* de estúpidos escravos, mesmo que elas ainda não compreendam como podem se libertar.

As novas condições estão obrigando os trabalhadores a se organizarem. Da mesma maneira como nós chegamos a reconhecer nossos próprios interesses, iremos aprender a defendê-los. Está nascendo a necessidade de um movimento forte de esquerda, que irá figurar cada vez mais entre as partes das forças internacionais da esquerda. Na medida em que nós aderimos ao mundo "normal", estamos aprendendo a fazer perguntas "normais". Estamos começando a entender que, exatamente como o "comunismo" de Stalin não era a única forma de escravidão, a "democracia ocidental" não é a única forma possível de liberdade; que no "mundo normal" o capitalismo desenvolvido e democrático é um luxo para a elite, o que para nós é completamente inacessível. Isto está nos forçando a buscar nossas próprias trilhas e a fazer uma escolha. A escolha que fizermos irá determinar onde nós nos posicionaremos na vida política de nosso país, à esquerda ou à direita.

A RÚSSIA À BEIRA
DE NOVAS BATALHAS

O afastamento do poder do presidente soviético Gorbachev por parte do governo russo – de fato, nos últimos dias de agosto de 1991, e depois formalmente, no final de dezembro – não provocou qualquer protesto, a despeito da intenção do antigo primeiro ministro soviético Pavlov e do vice-presidente Yanayev de empurrá-lo a sair (muito provavelmente por tempo provisório), para tomar o seu lugar, se qualificar como traição. Ninguém teve pena de Gorbachev, que, na mente do povo, estava associado aos fracassos dos cinco últimos anos, mas o colapso do poder do presidente automaticamente acarretou a eliminação também da União. A estrutura feudal de poder que surgiu e se consolidou ligava inevitavelmente o destino das instituições estatais ao futuro do governante.[1] Assim como a Rússia estava para se transformar em "domínio" de Yeltsin, o centro tornara-se propriedade pessoal de Gorbachev, e o triunfo do primeiro sobre o segundo em sua

---

1. É claro que a decadência da estatocracia numa variedade de domínios feudais regionais e burocráticos tem uma especificidade histórica própria. Eu analisei a estatocracia soviética em *The Thinking Reed*, Londres, 1988. É interessante observar que o sábio erudito em Marx, Eero Loone, refere-se apropriadamente às características "feudais" da formação social soviética em *Soviet Marxism* e *Analytic Philosophies of History*, Londres e Moscou, p. 219 ss., 1992.

rivalidade pessoal só poderia vir acompanhado da dissolução do centro como tal.

O colapso da União provocou uma nova onda de conflitos entre as etnias, e instabilidade política e econômica. O triunfo de agosto foi expresso pela dissolução do PCUS, e numa orgia de apropriação dos bens do partido por parte das novas autoridades e de seus parasitas. Os jornais comunistas foram fechados e depois autorizados a reabrirem, mas em condições que os deixavam vulneráveis à pressão, empreendendo qualquer luta somente quando surgia a possibilidade de seus salários virem a ser suspensos de imediato.

O PCUS não foi a única vítima dos acontecimentos de agosto. O governo russo zombou espalhafatosamente de seus próprios compromissos e das leis democráticas. Os sovietes locais livremente eleitos viram-se privados de poder e sua autoridade foi transferida para representantes do presidente. Ao final do ano, os órgãos representativos e judiciais haviam sido completamente derrotados na luta para controlar o poder executivo. O Congresso dos Deputados do Povo da Federação Russa (que, em todo caso, se reunia com pouca freqüência) foi privado, no outono, do poder de convocar ministros do gabinete para prestação de contas. O próprio Yeltsin assumiu os postos de presidente, primeiro ministro e ministro da defesa. A fundação de um "poder executivo forte" era apenas o primeiro passo no caminho das reformas prometidas pelo governo, e foi traçada para garantir o triunfo do capitalismo na Rússia dentro do tempo mais curto possível. Periodicamente, o Congresso tem tentado reaver os poderes de Yeltsin e fazer o governo diretamente responsável diante do Parlamento. Mas o presidente tem sido capaz, repetidas vezes, de tirar a máscara dos seus críticos parlamentares; eles não têm nenhuma alternativa real para o seu programa, e muitos deles, como parasitas da antiga ordem, carecem de credibilidade política. A administração de Yeltsin, sem coerência na prática política e sem meta nenhuma evidente a longo prazo, está percorrendo erraticamente o caminho errado. O governo toma decisões atrapalhadas e inconseqüentes uma após a outra;

é óbvio para qualquer um que consiga ler os decretos de Yeltsin que eles contrariam um ao outro, as leis vigentes e as normas internacionais. Na verdade, o arbitrário uso do poder de Yeltsin assustou até aqueles como Anatoly Sobchak, o prefeito de São Petersburgo, que, sob outros aspectos, endossa a linha neoliberal. Ainda assim, isto proporciona apenas uma sugestão da incoerência política e da insensatez econômica que caracterizam o regime. O governo projetou-se desafiadoramente contra o caldeirão da crise, aferrando-se obstinadamente às suas reviravoltas, prometendo-nos a cada dia que ele está a ponto de nos levar à "rodovia da civilização mundial", a qual, como se diz, conduz ao "lar europeu comum". É difícil confiar no fato de que as autoridades constituídas pudessem realmente acreditar neste disparate mas, a julgar pelas suas ações, elas aprenderam a enganar a si mesmas com eficiência maior do que aquela com que têm sido capazes de jogar areia nos olhos do público. Muitas das expressões usadas para justificar os novos programas são simplesmente versões requentadas da velha perestroika e dos "quinhentos dias" de transição para o livre-mercado.

A confiança no presidente e em sua equipe sofreu um abalo assim que entrou o inverno e as prometidas reformas econômicas foram desveladas. As autoridades reagiram de maneira reflexa à crescente falta de confiança do povo, reforçando sua campanha de propaganda e embaralhando novamente os altos escalões da administração. Mas os cidadãos da Rússia foram alimentados com um tal fastio de promessas demagógicas e de mitos propagandísticos durante os anos da perestroika, e estavam tão cansados dos fugidios relances das personalidades políticas na televisão, que tais medidas só fizeram intensificar a crise de confiança.

O caminho de Gaidar em direção à ruína

Yeltsin e sua *entourage* colocaram suas esperanças no rápido desenvolvimento do programa de reformas proposto por Yegor Gaidar, um antigo editor associado do *Kommersant* e editor setorial do *Pravda*, que foi imediatamente apelidado de "Balcerowicz russo". Se o "Plano Balcerowicz" na Polônia tinha, à custa de uma queda catastrófica nos já baixos padrões de vida e de um declínio da produção, permitido a temporária estabilização da moeda nacional, garantido a conversão do Zloty e reforçado a situação da nova classe de grandes proprietários (que haviam, num grau expressivo, emergido de entre as fileiras da antiga burocracia partidária), o plano de Gaidar, então, determinou-se às mesmas metas, em condições nas quais a baixa na produção já alcançara proporções ameaçadoras. Ao contrário da Polônia, onde o "Plano Balcerowicz" inicialmente desfrutou do apoio da população, na Rússia as propostas de Gaidar não encontraram compreensão nem mesmo no govêrno. Os representantes do complexo militar-industrial foram incapazes de alcançar um entendimento com aqueles que defendiam os interesses dos especuladores, e os líderes dos vários clãs burocráticos não encontraram terreno para um acordo sobre os planos de privatização propostos.

Estas altercações na cúpula em breve tornaram-se conhecidas pelo grande público. Durante uma viagem à Sibéria, o vice-presidente Alexander Rutskoi, líder do Partido da Rússia Livre, atacou abertamente o governo de Gaidar, chamando a ele e a seus colegas de "garotos em calções cor-de-rosa",[2] uma designação repetida por todos os jornais, sem exceção. (Ainda que uma grande maioria da imprensa condenasse Rutskoi, ela, mesmo assim, aplicou este apelido a Gaidar e sua equipe.) O lançamento do novo plano, em janeiro de 1992, levou a aumentos de preços muito pronunciados. Enquanto isso, a privatização de empresas havia destruído as relações econômicas; em vez de criarem um mercado, as práticas de Gaidar e Yeltsin minaram as suas fundações.

Os fracassos econômicos de Gaidar foram predeterminados não apenas por uma falsa compreensão das perspectivas da economia russa e por uma absoluta falta de interesse pelas reais condições de desenvolvimento no país, mas pela teimosia da filosofia econô-

---

2. *Kommersant*, n. 47, p. 1, 1991.

A DESINTEGRAÇÃO DO MONOLITO 231

mica do governo. Por um lado, Yegor Gaidar, como Yeltsin, estava preparado para seguir quaisquer recomendações feitas pelo Fundo Monetário Internacional e pelos peritos conservadores ocidentais, acreditando em seu penhor de transformar a Rússia numa força industrial moderna, capaz de competir com o Ocidente. E, por outro lado, ele e seus defensores ainda brincavam com ilusões a respeito de suas próprias personagens, inconscientes do fato de que, ao seguirem uma tal estratégia, eles poderiam, na melhor das hipóteses, desempenhar apenas o papel de colonizadores e representantes dos interesses ocidentais em seu próprio país.

Ao repetirem os *slogans* do neoconservadorismo ocidental, os ideólogos russos conscientemente fecharam seus olhos para o fato de os conceitos econômicos fundamentais terem sido elaborados, e as receitas aplicadas, em condições absolutamente diferentes daquelas com que agora se confronta a Rússia. O caminho era falso porque não existe nenhuma "auto-estrada" da civilização européia (quanto mais do mundo), e a experiência do Ocidente nos ensina somente que os países bem-sucedidos jamais tentaram copiar modelos existentes. A proclamada meta de nos transformar em um Estado capitalista desenvolvido, nos moldes da Inglaterra ou da França, é simplesmente inatingível em termos objetivos. É extremamente ingênuo pensar que o abismo entre os níveis de desenvolvimento e riqueza pode ser atravessado com uma ponte feita a partir do auxílio de umas poucas salutares receitas de *laissez-faire*. Afinal, se elas fossem eficazes, há muito tempo já teriam deixado de existir países pobres e atrasados. Entretanto, permanece o fato de a avassaladora maioria dos países que vivem sob o capitalismo ser subdesenvolvida. Não apenas suas economias são fracas, e suas populações vivem em condições de pobreza, como na verdade, durante as duas últimas décadas, a despeito da escrupulosa observação de todas as regras da sociedade burguesa, eles se tornaram ainda mais pobres.[3]

---

3. Ver Giovanni Arrighi, *World Income Inequalities*, NLR, 1989, setembro-outubro de 1991.

As receitas dos ideólogos liberais russos fazem lembrar o famoso livro *One Hundred Ways to Get Rich* (*Cem Maneiras de Ficar Rico*). Em geral, nem os leitores nem os autores desse tipo de livro se tornam milionários. Se estes indivíduos são tão espertos, é o caso de perguntar por que eles não fizeram suas próprias fortunas?

De fato, a questão diante de nós não é a de como juntar-se às fileiras dos bem-sucedidos países ocidentais mas, antes disso, a de como simplesmente sobreviver, como encontrar uma saída para a crise e, depois, reconquistar nem que sejam os níveis dos anos 70 brezhnevistas. Infelizmente, o atual governo russo não pode dar uma resposta satisfatória para estas perguntas. Em vez de uma estratégia anticrise, ele anuncia, um após outro, planos-mestre ambiciosos, e absolutamente tradicionais. O governo, composto de antigos membros do aparato comunista, deu um jeito de herdar muitos dos defeitos do antigo regime comunista, sem conservar uma única de suas virtudes. O presidente russo Boris Yeltsin, o prefeito de Moscou, Gavriil Popov, e o "arquiteto da reforma", Yegor Gaidar, garantiram solucionar todos os problemas com a conquista do milagre econômico da privatização universal; mas, como já ocorreu antes na história do país, a última campanha não apenas está deixando de obter os resultados prometidos como vem minando a já enfraquecida economia. O *slogan* da privatização universal não só tem afinidades com a total coletivização sob Stalin ou com a introdução generalizada do milho sob Khrushchev; ele também se revelou não menos perigoso economicamente.[4]

Da mesma maneira com que Stalin e sua *entourage*, ao empreenderem a coletivização, podiam apenas imaginar algumas de suas possíveis conseqüências negativas, e estavam preparados para aceitá-las pelo bem de objetivos mais importantes, Gaidar e Yeltsin estão agora prontos para liquidar com grande parte do potencial econômico da Rússia em nome do triunfo do capitalismo. Como nos anos 30, as verdadeiras metas dos governantes pouco têm a

---

4. Ver Stanislav Menshikov, *Catharsis or Catastrophe: The Soviet Economy Today*, Moscou e Londres, p. 13, 1991.

ver com o desenvolvimento daqueles setores da economia planejados para privatização/coletivização. A motivação não é produzir mais, e sim apoderar-se de propriedades: primeiro, expropriar o pequeno produtor em favor do proprietário coletivo – a burocracia da *nomenklatura* – e depois partilhar a propriedade estatal entre os vários grupos e personagens desta burocracia. Para os criadores de tais reformas, uma queda na produção e até mesmo a fome são nada mais do que os aceitáveis "custos do progresso".

As práticas das autoridades parecem bem menos insensatas se nós compreendemos que, na verdade, os círculos dominantes não estão se empenhando em empurrar o país para fora da crise. Ao contrário, eles estabeleceram para si próprios um outro objetivo: utilizar a crise para seu próprio enriquecimento pessoal. E já caminharam um bom pedaço em direção à conquista de suas metas. A liberalização de preços em janeiro de 1992 fez com que o custo dos bens de consumo essenciais aumentasse sete vezes em relação ao seu preço um ano antes. Alguns assalariados receberam um aumento em seus pagamentos para "compensar" isto, mas tiveram sorte se ganharam um aumento de três vezes o seu salário. A hiperinflação tem o efeito de depreciar definitivamente as poupanças da camada intermediária e de alargar o abismo entre aqueles que já detêm o poder e a propriedade e os que vivem de salários, mesmo que os pagamentos subam de acordo com a inflação. Estudantes, aposentados e desempregados são atingidos de maneira ainda pior; e está previsto que o número de desempregados irá chegar até a muitos milhões, a menos que o desastroso curso atual seja abandonado.

De que espécie de privatização nós podemos falar na ausência de uma economia de mercado em funcionamento, num país onde as leis não se efetivam; onde não existe um desenvolvido sistema de leis comerciais; e, mais importante, onde não há uma burguesia civilizada e responsável? Quem pretende comprar o quê? E quantas histórias nos foram contadas sobre o espírito empresarial que está a ponto de dar uma arrancada e transformar o país, quando nós sabemos perfeitamente que a iniciativa privada nunca, e em lugar nenhum, surgiu com base na privatização de monopólios estatais centralizados; que a burguesia precisa de várias gerações, nas mais favoráveis condições, para vir a existir, e de outras várias gerações para se tornar civilizada. Se este caminho é possível, para a Rússia é um ponto de especulação inútil. Nós simplesmente não temos tempo; as questões colocadas pela crise atual devem ser respondidas hoje, e não depois de cinco gerações.

Os escândalos e a corrupção escancarada que acompanharam a jornada rumo à privatização resultaram somente no conflito entre planos rivais, cada um tão insustentável quanto o outro. O impasse vai continuar porque o problema é insolúvel: a privatização não pode ser implementada sem abusos monstruosos, devidos à ausência de um mercado e de leis operantes. É uma bobagem argumentar que todos deveriam se tornar proprietários enquanto simultaneamente se propõe a criação de um mercado de trabalho – por que, então, quem seria contratado para trabalhar? Um mercado não pode ser criado simplesmente pela privatização da propriedade, já que os novos monopólios privados mantêm uma estrutura não-mercadológica e uma ligação com a burocracia estatal, além de terem herdado todos os defeitos do sistema econômico falido – aquelas mesmas características que geraram a crise atual. Finalmente, e mais importante, em condições de incerteza geral, é impossível promover a privatização sem romper as já debilitadas relações econômicas e sem corroer a confiança e eficácia administrativas; e, é claro, sem solapar a produção, destruindo as forças produtivas, aumentando o desemprego e, com isso, aprofundando de maneira geral a crise.

O descontentamento crescente inevitavelmente encontrou sua expressão no aumento da oposição ao regime, embora a maioria dos agrupamentos políticos tenha se provado até agora incapaz de estabelecer uma verdadeira alternativa. Por sua parte, o vice-presidente Rutskoi continuou a denunciar o caráter imprudente do programa da reforma. O presidente do Congresso do Povo Russo, Khasbulatov, também procurou se distanciar das características impopulares da reforma. Em abril de 1992, Yeltsin moveu seus ajudanteschave, Yegor Gaidar e V. Burbulis, para novos postos a fim de minimizar o espectro de um minucioso exame parlamentar de suas atividades. No entanto, a despeito da existência de uma oposição ao plano de Gaidar, muito difundida, poucos membros da classe política estão dispostos a desistir da ilusão de uma "reforma radical" conduzindo à veloz transformação capitalista. Os partidos de direita (que na Rússia incluem, junto aos republicanos, o Movimento pela Reforma Democrática, o Partido da Rússia Livre e também os social-democratas), ainda que críticos do governo, de modo geral partilham de seu programa econômico. Como um dos resultados, seus protestos vão pouco além de uma reivindicação para que pessoas novas e "mais competentes" sejam indicadas para os postos de liderança, gente saída de entre as fileiras dos seus próprios partidos. Isto também se aplica ao líder liberal Zhirinovsky, com seus apelos demagógicos e ultranacionalistas. No que concerne à esquerda, ela não tem nem organizações nem experiência política, e carece de um vital acesso à comunicação de massa.

O surgimento de uma oposição

Nestas condições, existe um vácuo onde deveria estar uma oposição forte. As forças mais visíveis em oposição ao programa do governo têm sido os legalistas do PCUS; mas eles jamais podem formar o núcleo de uma alternativa que conquiste a confiança da massa do povo. É bem mais provável que a força capaz de preencher este vácuo venha a ser os sindicatos. Sob a influência do Solidariedade polonês, a idéia de sindicatos livres e independentes conquistou a imaginação dos teóricos, tanto da esquerda socialista quanto, às vezes, da direita liberal. Entretanto, em seguida ao fracasso do sistema comunista no Leste Europeu, os sindicatos livres acharam-se em crise por toda parte. Até na própria Polônia, o Solidariedade já é menor e menos atuante do que os antigos sindicatos herdados do regime de Jaruzelski. Numa época em que os antigos sindicatos comunistas estão tentando se reconstruir e defender os interesses de seus membros, algumas figuras do Solidariedade estão apelando aos trabalhadores para que façam sacrifícios em nome da democracia, enquanto outras encontram-se engajadas em danosas lutas entre facções.

Durante o curso de muitos anos, os sindicatos oficiais ("antigos") na Rússia tiveram uma existência verdadeiramente miserável. Sem nenhum papel como representantes independentes dos trabalhadores assalariados, as organizações sindicais ocupavam-se essencialmente da redistribuição de bens em escassez e da programação dos feriados para os trabalhadores e suas famílias. Os postos no aparato sindical eram ocupados por oficiais do segundo escalão do partido ou do Estado. Como um dos resultados, mesmo durante os anos da perestroika de Gorbachev, quando uma acirrada luta política devastava a maioria dos órgãos oficiais, os sindicatos se mostraram inúteis. O quadro geral continua a ser desanimador, embora mudanças profundas tenham ocorrido nas antigas corporações sindicais. Em seguida a eleições relativamente livres, novas pessoas apareceram na liderança das organizações em Moscou, São Petersburgo e em vários outros grandes centros industriais durante os anos de 1990 e 1991. Em São Petersburgo, esta reorganização conduziu até mesmo a uma crise interna: a nova liderança da Federação municipal enfrentou sabotagem direta dos burocratas sindicais de nível médio. Os líderes da Federação, tendo conquistado apoio nas empresas, eram incapazes de assegurar a transferência de fundos do ramo municipal dos sindicatos industriais. Em conseqüência, as organizações sindicais em grandes fábricas ameaçaram até abandonar o ramo industrial e integrar a Federação como membros autônomos. Em Moscou existia uma situação bem diferente. Depois que Mikhail Shmakov tornou-se chefe da Federação Sindical Local (FSM), a estrutura da organização foi alterada e sua atividade avançou. Na tentativa de seguir uma linha independente, a FSM entrou em acirrado confronto com o PCUS e também com os novos governantes "democráticos" da cidade e a liderança da Federação de Sindicatos Independentes da Rússia (FSIR). Surgiram artigos na imprensa denunciando o "conservadorismo" da FSM – seu fracasso em manifestar apreço com a política de privatização ao atacado casava com o fato de garantir a indexação de salários e os programas de reciclagem de trabalhadores ameaçados de se tornarem supérfluos.

No início do outono de 1991, pela inércia, o governo adotou algumas propostas propagandísticas que poderiam ter demonstrado sua preocupação com os trabalhadores, caso não tivessem sido imediatamente desmentidas pelo anúncio de colossais aumentos de preços e do fim dos subsídios. Com a reorganização do governo russo, e a indicação de Yegor Gaidar como o primeiro ministro delegado responsável pelas reformas, o rumo pretendido ficou claro, particularmente porque nenhuma das medidas protecionistas anunciadas antes foi implementada.

Enquanto isso, os sindicatos de Moscou insistiam com as autoridades para que honrassem suas promessas. No princípio, eles tiveram o apoio – se bem que indiferente – da liderança da FSIR. Em 23 de outubro de 1991, uma assembléia de massa, organizada pela FSM, teve lugar na Praça Manezh, em Moscou. As autoridades tentaram impor uma interdição, mas, no último momento, foram forçadas a transigir com os sindicatos. Apareceram mais de quarenta mil pessoas para o que foi, essencialmente, a primeira ação de massa contra as reformas de Yeltsin. O comício-monstro surtiu efeito. A maioria do parlamento russo aprovou um projeto de lei para a indexação dos rendimentos dos trabalhadores para dar à maior parte da população alguma proteção nas situações de acelerados aumentos de preços. Entretanto, a má vontade do governo para fazer quaisquer novas concessões fez-se evidente. No final de novembro, os preços começaram a subir rapidamente; os salários, no entanto, permaneceram sob rígido controle. Em resposta a isso, novos protestos foram organizados pela FSM, mas desta vez a liderança da capital recusou-se a satisfazer os líderes sindicais. Os piquetes e assembléias organizados pelos sindicatos foram declarados ilegais e a polícia recebeu instruções para dispersá-los. Esta ordem, no entanto, não foi cumprida, já que as simpatias da polícia estavam a favor dos manifestantes.

Em seguida à transformação do Conselho Municipal dos Sindicatos de Moscou na FSM, os sindicatos de Moscou declararam sua neutralidade política de acordo com a linha promulgada pela FSIR. Não obstante, o conflito entre sindicatos e autoridades adquiriu, inevitavelmente, um significado político. Sem uma organização politicamente forte, no entanto, o movimento dos trabalhadores não podia ter sucesso na resistência ao governo.

Uma terceira força?

Depois dos acontecimentos de agosto, foram imediatamente empreendidos esforços para ressuscitar o Partido Comunista, mas sem uma esperança real de sucesso. A auto-eliminação dos órgãos líderes do PCUS garantia que qualquer grupo de membros do partido, ao se proclamar como o herdeiro legítimo, teria direitos iguais a quaisquer outros agrupamentos semelhantes.

De modo nada surpreendente, o resultado foi que um grande partido veio a ser substituído por muitos outros, pequenos. Os mais notáveis deles provaram ser o Partido Comunista de Todos os Russos (bolcheviques), encabeçado pelo coerente stalinista Nina Andreeva, e o Partido dos Trabalhadores Comunistas Russos (PTCR), cujo teórico principal era Richard Kosolapov. As práticas do PTCR, que empreendeu uma ação de protesto atrás da outra, e que apela pelo retorno aos valores tradicionais do período pré-perestroika, atraiu o apoio de muitas das camadas excluídas da sociedade, mas simultaneamente alienou os trabalhadores qualificados e os intelectuais. A atuação conjunta com os socialistas democráticos provou-se impossível. Esta corrente organizou uma série de manifestações em Moscou: em 9 de fevereiro de 1992, vinte mil pessoas se reuniram para protestar contra os aumentos de preços; em 23 de fevereiro, uma assembléia menor para homenagear os mortos da Segunda Guerra Mundial foi brutalmente dissolvida pela polícia, atraindo considerável simpatia pública; e em 17 de março, trinta mil pessoas se concentraram na Praça

A DESINTEGRAÇÃO DO MONOLITO 239

Manezh para insistir em que a União Soviética ainda existe legalmente. Ao mesmo tempo em que estas organizações dogmáticas podem atrair veteranos membros das bases comunistas, elas não têm apelo para muita gente jovem, e não irão conquistar a massa dos cidadãos para o seu lado. Entretanto, elas estão preparadas para ir às ruas, tornando desconfortável a vida do governo – isto as distingue de outras antigas correntes comunistas.

O Partido Socialista dos Trabalhadores, fundado pelo antigo dissidente Roy Medvedev com base no último programa de Gorbachev – que deveria ter sido discutido no XXIX Congresso do PCUS –, atraiu o apoio de vários antigos membros comunistas do Parlamento russo e de outros antigos oficiais superiores, mas carece de uma filiação numerosa e atuante. As pequenas organizações, a União dos Comunistas e o Partido Comunista Unido, têm ainda menos chance de sucesso.

Por sua parte, o embrionário Partido do Trabalho enfrentou todas as dificuldades que historicamente desafiaram as organizações de esquerda na Rússia. No outono de 1991, as conquistas políticas de uma grande parte das organizações da esquerda pareciam longe de serem impressionantes. Depois que a dominação da burocracia comunista sobre os meios de comunicação de massa foi substituída por um monopólio liberal, a esquerda viu-se como o único setor da antiga oposição a não ter ganho nada com as mudanças; na verdade, ela havia perdido muito. O Partido Socialista, os anarco-sindicalistas e a oposição de esquerda dentro do PCUS, todos provaram que estavam mal adaptados às novas condições. Na primavera de 1991, o segundo Congresso do Partido Socialista declarou a necessidade de uma "nova oposição" e da "política de uma terceira força". Estas prescrições foram apoiadas pelos anarco-sindicalistas e pelos "verdes". O problema, entretanto, era que a "terceira força" continuava obscenamente fraca.

Seis meses mais tarde, tendo falhado em conquistar o *status* de uma "terceira força", a esquerda democrática emergiu assim mesmo como a única esperança para a oposição; todavia, ela continuava desorganizada e desmoralizada pela sua falta de sucesso.

Deu-se um racha entre os socialistas, cujo catalisador foi a fundação do Partido do Trabalho. A ala moderada, encabeçada por Mikhail Maliutin e Vladimir Lepekhin, atacou contundentemente os organizadores do Partido do Trabalho, reclamando que a sua designação como um partido classista era "sectária" e de "ultra-esquerda". Na opinião deste grupo, a única política factível na Rússia contemporânea, na ausência de um mercado, era "não tanto de espírito esquerdista quanto de liberal de esquerda e, na melhor das hipóteses, social-democrática".[5] Contra o pano de fundo do fracasso nas tentativas de criar a social-democracia na Rússia e no Leste Europeu, e na ausência de uma classe empresarial civilizada capaz de se tornar a viga-mestra do "liberalismo iluminado", tais pronunciamentos soaram muito vazios, embora eles fossem sintomáticos da desmoralização sentida por muitos da esquerda durante o período da perestroika.

A colaboração com os sindicatos mudou radicalmente o panorama dos ativistas de esquerda. O teórico do CAS, Andrei Isaev, editor do jornal sindical *Solidarnost*, transformou-o num órgão da nova oposição, e os defensores do Partido do Trabalho em Moscou e nos sovietes regionais foram capazes de coordenar os atos pelos direitos dos trabalhadores com a defesa do princípio de poder representativo. A unificação de grupos com diversas tradições ideológicas – alguns dos quais, no passado, haviam-se engajado em acirradas polêmicas uns com os outros – procedeu-se com surpreendente facilidade. Como poderia ter sido previsto, as posições da liderança da FSM e as dos ativistas da esquerda nem sempre coincidem, particularmente enquanto o Partido do Trabalho representa uma oposição influente dentro dos próprios sindicatos de Moscou. Shmakov e Nagaitseev tiveram de lidar com as conseqüências de sua própria insistência doutrinária na neutralidade política dos sindicatos. Embora primeiramente concebida como um baluar-

---

5. O. Grigorev, V. Lepekhin, M. Maliutin, *Partia truda v svremennoi Rossii: neobkhodimost'i vozmozhnost'*, Moscou, p. 63, 1991.

A DESINTEGRAÇÃO DO MONOLITO

te contra o controle por parte do PCUS, nas novas condições a doutrinação foi disposta contra o Partido do Trabalho.[6]

Assim, a despeito das inevitáveis diferenças e conflitos, líderes sindicais e ativistas de grupos radicais foram capazes de trabalhar juntos. A debilidade organizacional dos grupos da esquerda obrigou-os a depender dos sindicatos mesmo quando a maioria dos ativistas estava descontente com as decisões dos chefes sindicais. Estes últimos, em troca, dependiam do auxílio de grupos da esquerda radical para seu confronto com as autoridades. Esta colaboração difícil, contraditória, mas essencial, mais uma vez revelou a fraqueza de ambos os lados. A fim de ganhar força e autoridade, o Partido do Trabalho vai demandar um nível crescente de ativismo e de alta consciência política, a extensão das mudanças democráticas até o interior dos sindicatos, assim como um nível mais alto de organização, eficiência e disciplina entre os antigos membros de grupos radicais.

Em última análise, a transformação do Partido do Trabalho em um unificado partido, incipientemente de massa, depende do grau em que os próprios trabalhadores e suas famílias sejam trazidos para a política. E isto, por sua vez, coloca uma grande responsabilidade sobre as atuais lideranças do partido e dos sindicatos. O protesto espontâneo das massas contra as políticas de Yeltsin e Gaidar pode se refletir subseqüentemente no aumento expressivo da filiação e no apoio ao movimento da esquerda – ou pode assumir a forma de uma revolta descontrolada. Deve-se ter em mente que *todas* as forças políticas na Rússia de hoje são muito fracas em termos de associação como conseqüência do legado de desconfiança popular na organização política. Isto irá testar a capacidade da esquerda – primeiro e antes de tudo do Partido do Trabalho – e dos sindicatos de construir uma alternativa genuína e atraente.

O Partido do Trabalho, a maioria de cujos ativistas nunca esteve no PCUS, é atraente para muitas pessoas precisamente porque ele não carrega nenhuma responsabilidade pelo passado e

---

6. *Solidarnost*, n. 16, p. 4, 1991.

está lutando para encontrar uma alternativa avançada. A convocação pública que precedeu a sua formação delineou um programa globalizante que incluía um direito formal ao trabalho e às garantias sociais, assim como estimulava a autogestão dos trabalhadores e o controle democrático da economia na transição para um mercado civilizado. Os direitos das mulheres e das minorias nacionais também seriam salvaguardados.[7] Entretanto, as vantagens do partido também são os seus problemas. Enquanto o partido tem a considerável vantagem de não ser sobrecarregado com um legado de culpa, ele carece das relações, estruturas e quadros que emergem do cerne do PCUS. É natural, portanto, que, apesar do crescente apoio da opinião pública, o desenvolvimento do Partido do Trabalho – literalmente, num vazio político – fique atrás do de outros partidos.

A impetuosa falência da economia coloca a questão da estratégia anticrise da esquerda em nível prático. Amplos setores do público estavam inicialmente dispostos a ver se as medidas do governo iriam funcionar. Depois de toda a incessante falação sobre os mercados e a perestroika, Gaidar parecia estar enfim se interessando pessoalmente pelo antigo regime. E visto que as reformas haviam sido anunciadas durante um longo tempo, muitas famílias tinham colocado em estoque seus itens mais necessários. Mas a paciência do povo começou a se diluir à medida que a irresponsabilidade simples e gradual da operação de naufrágio ficava evidente. Conseqüentemente, está crescendo uma disposição para pensar sobre alternativas. Mas existe o problema de fazer chegar a mensagem a um público mais amplo, já que a mídia permanece, em sua maior parte, sob o controle ou a influência do governo, o qual, a despeito de sua inclinação pelo *laissez-faire*, usa impiedosamente sua posição monopolística para manter na linha os jornais e a mídia de radiodifusão.[8]

---

7. Ver *Obozrevatel*, edição especial, janeiro de 1992.

8. Em fevereiro de 1991, recebi meu primeiro convite para escrever para o *Pravda* uma crítica da reforma econômica, publicada em 14 de fevereiro, mas este jornal, se não fechar para sempre, só será capaz de sobreviver graças à ajuda do governo.

A tarefa da esquerda é garantir que o setor público não seja destruído e loteado, mas de preferência reabilitado como uma força propulsora capaz de empurrar o país para fora do caos. Isto exige a definição das prioridades mais prementes e a concentração nelas dos recursos sociais. É possível, levando em consideração a experiência do keynesianismo ocidental, empregar uma política de inflação controlada enquanto não se emprega uma liberação total dos preços.[9] Ao mesmo tempo, seria essencial criar as condições para o desenvolvimento de empresas independentes a partir "de baixo", protegendo-as contra o sufocamento por parte dos monopólios e da falência em situação de caos econômico. Estas são, entretanto, medidas "socialistas" suspeitas, empregadas com sucesso no Leste durante a Grande Depressão. Uma outra condição é, no entanto, necessária para o seu sucesso: um aumento do peso político das organizações de trabalhadores, dos sindicatos e dos partidos de esquerda – as forças capazes de realizar um tal programa ou de controlar a sua implementação pelas bases. Enquanto não existir esta condição, as esperanças de alguma espécie de "New Deal" russo e, conseqüentemente, de superar a crise, permanecerão ilusórias.

---

9. Para os elementos de uma economia pós-soviética "keynesiana", ver Menshikov, *Catharsis or Catastrophe?*

SOBRE O LIVRO

Coleção: Biblioteca Básica
Formato: 14 x 21 cm
Mancha: 25 x 44 paicas
Tipologia: Goudy Old Style 12/14
Papel: Pólen 80 g/m² (miolo)
Cartão Supremo 250g/m² (capa)
Matriz: Laserfilm Rhodia
Impressão: Cromoset Gráfica e Editora Ltda.
Tiragem: 2.000
1ª edição: 1993

EQUIPE DE REALIZAÇÃO

Produção Gráfica
Sidnei Simonelli (Gerente)

Edição de Texto
Maria Apparecida F. M. Bussolotti (Assistente Editorial)
Bernadete dos Santos Abreu
Fábio Gonçalves
Fernanda Spinelli Rossi
Maria Eugênia de Bittencourt Régis
(Preparação de original e revisão)

Editoração Eletrônica
Lourdes Guacira da Silva (Supervisão)
Duclera G. Pires de Almeida (Digitação e diagramação)

Projeto Visual
Lourdes Guacira da Silva

Capa
Isabel Carballo,
sobre ilustração de V. Mayakovsky, 1921

Impressão e acabamento: